U0461581

刘国光经济论著全集

（社会主义市场经济的完善与发展时期的反思 2003—2009 年）

第 16 卷

知识产权出版社
全国百佳图书出版单位

目录

八十心迹

——在庆祝刘国光教授80华诞暨中国经济学前景恳谈会上的讲话

（2003年11月23日）

今天各位朋友在这里聚会，恳谈经济学问题，庆贺我八十岁生日，我很感谢诸位的光临。

我这八十年，是平凡的八十年，算不得有什么大出息。做了一点有益的事情，也是由于中国共产党的培养，我衷心感谢党对我的培育。

八十年来，除了孩提时代以外，有六十多年都是与经济学打交道。我是怎样走上这条道路的呢？年轻的时候，看到祖国积弱贫穷，感到富强之路要从经济做起。高中时候，开始接触《资本论》，马克思主义经济学对我有强烈的吸引力。再加上以为经济学可能是较好的谋生手段，于是考大学时选择了经济学，以后就一直走了下来。

新中国成立前，自学马克思主义经济学。在西南联大时，又受到正规的西方经济学教育。新中国成立后，进一步研习马克思主义经济学。改革开放以来，又受到西方经济学的冲击、影响。这两种经济学在我身上交错并存。我是怎样处理它们的关系的呢？借用“中学为体、西学为用”这句话，我是以马克思主义经济学为“体”，西方经济学为“用”。现在，研究经济学要有立场、观点、方法的说法，不大时兴了。但我总以为，马克思主义经济学的立场，劳动人民的立场，大多数人民利益的立场，关注社会弱势群体的立场，是正直的经济学人应有的良心，是共产党人的良心，是不能丢弃的。说到观点和方法，我以为，马克思主义的最基本观点和基本方法是要坚持的，但具体的观点、方法，马克思主义经济学和西方经济学都可以选择，可以借鉴，为我所用，为创建我国社会主义的政治经济学所用。

我们这一代经济学人，经历了计划与市场争论烈火与实践反复的锤炼。现在尘埃已经落定，市场占了上风，计划不再时兴了。我不完全这样看。计划经济在苏联、在中国，还是起过它的辉煌历史作用的。但历史也证明，计划经济毕竟不能解决效率和激励问题。市场经济作为资源配置的主要方式，是历史必由之路。但市场经济的缺陷很多，很多。完全让看不见的手来调节，不能保证社会的公正协调发展。在坚持市场取向改革的同时，必须有政府有效的调控干预加以纠正，有必要的计划协调予以引导。在像我国这样的发展中大国，尤其要加强政府经济社会职能的作用。这是我和许多经济学界朋友们共同的信念。

以“文化大革命”为界，我的经济研究工作可分为两个阶段。在“文化大革命”以前，研究领域主要在社会再生产和国民经济综合平衡方面。因为时代背景和研究条件的限制，当时只能用抽象理论的形式，来分析探讨社会再生产和经济增长的运动机理，避开了具体的现实经济问题。正因为如此，这些探讨在许多方面，对市场经济的运行也适用。感谢李建伟博士在《刘国光教授经济增长理论简介》（见《经济学动态》2003年第11期）一文中，对我“文化大革命”前这方面的研究作了一个集中的概述。“文化大革命”以后，我的研究领域从经济发展扩张到经济体制，更直接接触现实经济了。二十多年来，写得比较重要的东西，都集中在最近出版的《刘国光自选集》中。这个集子的前言中写道：“如果说全书有什么中心思想的话，那么，中国经济的两重模式的转换——体制模式的转换和发展模式的转换，可以粗略地概括我阐述的方方面面的问题。”感谢桁林博士在《从“双重模式”转换到“两个根本性转变”》（见《经济学动态》2003年第11期）一文，对我在“文化大革命”后这方面的思想作了简略的介绍。

我的兴趣主要在宏观经济方面。多年来，对宏观经济形势和政策问题比较关心。在反通货膨胀和反通货紧缩的问题上，前些年同经济学界一些朋友们进行了友好的交锋。“软着陆”的经验与扩大内需政策的采取，表明我国对付通胀和通缩的宏观调控手段的运用趋于成熟，短期运行问题可无大虑。问题在于中长期农村与城市、经济与社会、人与自然等能否协调发展，不致引起各种潜在的经济与社会的危机。我想这是当前我们要着重关心探讨的问题。

以上我极其简括地讲了我一些在经济学研究领域经历的事情和考虑的问题，也算是我向诸位做的工作汇报，以回报大家的关心，表明自己的心迹。

我在经济学领域的成长，是与我敬爱的先师陈岱荪、徐毓彤、孙冶方、巫宝三等人的教导和帮助分不开的。在我八十岁生日的时候，我情不自禁地缅怀先师们对我的雨露恩情！

我在经济学领域的工作，与在座和不在座的经济学界同仁们的切磋、交流，同大家的帮助也是分不开的。我再一次向诸位先生、诸位朋友表示由衷的感谢！

当前经济发展中的总量和结构问题

——在中国经济高级论坛上的讲话

（2003年12月6日）

我国经济自2002年第一季度开始，增速逐渐递增，到2003年第一季度，增速提高到9.9%，是1977年以来季度GDP的最高速度。受“非典”影响，第二季度GDP增速出现较大回落，只有6.7%，上半年增速降为8.2%。但“非典”结束后，经济迅速恢复了强劲的增长势头。第三季度GDP增速达到9.1%，前三季度为8.5%。

2003年，我国经济快速增长主要得力于固定资产投资的高速增长。投资需求成为拉动经济快速增长的主要因素，其中，固定资产投资增长30.5%，比上年同期加快8.2个百分点，实际增速仅次于1993年，是改革开放以来第二高增长年份。消费需求基本恢复到“非典”前的水平，前三季度社会消费品零售额同比增长8.6%，扣除物价因素，实际比上年低两个百分点。前三季度我国进出口贸易保持快速增长，由于进口增长快于出口增长，贸易顺差比上年减少。

2003年经济增速回升，说明1998年以来的持续扩大内需政策的效应逐步显现，也说明经济内在的增长动力不断增强。从2003年投资来源看，企事业单位自筹资金从上年同期增长28.4%提高到50.5%，政府预算内资金却从上年同期增长48.8%下降为2003年的2.1%，企业已经成功地取代了政府在投资增长中的主导地位。

这说明，近年来，国家坚持扩大内需的方针，实施积极的财政政策和稳健的货币政策，增强了经济增长内生机制的作用和微观经济主体的活力，投资扩张动因已经从前几年的政策推动向市场自发扩张转变。

从各种经济活动的内在发展趋势看，目前我国经济似已开始进入新一轮快速增长周期。2003年预期经济增长可能达到8.5%左右。但是在此过程中，经济增长趋强动力尚不太稳定。在投资、出口、工业生产高速增长的同时，消费和就业却比较疲弱，内需尚未全面启动。消费品和生产资产价格指数由负转正，但涨势有限。前三季度零售价格指数仍在下降，10月份才开始上升，总体上物价指数仍在合理区间摆动。

同时经济运行中出现了一些新的值得注意的问题。一是银行信贷扩张偏快，近来由于央行采取收缩金融措施，信贷增长幅度略有降低。二是低水平重复建设重新抬头，一些生产能力明显过剩的传统行业仍在大上项目。钢铁、汽车、电解铝、水泥等行业尤其引人注目。一些新兴行业、高新项目遍地开花，各种开发区过多过滥。三是结构性矛盾进一步显现。四是粮棉等主要农产品供求关系发生一些新的变化。2003年粮食继续减产，产量为1990年以来最低。2000年以来，已经4年粮食产量不足需求，目前库存比较富裕，无大虑，但未来粮食安全形势尚需观察。国庆前后，粮价发生了6年来的首次上扬，这是恢复性的，对于农民增收和粮食增产，有一定的积极作用。

大家知道，经济增长率有现实增长率与潜在增长率之分。当现实经济增长率高于潜在增长率时，也就是社会总需求大于总供给时，物价就要上涨，出现通货膨胀现象；当现实增长率低于潜在增长率时，也就是社会总需求小于总供给时，物价就要下落，出现通货紧缩现象。从当前中国经济增长对资源利用的程度看，中国现实经济增长率低于潜在经济增长率。（1）劳动力利用程度偏低，失业压力日趋严峻，城镇实际失业率达到8.4%，农村隐性失业人口1.5亿。（2）从资本使用和投入看，大量企业设备利用率较低，金融机构存贷差扩大，9月底达4.7万亿元，比2002年净增0.8万亿元。（3）2003年现实增长率估计为8.5%，扣除长期建设国债推动经济增长1.5个百分点，"非典"使经济减慢0.8~1.2个百分点，经济自主增长能力在7.5%~8%。另一方面，从中长期看，由资本积累、劳动力数量与质量的提高、资本劳动力要素配置使用效率决定的我国潜在经济增长率，估计为9%~10%，这样，我国现实增长率尚处于潜在增长率的下限。

现在我国现实经济增长率正在向潜在经济增长率提升。这与当前我国正在进入新的重化工阶段这一中长期发展态势有关。但中长期发展的其他因素（如收入分配等）可能抵消经济增长率提升的趋势。即使潜在经济增长率一时达到，也有可能回摆。所以，经济生活中虽然出现某些过热现象，如房地产、钢铁、水泥等传统工业，但离真正全面过热还有相当大的距离。在现实增长率仍低于潜在增长率的情况下，经济还没有完全摆脱通货紧缩的阴影，同时存在着通货膨胀的苗头。所以，在控制货币信贷的过快增长时，也要防止通缩。目前我国经济面临生产能力过剩、投资控制不好或过快，导致低水平重复建设，有可能加剧生产能力过剩的局面，并可能出现更剧烈的价格竞争，从而导致价格进一步下降和通货紧缩趋势。

在这样的宏观经济形势下，宏观经济政策的取向，自然不能从积极的财政政策和稳健的货币政策（据我看实质上是适度从松的政策），立即转向从紧（银根全面收紧）的政策，而应继续保持政策的连续性、稳定性。积极的财政政策和稳健的货币政策只能逐步淡化转型，赤字国债规模逐步缩减，使用向"三农"、向西部、向社会发展、向生态环境、向社会保障等倾斜，同时保证必要的重点建设。宏观调控政策总体上还要继续保持某些松动，以支持需要发展的行业和企业，增加就业岗位；对于如住房、汽车、消费类、电子通信、旅游等主要消费热点给予适当的引导；对于局部过热的经济活动，如投资、银行信贷、钢铁、水泥、电解铝等过热生产，给予适当削峰的举措。总之，宏观经济政策要向中性的调控方向过渡，上下微调，适度松紧。这样既可以继续提升现实经济增长率向潜在增长率靠拢，又可以预防未来可能出现的通货膨胀扩大的局面。

以上是从经济总量分析的角度来看当前的经济形势，即从总需求和总供给的关系，来看现实增长率、潜在增长率的关系，来看通货紧缩和通货膨胀的趋势。下面讲讲结构问题，就是我国经济要保持快速发展的良好态势，就必须努力保持国民经济全面协调均衡发展，关注宏观经济结构中出现的不均衡现象和趋势，努力加以扭转、消除。目前我国宏观经济中出现的不均衡，突出表现在以下几个方面。

一是城乡发展不均衡。城市发展远远快于农村。城市居民收入高于农民收入。2002年，全社会劳动力中，有50%从事农业生产，但仅创造15.4%的GDP。全社会劳动生产率为42112元/人，而第一产业的劳动生产率仅为4371元/人。城乡居民人均收入的差距为3.2：1。此外，城乡居民之间在户籍制度、就业制度、医疗制度、养老保障制度、粮食供给制度、住宅制度等方面，也存在巨大差距，如把福利差距考虑在内，城乡人民生活差距实际为5~6：1。

二是地区发展的不均衡。东部发展远远快于中部和西部，2002年，东部地区和中部地区的差距较1999年有所扩大，中部地区与西部地区差距也在扩大。2002年，东部地区人均国内生产总值高出全国平均一倍多，而中部和西部则分别较全国平均水平低12%和30%。此外市场经济体制发展及产业结构也存在不平均，东部地区体制渐与国际接轨，特别是加入世贸组织后，这一进程

进一步加快，先行、先发优势更加明显。中西部地区明显缺乏对外开放带动国内改革的机制，在所有制结构和产业结构上调整较慢。

三是投资与消费的不均衡，投资的增长远远高于消费的增长。虽然我国的投资率已然处于较高水平，但近两年又有进一步上升趋势。固定资产投资占GDP比重，从1997年占33.5%，上升到2002年的42%。2002年，我国消费率为58%，远远低于发达国家78%和发展中国家74%的平均消费率。2003年前三季度社会消费品零售额仅增长8.6%，而同期全社会固定资产投资额增长高达30.5%。按此趋势推算，2003年固定资本形成占GDP的份额将进一步加大，消费率将相应降低，投资和消费增长差距进一步扩大。

四是第三产业增长滞后于第二产业。现代化经济一般规律是第三产业（服务业）的发展要快于第二产业（工业）的发展。我国在20世纪80年代改革开放后，曾有效地推动了第三产业的快速增长，产业结构得到明显改善，第三产业占GDP的比重由80年代初的21.8%增加到90年代初的33.4%。但90年代第三产业份额没有增加。2003年第三季度，全部工业增长11.8%，而第三产业仅增长5.4%，增长差距明显扩大，目前我国第三产业在GDP中所占比重不仅低于发达国家，而且低于同等水平的发展中国家。

五是不同收入阶层居民收入差距扩大。我国城乡居民总体收入基尼系数在改革开放前是0.25，到20世纪90年代初，则超过0.3，目前已超0.45，超过了国际警戒线。收入差距迅猛扩大的后果：（1）国内需求受到严重影响（消费倾向下降）；（2）影响工作、生产效率及资源配置效率；（3）形成一部分社会不安定的根源。

六是社会建设落后于经济建设。在我们的工作中，追求经济增长的习惯倾向严重存在，GDP增长事实上依然作为政绩考评的主要指标，各级政府特别是地方政府把主要精力放在围绕人均

GDP增长的经济建设上，政府职能在经济建设上强，在公共服务和社会建设上偏弱，随着市场化改革的推进，市场经济主体不应再由政府承担，转应由企业——主要是民营企业来承担，政府职能应转向更多地提供公共产品和公共服务，为社会发展政策提供财政保证方面来。但目前各级政府仍然把自己当作经济建设的主体，看轻自己作为公共产品和公共服务天然提供者的角色，仍然把发展经济当作政府的第一职责，把公共服务当作第二职责。不少地方政府直接筹划或投资于竞争性项目，特别热衷于大搞政绩工程、形象工程，而用于公共服务的资金（如义务教育、公共卫生、公共设施、社会保障等）却长期捉襟见肘。为了缓解社会矛盾，保持社会的稳定和安全，进而实现以人为本的发展目标，普遍提高全体人民特别是低收入群体的福利，政府必须在公共需要的领域加大国家资源的投入，而且要加快从那些不属于社会真正需要的领域抽身，降低财政支出中用于经济建设的比重，压缩虚耗浪费的公共开支，把更多的公共资源用到真正是社会公共需要的领域上来。

以上我们讲了我国经济社会发展中的种种不均衡、不协调，当然不止这些。例如，还有就业增长滞后于经济增长，资源环境的保护滞后于经济发展，等等。所有这些发展中的不均衡、不协调，当然不是一两年短期内能解决的，需要长期不懈的努力。所以，这次十六届三中全会提出，深化改革要立足于“五个统筹”，就是统筹城乡发展、统筹区域发展、统筹经济社会发展、统筹人与自然和谐发展、统筹国内发展和对外开放。这“五个统筹”，就是要解决我国经济社会发展中的不均衡、不协调问题，按照“五个统筹”要求，更大程度地发挥市场在资源配置中的基础性作用，发挥企业潜力和竞争力，建立国家宏观调控，完善政府社会管理和公共服务职能，为全面建设小康社会提供强有力的体制保障。

2004年，我国经济发展的前景如何，是大家关心的。从2004年经济增长的条件和环境看，尽管面临的困难不少，经济运行中还存在一些不确定因素，但是总体上有利条件多于不利条件，国民经济可望继续保持较快的增长态势。有利因素之一是国际环境趋好的可能性很大，国际货币基金组织、世界银行等主要国际组织对世界经济走势估计，经济增长率和贸易增长率均高于2003年。2004年，世界经济增长率将比2003年提高0.5~1个百分点，世界贸易增长率也将提高1.5~3个百分点，世界经济的这种态势有利于我国经济发展。二是经济增长的体制条件进一步改善，党的十六届三中全会精神对于摒弃某些限制发展的观念，打破落后体制对经济发展的束缚，将起到积极作用。三是市场活力对经济的推动将进一步增强，目前我国经济增长已经由过去计划经济时代的政府主导型逐渐转入了政府主导与市场活力共同推动增长的新阶段，而且随着时间的推移，市场活力逐渐加大。四是经济增长的微观基础趋于巩固，据调查，企业家和消费者对宏观经济和本行业经济发展信心增强。

当然还要看到不利因素，我们前面已经讲了当年碰到的困难和问题，这些都要认真研究解决。当前宏观经济形势总的来说是走势良好，有利条件多，虽有困难，但只要对现行政策作某些调整即可维持近期的健康发展势头。我国已取得“软着陆”的成功经验与扩大内需政策的积极成果，表明我国对付通胀和通缩的宏观调控手段的运用趋于成熟，短期运行可无大虑。问题仍在于经济发展的中长期问题，即前面所述的一些非均衡发展问题，今后要予以更多的关注、研究与解决，以便于我国经济、社会的长期可持续发展。

提高深圳市的竞争力

——在深圳市第六次高级顾问会上的发言

（2003年12月8日）

好几年未参加高级顾问会，也没有跟踪研究深圳的发展，了解情况不深不透。看了一点材料，讲几点感想。

1. 我们在20世纪80年代中期、90年代初期，曾应当时深圳党政领导的邀请，来深圳做发展战略研究。两次调研中提的一些战略目标，都已大大超额实现了。比如，1985年曾经设想，到2000年深圳人口不应超过80万~100万人，事实上2000年常住人口已达到433万人，2002年达到504万人，加上暂住的劳务工，共约760万人。超过了原来预想的几倍。又如80年代提出，到2000年工业发展速度平均是12%~15%，90年代初战略设计的GDP增长速度为20%，但事实上二十余年深圳的平均增长速度达到30%以上。近年来速度虽有所放慢，但仍大大超过全国平均水平，居领先地位。深圳不但创造了深圳速度，创造了深圳效益，还创造了深圳机制。在发展和改革两个方面，都取得了多个全国第一。深圳取得这样的成就，原因是多方面的。主要是中央创办经济特区的理论和战略的指导，历届党委政府大胆的闯试精神和务实作风，调动当地和外来体脑劳动者奋勇拼搏的结果。

2. 随着中国经济全方位开放格局的形成，深圳面临着“特区不特”的问题。这促使深圳把“增创新优势”提到了“第二次创业”的高度。如果说第一次创业时深圳较多地依靠特殊政策，第二次创业则更多地靠已经积聚起来的经济基础和雄厚实力，更多地靠改革开放形成的新机制，更多地依靠引进和培养人才，提高自身的创新活力。深圳正在实现经济增长主要动力从政策优势向整体素质优势的转换，深圳在全国现有大中城市中的排名逐年上升，现在已进入包括北京、上海、广州、苏州四市在内的五强城市之一。"特区不特"的问题看来早已消化掉了，不再成为影响深圳经济社会发展的重要因素。

3. 深圳的同志为了继续保持和巩固深圳作为我国重要经济中心城市的地位，力争在国际经济活动和我国现代化建设中发挥更大的作用，迅速提升国际竞争力，最近写了《深圳竞争力研究报告》。将其与上海等四强城市的竞争力作了对比。上海、北京、广州、苏州四城市是我国最发达的城市，也是我国最有竞争力的城市，因此这项对比很有意义。当然，五强之间的竞赛，不妨再有新强进来竞争，这不是优胜劣汰的竞争，而应是多赢的竞争。我们希望看到中国有更多实力强的城市。各个城市应各自充分发挥自己的优势，避开自己的劣势，提高自己的特长竞争力。

深圳过去的优势主要在政策优势、区位优势、新兴城市的土地资源优势、投资成本优势等。随着改革开放的深入，政策优势、新兴城市土地资源优势这些原来支撑深圳经济高速增长的因素逐渐减弱。但深圳地处珠江三角洲，毗邻香港，是我国最主要的经济增长极。这一区位优势依然存在。同时深圳有全国第一流的城市环境优势；有市场功能发育早、配套好、营商环境更为成熟的市场机制优势；有创业人才优势；有高新技术产业占优势地位的优势；还有综合实力的优势，深圳经过二十多年的发展，城市综合实力在全国大中城市中名列第四。这些都是深圳拥有的强大的发展潜力，也是提升其竞争力的基础。

4. 产业结构。深圳选择高新技术产业、金融业、物流业作为提升竞争力的主导产业，是正确的，这符合深圳在产业方面突出的比较优势。高新技术产业产值占工业总产值的比重，2002年为47.9%，其中拥有自主知识产权的高新技术产品产值占55.82%。高新技术产业已经初步形成体系，电子信息业已发展成为支柱产业。同时，生物工程、新材料、新能源、光电一体化也取得迅速发展。金融业高速发展，深圳已成为全国重要金融中心之一。在金融业对经济的贡献率上，在银行存贷额增速上，在银行保险体系的完善上，在作为我国两大证券投资中心之一的地位上，在外资金融机构密集度上，深圳金融业有明显的优势。在物流方面，深圳区域优势好，辐射能力强，对外贸易发达，航运设施优良，毗邻自由港，跨国公司采购中心云集，未来物流业的发展具有比较大的潜力。深圳应该继续努力，做强、做大这几个主导产业，保持竞争优势。

5. 工业结构中传统产业与高新技术产业的关系。《竞争力报告》说，深圳过于依赖高科技产业，传统产业不强，缺乏大型的现代化制造业和装备工业，也缺乏小型工业体系。我觉得这正是新兴工业城市的强势所在。城市之间应有分工协作，每个城市应有所长，不能什么都搞，追求什么“完整的体系”。适当发展一些市场需要的传统产业是可以的。但深圳要提高自身的竞争力，必须集中精力，把高新技术做大、做强，以高新技术为中心完善产业链条，在工业的高技术层次上形成综合竞争优势。

与这个问题有关的，是传统工业目前的更新改造任务较重，而深圳因为传统工业较少，更新改造投资能力较弱，主要靠新进项目的投资，据说这是影响深圳目前投资乏力的一个重要原因。不过我想这也是新兴城市发展规律的题中应有之意，随着城市工业的成长成熟，厂房设备更新改造的任务也将逐渐加大，更改投资较弱的情况将会逐渐改变。

6. 深圳产业结构的一个重要问题是第三产业相对滞后，2002年，它在GDP中的比重为44%，虽然高于全国平均的33.5%，但

在五强城市中排位偏后，低于上海的51%，北京的61%和广州的56%，更不能与香港地区（2002年第三产业占87%）相比。这也同深圳是一个新兴城市，发展要从工业起步，还是一个工业主导型的城市，第二产业占比较高有关。深圳第二产业2002年占比52%，而上海、北京、广州三城第二产业占比均在50%以下。在规模较大的经济体中，第三产业比重是衡量其经济发达的一个重要指标。深圳由于发展历史较短，第三产业发展较慢，也不规范。深圳有服务业发展的巨大空间，物流业、金融业都是第三产业，已经作为深圳发展的重点，其他服务产业也要发展，特别是文化产业、旅游产业。

在发展第三产业方面，抓住CEPA契机，拓展深港合作空间，是大有可为的。香港地区服务业的发展相当成熟，CEPA降低了香港地区17个服务业进入内地的门槛，为深圳服务业的提升提供前所未有的良机。深圳可以利用CEPA，开展与香港地区服务领域的全面合作，加大对香港地区服务业的招商力度，大力吸纳香港地区金融、物流、会计、法律、企业管理等专业服务，加速服务业结构优化升级，提高服务功能。

7. 关于深圳发展空间的问题。从材料上看，深圳面积小，土地资源少，综合经济发展受到限制。深圳总面积1948平方公里，分别为上海、北京、广州、苏州的30.7%、11.6%、26.2%、23%。据说，狭小的城市面积限制了大型产业的发展空间和城市对周边地区的辐射能力。但是，我们从同一材料上又看到，与香港地区、新加坡比，深圳土地面积又最大，有1948.7平方公里，香港地区只有1098平方公里，新加坡是640平方公里。可是，经济总量深圳与香港地区、新加坡差得很远，2002年，深圳GDP为270.5亿美元，仅相等于香港地区2001年的14.59%，新加坡2000年的25.59%。人均GDP深圳2002年为5561美元，也只相当于香港地区2001年的23.1%，相当于新加坡2000年的24.1%。深圳土地面积大于香港地区、新加坡，而经济实力差距很大。

这样看来，问题不在于土地空间的限制，而在于土地空间的规划与利用，在于产业结构。我国城市的发展壮大，目前主要靠外延扩张来实现。深圳能不能开始走出一条以内涵深化利用土地发展城市的路子，精心搞好规划，大力调整产业结构，在有限的土地面积上获取更大的产出和人均产值。所以，深圳提出寻求扩大城市空间的两条途径，一是谋求中央和广东省支持扩大深圳市区面积；二是对现有土地进行治理、改造、优化和重新规划、重新配置，实现“二次开发”。我以为，在不放弃第一条途径的同时，深圳应当把主要的期望、主要的精力，放在第二条途径上。

8. 深圳在经济获得快速增长的同时，各项社会事业也得到发展，这为深圳的改革开放和现代化建设提供了良好的环境和氛围。但从材料上也看到，与经济高速发展相比，深圳的社会发展还相对落后。当其经济发展成果已成为全国的奇迹时，社会发展的成果仍停留在较低层次。应该说，社会建设落后于经济建设，这不是深圳一个地方的问题，是全国性的问题。在我们的工作中，片面追求经济增长的习惯倾向严重存在，GDP增长事实上依然作为政绩考评的主要指标，各级政府特别是地方政府把主要精力放在围绕人均GDP增长的经济建设上，政府职能在经济建设上强，在公共服务和社会建设上偏弱，致使大量社会问题、重重社会矛盾难以得到及时的解决，遇到像今春夏“非典”那样的社会危机，也一度陷于被动。随着市场化改革的推进，市场经济主体不应再由政府承担，应转由企业主要是民营企业来承担，政府职能应转向更多地提供公共产品和公共服务，为社会发展政策提供财政保证方面来。但目前各级政府仍然把自己当做经济建设的主体，看轻自己作为公共产品和公共服务天然提供者的角色，仍然把发展经济当作政府的第一职责，把公共服务当作第二职责。不少地方政府直接筹划和投资到竞争性项目，特别热衷于大搞政

绩工程、形象工程，而用于公共服务的资金（如义务教育、公共卫生、公共设施、社会保障等）却长期捉襟见肘。从材料上看到，深圳市每年的政府财政预算中，城市建设、经济建设考虑很多，社会发展项目考虑得相对较少，社会发展缺乏中长期的战略规划与实施方案，不同程度地存在“头痛医头，脚痛医脚”的现象。就全国来说，由于若干年来，我们没有把财政的行为目标锁定在满足社会公共需要上，在社会公益事业方面投入太少，欠账太多，因此，社会问题越积越多。为了缓解社会矛盾，保持社会的稳定和安全，进而实现以人为本的发展目标，普遍提高全体人民特别是低收入群的福利，政府必须在公共需要的领域，加大国家资源的投入，而且要加快从那些不属于社会真正需要的领域抽身，降低财政支出且用于经济建设的比重，压缩虚耗浪费的公共开支，把更多的公共资源用到真正社会公共需要的领域来。只有经济建设和社会建设得到全面的协调发展，才能把提升我们的城市竞争力建立在可靠的基础之上。

我国经济发展形势*

——《前线》杂志社记者专访

（2003年12月）

记者（杜梅萍）： 2003年，我国人民经受严峻考验并取得重大胜利。请问：这一年，我国经济发展出现了哪些积极的亮点？

刘国光： 在抗击“非典”取得阶段性胜利后，2003年，我国经济迅速恢复了强劲的增长势头，继续进入新一轮快速增长周期，全年经济增长高于2002年的增长，是1998年以来最快的一年。经济增速回升，说明1998年以来扩大内需政策的效应逐步显现，也说明，经济内在的增长动力不断增强。

第一，在投资方面。目前全社会固定资产投资增长速度较高，从投资资金来源构成看，出现了一些积极因素：集体经济投资和个体经济投资的增长速度明显提高；企事业单位自筹资金增长，政府预算内资金增长下降。这说明，近年来，国家坚持扩大内需的方针，实施积极的财政政策和稳健的货币政策，促进了投资增长内生机制的作用和微观经济主体的活力，投资扩张已经从前几年的政策推动向市场自发扩张转变。

第二，在消费方面。1997年亚洲金融危机爆发后，一直困扰我们的通货紧缩压力的问题在2003年进一步缓解，居民消费价格指数变动在2003年转负为正。虽然消费需求不足的矛盾尚未解决，但是，在消费领域也出现了一些积极的亮点。城镇居民的消

* 原载《前线》2004年第1期。

费结构出现了升级的趋势，住房、家用轿车、通信产品，以及教育、旅游正在成为新的大众消费热点，这将成为扩大内需、促进经济稳定增长的重要动力。

第三，在外资外贸方面。2003年，外商投资增速明显快于上年，成为我国经济快速增长的重要组成部分。在对外贸易方面，2003年虽然受“非典”影响，我国对外贸易增长速度在上半年有所减慢，但是，全年的进出口增长势头仍十分强劲，外贸活跃对于国内经济的刺激作用和对经济景气的提升作用是十分积极和不容忽视的。

记者：前不久召开的中央经济工作会议指出，愈是形势好，我们愈要清醒看到经济社会发展存在的矛盾和问题。特别是对新出现的苗头性和局部性问题，要见微知著，防患于未然，采取果断措施，努力加以解决。那么，我们应该注意经济发展中哪些新问题、新矛盾呢?

刘国光：我认为，我国2003年经济运行出现的三大新问题和经济结构六大不均衡不容忽视。

三大新问题：一是银行信贷扩张偏快。2003年前三季度，我国金融机构各项贷款比年初增加24715亿元，增加额比去年同期高出1/3。最近央行采取适度紧缩的措施，贷款增加额有所减少。二是低水平重复建设又抬头。一些生产能力明显过剩的传统行业仍在大上项目。根据国家统计局1—8月城镇500万元以上项目统计，全国目前在建的钢铁项目增长70%，在建水泥项目增长40%，在建铝采选及冶炼项目增长38%，在建汽车项目增长75%，在建房地产项目增长1倍。一些新兴行业、高新技术项目遍地开花，各种开发区过多过滥。三是粮棉等主要农产品产量连续走低。2003年，粮食生产预计8600亿斤，为1990年以来最低。2000年以来，粮食产量已经4年低于需求，目前库存比较富裕，可无大虑，但未来粮食形势尚需观察。2003年，粮价发生了6年来的首次上扬，这是恢复性的，对于农民增收和粮食增产，有一定的积极作用。

宏观经济结构凸显六大不均衡：一是城乡发展不均衡，城市发展远远快于农村。城市居民收入高于农民收入。此外，城乡居民之间在户籍、就业、医疗、养老保障、粮食供给、住宅制度等福利方面，也存在巨大差距。二是地区发展不均衡。东部发展远远快于中部和西部，此外市场经济体制发展及产业结构也存在不平衡，东部地区体制渐与国际接轨，特别是我国加入世贸组织后，这一进程进一步加快，东部先行、先发优势更加明显。三是投资与消费不均衡。我国的投资率虽然已经处于较高水平，但近两年还有进一步上升的趋势，固定资产投资占GDP的比重，从1997年的33.5%，上升到2002年的42%。与投资率相对过高相对应，我国的最终消费率长期以来存在着下降的趋势。20世纪90年代以来，世界平均消费率约在80%，而我国在1990—2002年的平均消费率不足60%。四是第三产业增长滞后于第二产业。去年第三季度，全部工业增长11.8%，而第三产业增长仅5.4%，增长差距明显扩大，目前，我国第三产业在GDP中所占比重不仅低于发达国家，而且低于同等水平的发展中国家。五是不同收入阶层居民收入差距扩大。我国城乡居民总体收入基尼系数在改革开放前是0.25，到20世纪90年代初超过0.3，目前已超过0.45，超过英国、法国和德国0.3~0.4的水平，也超过了国际警戒线。六是社会建设落后于经济建设。在我们的工作中，GDP事实上依然被作为政绩考核的主要指标，各级政府特别是地方政府把主要精力放在围绕人均GDP增长的经济建设上，政府职能在经济建设上强，在公共服务和社会建设上偏弱，致使大量社会问题、重重社会矛盾难以及时地解决。

记者：对于我国经济运行中的新问题和经济结构中的不均衡，有些同志把它归结为这几年积极的财政政策和稳健（适度从

松）的货币政策所导致的经济过热现象的表现，甚至提出积极的财政政策要退出、银根要收紧以治理经济过热现象、避免通货膨胀发生。对此，您怎么看？

刘国光：从各种经济活动的内在发展趋势看，目前我国经济已开始进入新一轮快速增长周期。但在此过程中，经济增长趋强的动力尚不太稳定。在投资、出口、工业生产高速增长的同时，消费和就业却比较疲弱，内需尚未全面启动。消费品和生产资料价格指数由负转正，但上升乏力，物价指数仍在合理区间摆动。经济生活中虽然出现局部过热现象，如房地产、钢铁、水泥等传统工业，但离真正全面过热还有相当距离。如果说目前存在着某种“过热”迹象或可能性的话，也不是20世纪80年代后期和90年代前期那种投资与消费全面超高增长的“过热”，而是投资需求高速增长，贷款规模增加较快，与此同时国内消费需求仍显不足，物价水平仍在低位徘徊；现在我国现实经济增长率在向潜在经济增长率提升，但还低于潜在增长率，即使一时达到，也有可能回摆。在这种情况下，宏观调控需要兼顾现实经济增长率和物价水平两个方面，我们要按照中央经济工作会议的要求“保持宏观经济政策的连续性和稳定性”，“要倍加珍惜当前经济发展的好势头，巩固和发展这个好势头”，“坚持扩大内需的方针，继续实施积极的财政政策和稳健的货币政策，保护好、引导好、发挥好各方面加快发展的积极性”，针对经济运行中出现的新问题，区别不同情况，适度微调，避免出现大起大落。我以为：

第一，自1998年开始实行的扩张性的财政政策在目前条件下还不能立即完全退出。其一，自2001年开始，虽然GDP增长率止住了连续多年的下降趋势，但是，这种状况的取得在很大程度上依赖于扩张性财政政策的支撑，如果这一政策一下子完全退出，很可能会造成经济增长的波动；其二，目前，经济增长对投资的依赖性很强，进一步扩大国内消费需求还是一项十分艰巨的任务，还需要进一步发挥国家通过增加居民收入和加强社会保障体系来扩大国内消费需求的作用；其三，前几年上马的国债投资项目的后续资金来源需要得到保证，还需要发行一定数量的国债筹集资金，以保证那些在建项目的完成；其四，国际环境中还存在许多不确定因素，特别是我国经济的对外依存度越来越大，同时又受到人民币升值的压力，政府需要具备必要的经济力量应对这些问题。

第二，由于我国将在较长时间内持续承受通货紧缩的压力，所以，信贷政策的调整思路和重点不应为总量急剧收缩，而是结构微调。在控制货币信贷的过快增长时，也要防止通缩。目前我国经济面临生产能力过剩问题，投资控制不好或过快，导致低水平重复建设，有可能加剧生产能力过剩的局面，并可能出现更剧烈的价格竞争，从而导致价格进一步下降和通货紧缩趋势。信贷政策的调整要与其他产业政策配合，实现政策效应的“软着陆”。正如中央经济工作会议所指出的那样：“实施稳健的货币政策，必须把握好货币供应量的调节力度，综合运用各种货币政策工具，发挥货币政策和财政政策、产业政策协调配合的综合效应，适当控制货币信贷的投放，调整货币信贷结构，保持货币供应量的适度增长。”在这样的宏观经济形势下，宏观经济政策的取向，自然不能从积极的财政政策和稳健的货币政策（据我看实质上是适度从松的政策），立即转向从紧（银根全面收紧）的政策。而应继续保持政策的延续性、稳定性，积极的财政政策和稳健的货币政策只能逐步淡化转型，总体上还要继续保持某些松动，以支持需要发展的行业和企业，增加就业岗位；对于局部过热的经济活动和行业如投资、银行信贷、钢铁、水泥等给予适当的引导。总之，宏观政策要逐步向中性的调控方向过渡，上下微调，适度松紧。这样既可以继续提升现实经济增长率向潜在增长率靠拢，又可以预防未来可能出现的通胀扩大的局面。

记者：中央经济工作会议强调：“牢固确立和认真落实全

面、协调、可持续的发展观。这既是经济工作必须长期坚持的重要指导思想，也是解决当前经济社会发展中诸多矛盾必须遵循的基本原则。”继十六届三中全会之后，这次中央经济工作会议再一次强调全面、协调、可持续的发展观，那么，按照新发展观的要求，积极的财政政策要做些什么调整？

刘国光：当前宏观经济形势总的来说走势良好，只要对现行政策作某些调整，即可保持近期健康发展的势头。“软着陆”的经验与扩大内需政策，表明我国应对通货膨胀和通货紧缩的宏观调控手段趋于成熟，短期运行问题可无大虑。我们的注意力要更多关注经济发展中的中长期问题，特别是一些非均衡发展的问题，包括经济增长与就业增长的非均衡，投资增长与消费增长的非均衡，城乡、地区经济发展的非均衡，经济发展与社会发展的非均衡，收入分配差距急速扩大，等等。发展的不协调越来越成为我国发展的“瓶颈”，迫切需要研究解决的途径。而解决这些问题的一个重要前提就是树立全面、协调、可持续的科学发展观，所以，继十六届三中全会之后，这次中央经济工作会议把全面、协调、可持续的发展观提高到经济工作的重要指导思想和基本原则的高度。

积极的财政政策要做些什么调整？其一是国债发行力度的适当减低。国债的绝对发行量只要不增加，国债收入占财政收入的比例、国债余额占GDP的比例就会降低。其二是按照中央经济工作会议“建立公共财政的要求”，要将特定的以加强宏观调控为主的扩张性的财政政策，逐步调整为正常的以更好发挥国家促进经济社会协调发展职能为主的功能性的财政政策，即资金使用方向要做以下调整：“实施积极的财政政策，要在强化税收征管、增加收入的同时，按照建立公共财政的要求，加大调整财政支出结构的力度，保证各项重点支出。国债和新增财政资金的使用，要重点向‘三农’倾斜，向社会发展倾斜，向西部大开发和东北地区等老工业基地倾斜，向生态建设和环境保护倾斜，向扩大就业、完善社会保障体系和改善困难群众生活倾斜。”

所谓“建立公共财政的要求”其含义是：随着市场化改革的推进，市场经济的主体不应再由政府承担，政府职能应转向更多地提供公共产品和公共服务，为社会发展政策提供财政保证上来。政府提供公共产品和服务，可以补偿这方面市场机制的失灵。同时政府可以通过强制性的税收及发行公债等，使公共产品与服务的供给成本得到补偿。但是，和中央“建立公共财政的要求”相违背的是，目前各级政府尤其是多数地方政府仍然把自己当作经济建设的主体，看轻自己作为公共产品和公共服务天然提供者的角色，仍然把发展经济当作政府的第一职责，把公共服务当作第二职责。不少地方政府直接筹划和投资竞争性项目，特别热衷于大搞政绩工程，而用于公共服务的资金，却长期捉襟见肘。经济建设费用过多和公共支出的虚耗，挤占了稀缺的公共资源，侵蚀了政府的财力，使得社会急需的公共产品和服务，如公共设施、社会保障、基础教育、公共卫生等方面供给不足或无力供应，因此社会问题越积越多。为了缓解社会矛盾，保持社会的稳定和安全，进而实现以人为本的发展目标，普遍提高全体人民特别是低收入群体的福利，我们必须在社会公共需要的领域加大国家资源的投入，而且要加快从那些不属于社会公共需要的领域抽身，降低财政支出中用于经济建设的比重，压缩越位的公共产品和非公共产品的支出，把更多的公共资源用到社会公共真正需要的领域来，更好地发挥以促进经济社会协调发展职能为主的功能性的财政政策的作用。

记者：谋划好新一年我国经济社会发展，对于保持国民经济持续快速协调健康发展，保证“十五”计划全面实现，具有十分重要的意义。请您谈谈2004年我国经济发展的前景。

刘国光：2004年我国经济发展的前景如何，大家都非常关

心。从经济增长的条件和环境看，尽管面临的困难不少，经济运行中还存在一些不确定因素，但是，总体上有利条件多于不利条件。从国外看，国际环境趋好的可能性很大，国际货币基金组织、世界银行等主要国际组织对世界经济走势估计，经济增长率和贸易增长率均高于2003年。世界经济的这种逐步回升态势，对我国经济发展在总体上是有利的。从国内看，经济增长的体制条件进一步改善，十六届三中全会精神对于摒弃某些限制发展的观念，打破落后体制对经济发展的束缚，将起到积极作用；市场活力对经济的推动将进一步增强，目前，我国经济增长已经由政府主导型逐渐转入到了政府主导与市场活力共同推动的新阶段，而且随着时间的推移，市场活动力将逐渐加大；经济增长的微观基础趋于巩固，企业家和消费者对经济发展信心增强。

总体来看，如果2004年国际经济、政治环境不发生有重大影响的突发事件，国内不出现大范围的严重自然灾害和其他重大问题，我国国民经济仍可以继续保持较快的增长。一直困扰我们的通货紧缩压力的问题，2004年将会进一步缓解。只要宏观调控得当，也不会出现太大的通货膨胀压力。城镇居民收入将继续保持一定程度的增长。预计2004年起，扩张性财政政策的力度将会逐步减弱，财政赤字可能略有降低。2004年对外贸易仍有可能保持一定数量的顺差。

在对经济形势保持乐观的同时，我们要密切注意国内外各种不利因素可能对宏观经济调控工作所带来的不利影响。对目前存在的某些结构性问题趋于严重所可能产生的中长期影响，即前面所述的经济社会发展不够协调等一些非均衡发展问题，我们要按照中央经济工作会议“稳定政策、适度调整，深化改革、扩大开放，把握全局、解决矛盾，统筹兼顾、协调发展”的思路，加强引导，积极调控，抓紧解决，保持经济平稳增长，实现国民经济持续快速协调健康发展和社会全面进步。

宏观经济问题小论三则*

——在2004年经济形势分析与预测春季座谈会上的讲话

（2004年3月）

（一）目前宏观调控政策转向中性，首先防通胀苗头滋长，其次防通缩趋势重现

中央经济工作会议指出，当前我国经济发展正处于经济周期上升阶段。GDP的增速，由2001年的7.3%，2002年的8%，上升到2003年的9.1%。要坚持全面、协调、持续、快速发展，就要把更多的精力放到深化改革、结构调整和社会稳定上，放到提高经济运行的质量和效益上。速度可以调低一点，但也不能下降太多。宏观经济政策要在这个总盘子下来把握。

当前宏观经济形势很特殊，既不同于20世纪90年代中期以前的严重通货膨胀，又不同于前几年持续的通货紧缩。虽然消费品物价指数由负转正，投资品和部分生产资料价格涨势强劲，2003年9—10月后物价上涨趋势较为明显，但消费品价格除粮食等农产品上涨较快外，其余比较疲弱，甚至还有下降的。消费品物价指数总的看还在合理区间移动。当前，我国虽然由于部分行业投资扩张较猛，引起部分物资如煤、电、油等供应紧张，但我们的劳动力不紧张，失业率还在增长；资金不紧张，银行存贷差很大；产能不紧张，大部分宽松甚至过剩。我国潜在的经济增长率

* 原载《经济学动态》2004年第4期。

大约为9%~10%。现在实际增长率仅及潜在增长率的下限，未到上限。不过碰到的“瓶颈”制约应当引起重视，因为它影响发展的全局。从经济运行来看，当前既有局部过热，特别是投资过多的现象，又有从总体上供大于求、有效需求不足的问题。前几年，我国实行的宏观调控政策，实质上是“从松”的经济政策，积极的财政政策就是扩张性的财政政策，稳健的货币政策之所以讲稳健，实际上是在放松银根的同时防范金融风险。现在通货紧缩趋势已经淡出，宏观调控政策应该由“从松”的政策转向“中性”的政策。由“从松”转向“中性”，就是要求适度收紧。现在积极的财政政策力度逐步减弱，方向正在调整转型。稳健的货币政策也要从紧一些，但不能太紧。所谓不能太紧，就是说不能像治理严重通货膨胀那样，采用刹车手段。对一些消费热点和投资重点还要继续支持，还要支持扩大就业；但对过度的低水平重复投资要“削峰”。转向“中性”的宏观经济政策，实质上是要“双防”，既要防止通货膨胀苗头的滋长，又要预防通货紧缩趋势重现。要坚持上下微调，松紧适度，这与中央经济工作会议提出的“稳定政策，适度调整”是一致的。

防止通货紧缩趋势，虽然目前并不紧迫，但还是要警惕其再现。从经济走向上看，现在是从通货紧缩向通货膨胀的转化。因此，一定要挡住通胀苗头的压力，特别要注意控制投资的过度扩张。防止大起大落，关键是防止投资的大起。整体经济的大起大落，往往始于投资的过度扩张。投资扩张的规律首先是引起投资品需求的扩张，继而引起消费品需求的扩张，再进而引起产能和产品供应的扩张。故而物价走势的轨迹，也是投资品和生产资料先涨，消费品后涨；最终因供大于求导致双双下跌。我国本轮物价上涨趋势，也是上游产品价格涨幅高于下游产品。按照通例，下游最终消费品价格上涨滞后期约为一年。但我国此轮物价上涨，上游产品能否顺畅将涨价传递到下游产品，受阻因素颇多。

如居民收入差距急剧扩大、就业增长落后于经济增长、社保教育等支出预期加大等导致消费倾向下降，关税减免，进口限制放宽取消，国际通缩尚未过去，等等，最终消费需求受到上述种种限制影响，生产资料价格上涨难以向最终消费品传递。在这种情势下，过一两年后，一些部门过度投资形成的生产能力过剩，会导致通缩压力。所以，对新一轮投资扩张造成的产能过度膨胀要密切注意。通过投资规模的适当控制，我们既能遏制因投资膨胀而导致的投资品价格领先上涨，防止通胀苗头滋长于先，又能抑制过度建设造成的产能过剩，防止通缩再现于后，实现双防的目的。

现在宏观调控当局对于防止通货膨胀压力非常警惕，并为此采取了收缩货币信贷等一系列措施，我觉得非常必要。2004年，货币供应增幅和新增贷款规模的安排均低于上年实际水平，有助于控制物价上涨趋势，约束投资过度扩张，使CPI同比增幅保持在3%以下。但亦不排除形势发展出现不可预计的不确定因素，显示出现有财政信贷政策调控力度不足，投资规模得不到有效控制，上游产品上涨趋势迅速向下游最终产品传递。引起泡沫性需求（包括对资产的需求和产品的需求）的爆发，推动通胀升级。如果CPI升至3%~5%，并持续数月或半年以上，在通胀加剧的情势下，则需考虑出台更加从严的调控措施，如采取大幅减少赤字国债、向上调整利率、进一步提高准备金率等手段。但这只是作参考的预想，且要有备用之道。目前至少在年内较少有现实的可能性。

（二）短期经济运行，适时适度微调，可无大虑；中长期经济发展反差，亟待研究克服

我们已经有了1997年“软着陆”制止通货膨胀的经验，又有了1998年以后扩大内需、遏制通货紧缩趋势的经验，只要我们密

切关注短期经济运行，进行适时适度的微调，就没有大的风险，可无大虑。真正的问题不在于短期经济运行，而在于中长期经济运行中的不协调、不均衡问题。

我国在很多方面都存在着发展的反差，我认为问题不在于存在差距，而在于这些差距仍在不断扩大。具体数据见表1~表5。

表1　城乡居民收入之比

1983年	1989年	1997年	2000年	2001年	2002年	2003年
1.82：1	2.17：1	2.47：1	2.79：1	2.89：1	3.11：1	3.20：1

表2　东部地区人均GDP为中部、西部的倍数

1980年	1990年	2002年	2003年
1.53倍到1.8倍	1.62倍到1.97倍	2.08倍到2.63倍	投资继续向东中部倾斜，西部投资占比下降

表3　城镇登记失业率

1992年	1995年	1999年	2001年	2002年	2003年
2.3%	2.9%	3.2%	3.6%	4%	4.3%

表4　全国基尼系数

1988年	1990年	1995年	2000年	2001年	2002年
0.341	0.343	0.389	0.417	0.440	0.470

表5　投资率与消费率

项目	1992年	2002年	2003年
投资率	18%	39.4%	43%
消费率	83.6%	58.5%	57%

这些反差不断扩大的趋势，是必须引起我们高度重视的原因，因为这种趋势长期发展下去，违背经济社会发展规律，迟早要引发社会经济的深重危机。但是，这种扩大的趋势一时还难以停止。所以，必须强化统筹协调发展的方针，研究采取有效措

施，缩小差距，进而扭转反差。要做出中长期的大体规划，来解决此类问题，如最近关于农民增收问题的一号文件。政府要把更多的精力放到抓这些重大的中长期问题上来，从2004年开始，就要努力使这些反差扩大的幅度逐步缩小。

（三）整顿吏治，解决损害老百姓利益的突出问题

2003年，一些损害群众利益的突出问题，如土地征用中农民失地失业问题，城镇建设中强迫居民拆迁问题，拖欠和克扣农民工工资问题，等等，受到党中央、国务院重视，并开始着手解决，深得民心。温家宝总理曾亲自为三峡库区云阳县农妇熊德明讨回丈夫工钱，总理身教带动了各地积极清欠，一时传为佳话。但这样的好事可遇而不可求，报载云阳县还有多家拖欠，清欠很难。熊德明清欠款被还清后仍不敢出去打工，这类现象量大面广，造成纠纷甚多，群体性上访逐年增加，成为信访的大头，不可能靠国务院领导一个一个去发现，去解决。据估计20世纪90年代至今，因征地圈地，至少造成2000万以上农民失地。历年拖欠农民工的工资，达1000亿元以上。光是2003年在整顿土地市场秩序中查处到的土地违法案件，就有16.8万件。这样大面积损害群众利益浪潮的形成，绝非一日之寒。“要等受害者走投无路，忍无可忍，采取自残等非理性举动，并有可能影响社会稳定之时，才多少引起注意警惕。”“拆迁户以死抗争的鲜血，换来了国家有关部门和一些地方对被拆迁人合法权益在一定程度上的重视和保护。”[①]可见这类问题解决处理之难。

造成这类问题的原因很复杂，有体制、机制问题，有法律、法规问题，我以为更重要的是一些地方政府机构和官员行为不正，吏治腐败。一些地方借经济建设、公共利益为名，行牟取商

① 根据有关报道。

业利益之实，以低价或无偿强行征地拆迁，以市场高价出让土地，中间巨大价差落入地方政府或某些官员之手。或慷国家人民之慨，以低价甚至零价格协议或划拨让地，与市场价相比的高额价差便落于开发商或倒卖土地的投机分子之手，不法官员也可从中分利。如此官商结合，用公权力或雇用黑社会暴力，扰民残民。在工程拖欠中，地方政府工程拖欠占比由2001年的26.7%，增加到2003年的50%，起了很坏的带头作用；有些官员在发包工程中把自己的利益与施工单位的利益绑在一起，施工老板拖欠工资有恃无恐，使企业拖欠农民工工资愈演愈烈。凡此种种，都与政府行为有关。2003年以来，国务院和有关部门，一再下发通知、规定和意见，召开电话会议，做出批示，组织督察，对损害群众利益的突出问题大力进行整治，收到一定成效，但任务仍很艰巨。

清理和整顿征地、拖欠、拆迁中的不正之风，直接关系到维护人民群众的切身利益和保持社会稳定，对加强和改善宏观调控、控制盲目投资、防范金融风险等均有重要意义。我以为要彻底治理这些问题，不仅要从制度建设和法制建设上下功夫，更重要的是要规范政府的执政行为，加强廉政自律的政风建设，坚决根除吏治腐败。对于违纪违法，给老百姓造成损失、损害和痛苦的官员，要严肃查处，撤职、法办、还钱、赔偿，要追究其行政、法律和道义责任。不仅要追究直接的负责人，而且要追究有关领导者的责任。不然这次纠错，以后还会接着干。整顿吏治，严肃纪律，需要采取综合措施。最近国务院决定，把解决损害群众利益的突出问题作为2004年政府廉政工作的重要内容，要求务必获得明显进展。这是一条鼓舞人心的信息。

《公司治理、结构、机制与效率》序*

（2004年4月21日）

1981年从南京大学毕业后，何家成同志考入中国社会科学院研究生院，成为宏观经济学专业的硕士研究生。1984年毕业后，为攻读经济学博士学位，他留在了经济研究所工作，那时，我是社科院分管“经济片”的副院长。1985年，他随我参加了著名的“巴山轮[①]”宏观经济管理国际研讨会，会后又参加了“纪要”的写作，这使我对他有了更多的了解，并收他做了我的第一个博士研究生。

当时，中国的经济改革正处于从农村到城市全面展开的阶段。中国人民的伟大实践推动着理论的发展，一批青年学者崭露头角，何家成仅是其中之一。他对那时的经济改革和经济发展的热点问题，诸如改革道路的选择、宏观经济调控、价格体制改革、国有企业改革等，提出了一些有创见的观点和建议。他撰写、发表了多篇学术专著和论文，并于1985年获得孙冶方经济学

---

* 原载何家成：《公司治理、结构、机制与效率》，经济科学出版社2004年版。

① “巴山轮”宏观经济管理国际研讨会，是中国社会科学院、中国经济体制改革研究会和世界银行1985年在长江“巴山号”轮船上联合举办的宏观经济管理国际讨论会。来自美国、英国、法国、联邦德国、日本、匈牙利、南斯拉夫、世界银行的著名专家、学者，就宏观管理问题介绍了国际经验，并对我国经济体制改革过程中遇到的许多重要问题提出了见解。这次研讨会的成果，对我国经济体制改革产生了重要影响。

奖，1986年被授予“国家级有突出贡献中青年学者”称号，1987年被破格晋升为中国社会科学院副研究员。在年轻的经济学家中，他是比较突出的。

20世纪80年代中期后，他调到中央办公厅工作，参加了党的十三大报告的起草工作。后来，又先后到国家部委、地方政府工作。在积累了较丰富的政府工作经验后，1995年任国务院百家现代企业制度试点单位——中国华星集团董事长、总裁、党委书记；1998年任国家内贸局副局长、党组成员，分管行业的国有企业改革和发展工作；2000年起任国务院国有重点大型企业监事会主席。在国有资产的经营者、管理者和监督者这三种岗位上，积累了大量的工作经验。在政府或企业工作期间，他仍坚持理论研究，这或是由于具有理论研究的功底和偏好，也可能更多的是出于做好本职工作的需要。

实践始终需要理论的指导，而理论研究与实践密切结合，才具有生命力。在从事企业工作期间，他的研究主要集中在企业改革与发展方面。近年来，他将研究重点放到了公司治理方面。2003年经济科学出版社出版了他的《公司治理比较》一书。在这本书中，他强调要研究各国公司治理的共同性和趋势性，并通过对全球1个行业、10个国家、10家跨国公司的治理案例进行分析，做出了极有成效的理论探索。在这个基础上，现在他又完成了《公司治理的结构、机制与效率》这本书，主要内容是对1个国家、10个行业、10家跨国公司的治理案例进行分析。

我常对我的学生讲，做理论研究应该在占有大量信息的基础上，做深入细致的对比分析，然后才能做出结论性的判断，并提出有价值的论点。从事理论研究特别要从实际出发，切忌“唯书”；要尊重客观经济规律，切忌“唯上”。读罢他的这两本书，感到他研究的针对性很强，也很深入，看来是下了很大功夫的。他搜集、研读了许多国家有关公司治理的前沿著作，涉猎了大量有关的英文资料，融汇了多年来的实践经验，进行了系统的理论思考。他的这两本书，可以说，很好地做到了这一点。

完善公司治理是一个世界性的难题。现在解决这一难题，就我国企业而言，更迫切、更突出。通过这两本书，我感到他对这个问题的研究，在公司治理的概念界定，国有企业的公司治理，推进股份制与发展混合经济，建立和完善董事会，建立独立董事制度，探索董事长兼法定代表人的改革，改进和完善监事会制度，建立确认经营业绩真实性的制度，改革经营班子的薪酬制度，深化国有资产监管机构的改革等方面，做出了独到的分析，在理论与实践的结合方面，是有见地的。这两本书堪称是研究建立现代企业制度、完善公司治理的上乘作品。

随着全球经济一体化和中国加入WTO，中国经济能否在世界舞台上立足，关键要看中国企业在国际舞台上能否立足。要在国际上立足，不仅仅是在管理上、技术上要赶超世界先进水平，很重要的是要建立起有效的公司治理。在这个意义上讲，实践的发展迫切需要理论的指导。因此，我认为从事理论研究的人做些实际工作，做实际工作的人潜心研究一些理论问题，不仅对各自做好本职工作，而且对发展理论是十分必要的。可以讲，何家成同志在这方面是下了苦功的，也是卓有成效的。

宏观调控若干问题的思考*

——在中国经济形势分析与预测2004年秋季座谈会上的讲话

（2004年10月13日）

一、动态宏观调控是一个中性的概念

2003年以来，我国经济进入新一轮快速增长周期。某些部门投资过度扩张，引发经济局部过热现象。为应对这一局面，保持国民经济发展的良好态势，政府实施了新一轮宏观调控措施，近几月已取得一定成效。在实施新一轮宏观调控措施过程中，人们有种种反应，其中不乏对宏观调控的误解，把宏观调控的概念弄得面目全非，需要加以清理。仅从报刊上举一些例子，如："去年（2003年）下半年，中央开始实施宏观调控，当时一些地方的企业，认为这会丧失加快发展的难得机遇。""现在一讲到宏观调控，有一种误区，好像要把发展停下来似的。""从全国来讲，有经济过热的问题，但是对于××来讲，应该说是偏冷。现在要与那些的确过热的地方一样开始降温，而宏观调控挤压引起的停顿，可能要用很长一段时间才能重新升温。"

这里举的一些说法，是把宏观调控认为是一种紧缩性的、限制经济发展的政策，这显然是对中央宏观调控政策的误解。当人们了解到在此轮宏观调控中，在抑制一些部门的过度投资的同

* 原载《经济参考报》，又载《经济学动态》2004年第10期。

时，还要支持农业、西部、能源、交通等领域的发展，而且对受限制发展的行业的品种项目也不“一刀切”时，才明白过来，宏观调控对各地的发展也是一种机遇。

还有一些似是而非的提法，是在认识到此轮宏观调控过程中有保有压、有退有进的意义之后提出来的。比如说，现在“一方面要宏观调控，一方面要注意发展”，把宏观调控与发展经济作为对立的范畴，好像宏观调控的功能只在紧缩与限制，而不是发展，所以要在另一方面同时要有发展的措施。在讨论银行信贷调控问题时，出现“已经列入宏观调控对象的行业”要“实行行业信贷总量与企业贷款额度的控制”，而对于“瓶颈”产业与短线产业，没有说列入宏观调控对象的，就要积极支持其发展。好像列入宏观调控对象的就要紧缩抑制，没有列入的就要积极发展，还是把调控与发展对立起来。发改委经济研究所一位同志在最近一次座谈中指出，“宏观调控应该是一个中性概念，它不等同于紧缩，更不是全面紧缩”，我以为这说到了点子上。事实上，宏观调控本身就包含了限制与发展、紧缩与扩张、后退与前进几方面的内容。宏观调控与发展的关系，体现在宏观调控既有直接刺激促进经济发展的措施，也有间接通过限制一些领域的过度扩张为整个经济创造良好发展环境的措施。所以有人说“宏观调控的立足点是为了发展，为了更好地发展”，这个说法是不错的。宏观调控包括直接促进发展和间接促进（通过消除不健康因素）发展这两个方面。这里用得着局部利益照顾全局利益、短期利益服从长期利益、用较小的损失避免重大损失等道理。

另外，在宏观调控延续的时限上也有误解。杭州市萧山区有一位民营企业主，大概是感到宏观调控妨碍他的企业发展，发问道：“国家的宏观调控到底会调多久？”有的经济学家对目前宏观调控要“持续多久”的提问，回答说“从目前的宏观调控效果看，预计到明年底将结束”。这也是把宏观调控仅仅当作对付经

济过热的紧缩性政策来说的。其实宏观调控的目的是熨平经济波动，促进经济平稳协调发展。市场经济有波动，是永远客观存在的。基于这种波动，宏观调控随时随地进行着，没有停止、结束的时候，只有依治理波动情况之不同而有阶段性之分。宏观调控既有以紧缩为主的时候，也有以扩张为主的时候，依宏观经济形势变化而异。一般来说，宏观经济形势有三种情况，宏观调控也有三种情况。一是在总需求小于总供给，或实际经济增长率低于潜在经济增长率时，或物价水平一路走低时，要进行扩张性的宏观调控。二是情况与上相反，当总需求大于总供给，或实际增长率高于潜在增长率，或发生严重通货膨胀时，就要实施从紧收缩的宏观调控。三是中间状态，当总需求与总供给大体相当，物价总水平在正常区间移动，宏观调控就要采取中性的政策。这时经济也会存在不平衡不稳定因素，多起因于经济结构的不协调，宏观调控就要采取有保有压、有紧有松、松紧适度、上下微调的方针，来维护经济的持续协调发展。这里的中性宏观调控政策是阶段性的，是区别于以紧缩性为主的调控政策和以扩张性为主的调控政策作为阶段性政策来说的，这与前面讲的“宏观调控是中性的”角度有点不同，后者没有阶段性特征的含义，但点出宏观调控概念本身可紧可松也是正确的。

二、我国宏观调控的演变

以上是市场经济下经济波动和宏观调控政策变化的一般情况。我国社会主义市场经济初步形成约在20世纪90年代末期和21世纪初。1978年以前是计划经济，1978年到1992年是计划经济向有计划的商品经济过渡，基本上还是计划经济。1992年以后到现在进一步向社会主义市场经济体制过渡，市场经济因素逐渐增加。经济波动不论在计划经济条件下和在市场经济条件下都会周期发生，虽然规则不尽相同。计划经济时期也有宏观调控，但不叫“宏观调控”，它属于政府的宏观、微观无所不包的计划管理和综合平衡中。计划平衡具有用行政手段约束经济过度扩张的功能，但更多时候它敌不过公有制下的财务软约束和投资扩张冲动，而且计划平衡的周期放松往往成为发动过度扩张的根源，致使经济长期陷于剧烈波动中。这个情况随着向有计划的商品经济体制过渡而趋于缓和，但在卖方市场消失前，计划平衡（20世纪80年代后期开始称作“宏观控制”）基本上是以通货膨胀为斗争对象，以周期性的紧缩为特征；但随后又往往自动放松，让位于扩张过程，经济很难实现“着陆”，常常处于将着陆又重新起飞的状况。

1992年正式提出向建立社会主义市场经济体制过渡以后，市场经济意义的宏观调控逐渐走上历史舞台。1993年到2003年，中国经济走过两轮正相反的宏观调控。一轮是针对1992年的经济过热，从1993年起实施的紧缩型的宏观调控，大约持续到1997年；一轮是针对1997年经济偏冷，由于国内供需格局逐渐转变为买方市场和东南亚金融危机带来的外需不足，从1998年开始实施扩张性的宏观调控。相比较以往历次对付经济波动采取行政性的直接控制的手段而言，这两轮调控比较主动地采用了间接的经济手段。前一轮调控尽管初期采取较多的直接行政操作方式，以治理当时混乱的金融秩序，但后期逐步更多地运用紧缩的货币供应、利率杠杆、从紧的财政政策，以及财税体制改革等，以达到控制总需求的目的。后一轮调控更鲜明地采取扩张性的积极财政政策和谨慎从松（稳健的）货币政策，同时采取了必要的行政手段和组织措施，解决了扩大社会总需求的问题。这两轮宏观调控都成功地对经济过热和经济偏冷进行了治理。前一轮紧缩性宏观调控使GDP增长速度由1992年的14.2%，降到1997年的8.8%，CPI年上涨率由1994年的24.1%降到1997年的2.8%，成功地实现了“软着

陆”。后一轮扩张性的宏观调控使GDP增长速度由1998年的7.8%提升到2003年的9.2%、2004年上半年的9.7%，使CPI指数由1998年的0.8%上升到2003年的1.2%、2004年上半年的3.6%，我国经济进入新一轮的上升周期。

三、此轮宏观调控转向中性政策

中国进入新一轮经济上升周期伊始，就碰到一个特殊的形势，既不同于20世纪90年代初中期的全面经济过热和严重的通货膨胀，需要紧缩性的宏观调控来治理；又不同于前几年经济偏冷和经济紧缩趋势，需要扩张性的宏观调控政策来治理。现在我国实际经济增长率还在潜在增长率的范围以内。从经济运行来看，当前既有局部过热，特别是一些部门投资过多的现象，又有总体上供大于求、有效需求不足的问题。前几年，为对付通货紧缩趋势，我们实行的宏观调控政策，实质上是从松的经济政策，积极的财政政策就是扩张性的财政政策，用赤字国债来扩大内需。稳健的货币政策之所以叫稳健，实际上在松动银根、支持经济增长的同时，注意防范金融风险。现在通货紧缩趋势已经淡出，严重膨胀趋势尚未形成，在此情况下，宏观调控政策宜采用中性的政策。由“从松”转向“中性”，就要适当收紧。我在去年10月中国经济形势分析与预测座谈会上就已提出这个主张。目前积极财政政策力度在减弱，赤字国债在减少，建设支出在推迟，财政支出的方向在调整。财政部部长金人庆不久前说，财政政策是向“中性”转变。稳健的货币政策也要适度从紧，货币政策委员会认为，“适度从紧”是稳健的货币政策现时的取向。其实相对于过去从松的稳健货币政策来说，现在的货币政策也是一个中性的调控政策。因为“适度从紧”就不能太紧。所谓不能太紧，就是说不能像治理严重通货膨胀时采用的刹车手段。因为目前的宏观经济问题虽说有总量的问题，但主要不是总量问题，而是结构问题。既然主要是结构问题，货币政策就不能“一刀切”，不能一概收紧。对一些局部过热的环节，对一些低水平的重复建设投资，要“削峰”、压缩。而对一些消费热点，有市场有效益的产品和企业，以及需要加强的薄弱环节，如农业、能源、交通、环保等还要继续支持其发展，就是对一些限制的行业，如钢铁，也要支持其薄弱产品的发展投资。所以货币政策信贷政策不能太紧。今年（2004年）货币供应增幅的调控目标，M_1、M_2都是17%，信贷规模增长调控目标是2.6万亿元，低于上年货币增长20%、贷款增长2.8万亿元的实际水平。从今年2.6万亿元的新增贷款、17%的货币增长目标来看，这个速度是不低的，新增2.6万亿元是历史上新增贷款的第二高，增速也大体上高过了1997年以后实现的贷款增幅，因此从全年贷款增幅目标来讲，仍然是适度的，可以保持国民经济适度增长，不是一个过紧的调控目标。从这一点来看，可以认为，现在所称的适度从紧的货币政策也是一个中性的宏观政策。今年6月、7月后，广义狭义货币供应增幅已跌落到今年调控目标以内，由于信贷压缩过快，有可能出现信贷供应低于经济增长所要求的信贷供求的增长量。从投资过度扩张部门减增的资金，应当用于充实投资不足的部门及补充正常的流动资金需要，以保证国民经济平衡、快速发展的良好态势。

由上述可知，不仅财政政策，而且货币政策都要采取中性的调控取向。所谓中性的宏观经济政策，如前所述，是相对于扩张性政策和紧缩性政策而言的，是一种有保有压、有紧有缩、上下微调、松紧适度的政策。从以前治理通货紧缩时期的适度从松的宏观调控政策向目前的中性政策调整，客观上只有从紧的效果，能起到抑制一些部门过快的投资需求和作用。但实行中性政策的意义还不止于此。首先，对于一些投资过热的行业，如果不能通

过政策调整及时控制，就有可能导致通货膨胀；同时，过度投资形成的过剩生产能力，因为没有最终消费的支撑，又会引起通货紧缩。可见，中性的宏观经济政策，实质上是要“双防”，既防止通货膨胀苗头的滋长，又预防通货紧缩趋势的重现。其次，中性的宏观经济政策也是对当前比较突出的结构问题的对症之药。对钢铁、水泥等投资过热的行业从紧，对农业、西部开发、社会事业、生态环保，对经济发展中的薄弱环节加大支持力度，既坚决控制投资需求扩张，又努力扩大消费需求。上下微调，有松有紧，松紧适度，就能逐步缓解和克服当前比较突出的“瓶颈”制约和结构问题，延长经济周期的上升阶段，保持中国经济这艘大船平衡、较快地航行。

四、质疑“中国经济将实现‘软着陆’”

近来，在关于中国宏观经济走势的讨论中，不时出现“中国经济将实现‘软着陆’”的预测。我觉得这种议论目前有点不着边际。我在1997年《论“软着陆”》一文中说，“‘软着陆’的经济含义是：国民经济的运行经过一段过度扩张之后，平稳地回落到适度增长区间”，“经济增长率逐步平稳地回落到适度区间，物价上涨率也回落到适度水平，显著地降低物价涨幅的同时，又保持了经济的适度快速增长”。“软着陆”的前提是经济中发生了超高速增长和物价超高幅上涨。目前中国经济只是钢铁、水泥、房地产、城建等一些部门投资过度扩张，引起了某些生产资料的供应紧张、价格猛涨。而农业、西部开发、环保、社会服务和保障等一些重要部门投资不足。消费需求没有跟着膨胀，消费品物价涨势迟缓，不存在整个经济超高速度增长和物价超高幅度上涨的问题。中国现时潜在的经济增长率约为9%~10%，而实际增长率去年为9.1%，今年上半年为9.7%，大体还在合理的增长区间。通货膨胀的代表性物价指数是居民消费品物价指数CPI，1—7月CPI同比上涨3.8%，7月份同比上涨5.3%，由于有去年“非典”物价指数偏低的影响，所以消费品价格才显得有些高。但月环比指数近几个月却在下降，消费品价格主要因为粮食价格恢复性上涨，带动了物价上涨。如果扣除粮食价格因素，“核心消费品价格指数”只有1%~2%，价格也在合理区间移动，离严重通货膨胀尚远。上次经济全面过热时，1994年经济增长率达14%以上，物价上涨率达24%以上。经过成功的紧缩性调控，才有了1997年的“软着陆”。目前经济增长率和物价上涨率都在正常区间，那就没有什么“软着陆”的问题。我们目前的问题是削减钢铁、水泥等过度投资部门的投资规模，缓解煤、电、油、运的“瓶颈”制约，同时要逐步增加农业、水利、能源、交通、环保等投资不足部门的投资，使局部经济过热降温，使结构扭曲得到校正，从而熨平上升的经济增长率和物价上涨趋势，使国民经济持续、平稳、健康发展，这也是中性的宏观调控用意之所在。

因此，如果说有什么“软着陆”的任务，那我们就限制在投资过度部门和相应部门，实行这些部门投资的“软着陆”是可以的、必要的，但不要轻易地讲我国整个经济的“软着陆”，我们整个国民经济不存在这个问题。更不要把今年的经济增长速度锁定在原定的7%的目标，现在再提7%有点不合时宜，因为今年上半年经济增长速度已接近10%，如果全年目标仍锁定在7%，那就不是中国经济“软着陆”，简直是直线下降的“硬着陆”了。按照这个目标调控今年我国的经济发展，会使中国经济发生很大的问题。

如果我们自觉地执行中性的宏观调控政策，我们一定能够把去年开始的新一轮经济上升周期拉长，实现经济增长率9%左右，物价上涨率3%~4%。当前国家的宏观调控措施综合考虑了各方面的因素，果断有力，适时适度，区别对待，注重时效。各部门、各地区只要全面、准确、积极地理解和贯彻中央加强宏观调控的方针政策，就一定能够消除经济发展中的不健康因素，使国民经济朝着全面、协调、可持续的方向发展。

中国经济学杰出贡献奖答辞

（2005年3月）

今天，中国经济学奖委员会隆重授予包括我在内的四位经济学者以杰出贡献奖。我对此深为感动，深表感谢。

颁发中国经济学奖是经济学界的一件大事。我想利用这个机会，就我们这一代经济学人经过的一些事情，谈一点自己的感受。

我们这一代经济学人，经历了计划与市场烈火与实践反复的锤炼。有人认为，现在尘埃已经落定，市场占了上风，计划不再时兴了。我不完全这样看。计划经济在苏联、在中国，还是起过光辉历史作用的。但是历史也证明，计划经济不能解决效率和激励问题。市场经济作为资源配置的主要方式，是历史的必由之路。但市场经济的缺陷很多、很多，也不能迷信。完全让看不见的手来调节，不能保证社会公正协调的发展。在坚持市场取向改革的同时，必须有政府有效的调控干预加以纠正，有必要的计划协调予以指导，就是说要有看得见的手的补充。在像我国这样的发展中大国，尤其要加强政府社会经济职能的作用。这是我和许多经济学界朋友们的共同信念。

在坚持市场取向的改革目标时，我们这一代经济学人也始终坚持社会主义的方向。“社会主义市场经济”是一个完整的概念，是不容割裂的有机统一体。好像这些年来，我们强调市场经济，是不是相对多了一点；强调社会主义，是不是相对少了一点。在说到社会主义市场经济时，则强调它发展生产力的本质即效率优先方向，相对多了一些；而强调它的共同富裕的本质即重视社会公平方面，相对少了一点。这是不是造成目前许多社会问题的深层背景之一。在中国这样一个法治不完善的环境下建立的市场经济，如果不强调社会主义，如果忽视共同富裕的方向，那建立起来的市场经济，必然是人们所称权贵市场经济、两极分化的市场经济。邓小平早就告诫我们，改革造成两极分化，改革就失败了。当然我们一定能够避免这个前途。我以为要做到这点，只有在大力发展生产力的同时，更加重视社会公平，努力构建社会主义的和谐社会。

随着改革开放的前进，经济学理论视野也大大拓展了。对中国改革与发展有益的各经济学流派，都有一席之地。在这样的情况下，我们这一代经济学人又碰到一个问题，研究经济学要有立场、观点、方法的说法，好像又不大时兴了。但我总以为马克思主义经济学的立场，劳动人民的立场，大多数人民利益的立场，关注弱势群体的立场，是正直的经济学人应有的良心，是不能丢弃的。马克思主义的最基本观点和方法也是要坚持的；但具体的观点、方法，马克思主义经济学和西方经济学都可以选择，为我所用，为创建我国社会主义政治经济学所用。西方“主流”经济学对市场经济运行机理的分析，有许多可以借鉴的东西；但是部分传播西方“主流”经济学的人士，力求使它在中国也居于“主流”地位，取代马克思主义经济学，这种情况需要关注。当然马克思主义经济学也不能仅靠官方权威来支持其主导地位，而要与时俱进，兼容并蓄，不断创新。

我愿就这些问题，与经济学界同仁交流认识，共同探讨。再次向诸位表达我的衷心感谢。祝愿中国经济学不断成长，繁荣昌盛，为推动我国社会主义现代化事业贡献力量。

当前双稳健的宏观调控政策

——在首届中国杰出管理者年会上的讲话

（2005年5月）

一

2004年中央经济工作会议和2005年十届人大三次会议，都提出2005年要继续加强和改善宏观调控，实行双稳健的宏观调控政策，即稳健的财政政策和稳健的货币政策，确保经济平稳较快地发展。把财政政策和货币政策放在一起，提出实行双稳健的宏观调控政策，这在中国宏观调控的历史上还是第一次。“稳健”一词带有中国特色，“稳健”二字是政治用语或政策用语，而不是经济学用语。“稳健”一词只是表明一种谨慎的态度，多年套在央行的货币政策上。但这顶“稳健”的帽子却是有松有紧，尺码并非不变。中国国情特殊，政策到了地方有时会出现放大效应，特别是对于扩张型的政策。如果你说央行要实行积极的货币政策，那么地方政府就会更加“积极”，他们会对国有商业银行的分支机构施压，而商业银行也乐观其成，从而造成信贷急速扩张。如果央行对于紧缩政策表述过于明确，那么商业银行就会先紧一步，也不利于经济正常运行。央行的货币政策一直使用着“稳健”一词，紧也称为稳健，松也称为稳健，以不变应万变。那么在经济学上什么是稳健的宏观调控政策呢？经济学上对宏观政策的定义一般分为扩张、紧缩和中立三种类型。财政部部长解释稳健的财政政策时说，稳健的财政政策也就是经济学中讲的中性的宏观政策。至于稳健的货币政策，人民银行的行长没有作任何经济学的解释。过去在对付上一轮通货紧缩时，用过稳健的货币政策，实质上是一种谨慎从松的政策，现在经济形势完全变了，所以原先的“稳健货币政策”的经济学内涵也要跟着变化。我看同财政政策一样，货币政策现在实质上也是经济学中的中性政策，可以适度从紧，也可以适度从松，依情况而变化，是有松有紧的政策。这与上轮对付通货紧缩时它是谨慎从松是不同的。所以现在的“稳健货币政策”也是一种中性的调控政策。

为什么现在两大宏观经济政策都要实行中性的或者稳健的政策？这与当前经济形势同前几年相比发生了很大的变化有关。

我国1992年正式提出向建立社会主义市场经济体制过渡以后，市场经济意义的宏观调控逐渐走上历史舞台，1993年到2003年，中国经济走过两轮正相反的宏观调控。一轮是针对1992年的经济过热，从1993年起实施的紧缩的宏观调控，大约持续到1997年；一轮是针对1997年经济偏冷，由于国内供需格局转变为买方市场和东南亚金融危机带来的外需不足，从1998年开始实施扩张性的宏观调控，大约持续到2003年年初。前一轮紧缩性宏观调控使宏观经济运行环境的紧张程度得到明显缓解，物价涨幅回落到较低水平，国民经济成功地实现了“软着陆”。后一轮扩张性的宏观调控，实施了积极的财政政策和谨慎从松的稳健货币政策，扩大了国内需求，有力地促进了经济持续、稳定、快速发展。这样，从2003年起我国经济进入了新一轮的上升周期。

中国进入新一轮经济上升周期，就碰到一个特殊的形势，既不同于20世纪90年代初期、中期的全面经济过热和严重的通货膨胀，需要紧缩性的宏观调控来治理；又不同于前几年经济偏冷和通货紧缩趋势，需要扩张性的宏观调控政策来治理。现在我国实际经济增长率还在潜在增长率的范围内。我国现时潜在经济增长

率估计约为9%~10%，实际经济增长率2003年9.3%，2004年9.5%，2005年一季度9.5%。从经济运行来看，当前既有局部过热，特别是一些部门投资过多的现象，又有总体上供大于求、有效需求不足的问题。从投资过多方面来说，经过去年（2004年）4月以来加强宏观调控，取得成效，固定资产投资增幅由年初一季度的43%回落到全年的25.8%，钢铁、水泥、电解铝等部分行业投资过快的增长势头得到一定的遏制。今年（2005年）一季度全社会固定资产投资完成22.8%，增幅同比降20.2个百分点，比去年12月的21.2%高出1.6个百分点，而且是在去年同期基数较高（43%）的情况下的增长，所以目前投资增速仍在较高位运行，并且有局部反弹的现象，煤、电、油、运“瓶颈”制约仍然很紧张（特别是煤炭已是超能力开采，特大事故已连续发生了多起），仍然供不应求，全国2月出现18个省份拉闸限电。从供大于求方面来说，商务部对2005年上半年600种商品供求情况排队，供过于求的商品占排队商品总数的73.2%，供求基本平衡的占26.8%，没有供不应求的商品。另外，经济发展中还有农业、教育、公共卫生、生态环境等薄弱环节投资不足亟待加强等情况。现在通货紧缩趋势早已经淡出，虽然出现通货膨胀的压力，但严重膨胀趋势尚未形成，尚没有强烈的信号表示近期会发生高通货膨胀（CPI 2004年上涨了3.9%，2005年1月1.9%，2月3.9%，3月2.7%，1—3月2.8%，都在可以承受的范围内）。在宏观经济此一变化形势下，我国实行了六七年的带有扩张性的宏观调控不宜简单转变为全面紧缩，只能由上一轮宏观调控的从松的政策，转向采用中性的政策。由“从松”转向“中性”，就要适当收紧。我在去年10月中国经济形势分析与预测座谈会上就已提出这个中性偏紧的主张。中央这次提出今年要实行双稳健的财政货币政策，是符合我国现阶段经济形势发展和宏观调控的客观需要的，也是一次科学的相机抉择。

二

财政政策方面，从1998年以来，为了应付亚洲金融危机以及我国内需不足，政府采取了积极财政政策即扩张性财政政策。7年以来，一共发行了9100亿元长期建设国债，带动了几万亿元固定资产投资，使中国经济7年来每年通过投资增长1.5~2个百分点。

2003年下半年以来，我国基本上走出通货紧缩，进入新一轮经济上升期，经济自主增长能力明显增强。在这种情况下，财政政策继续实施扩张性政策已经不合时宜。另外，从规避风险的迫切性看，中央财政债务依存度偏高，经济中积累的大量的或有负债（最后财政买单），这些都为财政运行本身带来压力。因此，2003年下半年以来，虽然名义上是积极扩张性的财政政策，但实际上已向中性的稳健财政政策过渡。

目前，由于社会投资规模过大，社会资金增加很多，完全有必要和可能减少政府的投资拉动。另外，农业、科教文卫、社会保障等部门，需要得到进一步加强，所以政府决定从2005年开始正式将积极的扩张性财政政策转向中性的稳健财政政策。这实际上是2003年下半年以来开始逐渐转向的继续。

由积极扩张性财政政策转向稳健或中性的财政政策，当前主要的措施是调减财政赤字和长期建设国债规模，优化国债和财政支出结构。出于政策要保持相对的连续性、国债投资项目需要后续资金来完成等考虑，减赤字、压国债都要有一个逐渐的过程。2005年财政赤字大体保持在3000亿元左右，比2004年减少198亿元，随着GDP的不断增大，财政赤字占GDP的比重也会下降，2005年将降到2%，比2004年降低0.5个百分点。发行建设国债的规模，2003年已由2000年到2002年每年的1500亿元减到2003年的

1400亿元、2004年的1100亿元，2005年将进一步降到800亿元，比2004年减少300亿元。2004年结转国债500亿元，2005年实际可安排使用国债规模为1300亿元左右。加上中央预算内经常性建设投资，基本上保持中央的投资力度，与2004年有较好的衔接。财政支出和国债资金的结构，要按照科学发展观、“五个统筹”和公共财政的要求来调整，实行区别对待，有保有控。对与经济过热有关的，直接用于一般竞争性领域的投入要压下来；对属于公共财政范畴，如需要加强的农业、教育、公共卫生、生态环保、就业和社会保障等社会经济发展的薄弱环节，不但要保，而且要加大投入和支持的力度。

三

货币政策也要实行“有保有压，松紧适度”的中性政策。2004年第二季度货币政策委员会报告认为，“适度从紧”是稳健的货币政策现时的取向。前面已经说过，相对于过去从松的稳健货币政策来说，现在稳健的货币政策也是一个中性的调控政策。因为“适度从紧”就不能太紧。所谓不能太紧，就是说不能像治理严重通货膨胀时采用的刹车手段。前面说过，现在还没有强烈通货膨胀的迹象，目前的宏观经济问题虽说有总量的问题，但主要不是总量问题，而是结构问题。所以货币政策、信贷政策只能中性偏紧。对一些局部过热的环节，对一些低水平的重复建设投资，要“削峰”，要压缩；而对一些有市场、有效益的产品和企业，以及需要加强的薄弱环节，如农业、水利、交通、环保等还要继续支持其发展，就是对一些限制的行业如钢铁，也要支持其薄弱品种产品的发展投资。所以货币信贷政策也只能是稳中偏紧，不能太紧。

2004年货币供应增幅的调控目标，M_1、M_2都是17%，信贷规模增长调控目标是2.6万亿元，低于上年货币增长20%、贷款增长2.8万亿元的实际水平，比上年适度从紧了一些。但2004年货币信贷增长目标是不低的，如果把2004年和2003年两年货币供应量作一个指数化平均，广义货币供应量M_2平均增长17%，狭义货币供应量平均增长16.3%，比此前五年15%左右的货币增长水平还要高一些；2004年新增2.6万亿元目标也是历史上新增贷款的第二高，不是一个过紧的调控目标，从这一点来看，可以认为，2004年所说的适度从紧的货币政策也是一个中性的宏观政策。2004年6月、7月以后，广义狭义货币供应增幅已跌落到该年调控目标17%以内，12月末M_2同比增长达14.6%，M_1达13.6%，说明原定调控目标可能偏高，也表明实际紧缩可能有点过度。由于信贷压缩过快，不完全适应经济增长所要求的信贷供求的增长量，引发流动资金和中小企业融资偏紧。不过现在体制内信贷增长的收缩，企业可以从体制外的民间借贷中得到部分弥补，所以有几个月银行信贷增幅下降，但固定资产投资规模却出现反弹的现象。现在体制外民间信贷扩张较快的主要原因是银行实际存款利率偏低造成的。看来货币信贷紧缩力度有重新调整之必要。要继续控制中长期贷款的增长幅度，银行从投资过度扩张部门压缩减增的贷款，应当部分用于充实不足部门的投资，用于加大对中小企业合理的流动资金贷款的支持。

2004年第三季度货币政策报告已经提示，第四季度要把前些时已经偏紧的货币信贷供应调松。不过尽管人们已经注意到适当放松信贷控制的必要性，但不能因此而大开闸门放水，毕竟投资再度膨胀和通货膨胀的压力依然存在，货币信贷政策的取向只能是稳中偏紧。但从年终的情况来看，货币紧缩仍是有些过度，2004年新增人民币贷款2.26万亿元，比预期调控目标少增3400亿元，比上年少增4824亿元，并且少增的主要是短期贷款，从而导致民间借贷利率上升。因此，2005年的货币政策趋向不是宽松也不能紧，更不能过紧，也只能是中性偏紧。所以2004年经济工作会议和2005年人大都确定今年货币增长目标，M_2、M_1都是15%，新增人民币贷款目标2.5万亿元，低于上年的增长目标，但高于上年的实绩。今年新增贷款目标2.5万亿元，比2004年实债2.26万亿元增长14.1%，相对于2002年的16.9%、2003年的21.1%和2004年的14%来说，不能说是偏松。这说明今年货币信贷的控制目标也是中性偏紧。从今年一季度金融运行情况看，3月M_2同比增长14%，M_1同比增长9.9%，均低于去年同期和去年年末的实际增长，也低于今年增长目标。3月末人民币贷款同比增长13%，也低于年度贷款增速目标，也偏紧了一些。这是继续抑制固定资产过度投资所必需的，但对中小企业和流动资金融资困难问题，仍需解决。以上所述，表明目前的稳健货币政策，由“适度从松”到“适度从紧”，也是有紧有松，松紧搭配，是一个中性的宏观调控取向。

2005年稳健货币政策将根据经济运行和金融运行的变化，注意配合运用各种货币政策工具，合理调控货币供应量和信贷投放。在2004年调控初期以行政调控手段为主要特征的宏观调控取得明显效果之后，宏观调控方式在今后更多地要朝向市场化的价格信号（特别是利率）调节方式转变，是可以预期的。

最近央行上调个人住房贷款利息，收紧房地产行业的货币信贷规模，加大对房地产的调控力度，同时决定将金融机构在人民银行的超额储备金存款利率调低，以扩大货币供应，配合2005年经济增长的资金需要，就显示了这一转变趋向。当然，房地产过热继续发展，给宏观经济和金融系统造成的风险，不是微调房贷利率一项就可以解决，而需要一些组合措施。今后除可继续调整利率外，还可考虑将房地产政策着力点放在增加经济适用房、普通商品房、廉租房的有效供给上，并在二手房交易环节加强税收调节，以抑制投机炒作。

四

由上述可知，现在采取的双稳健的财政政策和货币政策，实质上都是经济学意义上的中性宏观经济政策。现在可以总结一下，所谓中性的宏观经济政策，是相对于扩张性政策和紧缩性政策而言的，是一种有保有压、有紧有缩、上下微调、松紧适度的政策。从以前治理通货紧缩时期的适度从松的宏观调控政策向目前的中性政策调整，客观上具有从紧的效果，能起到抑制一些部门过快的投资需求，防范由通货紧缩转向通货膨胀的趋势的作用。但实行中性政策的意义还不止于此。中性的宏观经济政策，实质上是要“双防”，既防止通货膨胀苗头的滋长，又预防通货紧缩趋势的重现。对于一些投资过热的行业，如果不能通过政策调整及时控制，就有可能导致通货膨胀；同时，过度投资形成的过剩生产能力，因为没有最终消费的支撑，又会引起通货紧缩。通过投资规模适当控制，既能遏制因投资膨胀而导致的投资品价格过度上涨，防止通货膨胀苗头滋长在先，又能抑制过度建设造成的产能过剩，防止通货紧缩趋势再现于后，从而实现“双防”的目的。

中性的宏观经济政策也是对比较突出的结构问题的对症之药。对钢铁、水泥等投资过热的行业从紧，对农业、西部开发、社会事业、生态环保，对经济发展中的薄弱环节，加大支持力度，既坚决控制投资需求扩张，又努力扩大消费需求。上下微调，有松有紧，松紧适度，就能逐步缓解和克服当前比较突出的“瓶颈”制约和结构问题，延长此一轮经济周期的上升阶段。所以中性的宏观调控政策，是把总量调节与结构调整结合起来，需求管理与供给管理结合起来，短期发展与中长期发展结合起来，保证中国经济这艘大船持续、平稳、较快地航行的政策。

五

如果我们自觉地执行中性的、稳健的宏观调控政策，在没有其他特殊变化的话，我们一定能够在实现部分投资过度行业的投资“软着陆”，实现投资波浪式“软着陆”的同时，保证国民经济整体不至“着陆”（包括“硬着陆”和“软着陆”），而是把2003年开始的新一轮经济上升周期拉长。2004年我们实现了经济增长率达到9.5%，物价上涨率达到了3.9%；2005年可望实现8.5%~9%的经济增长率，CPI达到3%以下。

这两年的现实经济给我们的感受是：经济增长超过了9%，就会出现某些方面绷得较紧，资源矛盾供应较为突出，煤、电、油、运持续紧张，物价上涨压力也不时增大。但所幸的是，还没有引起全面的紧张崩盘，消费品以及日用品供需并不紧张，PPI传导到CPI上去也受到阻碍。尽管如此，近期为了缓解资源供应的压力，尤其是为了推进经济增长方式由粗放转向集约，不宜着重数量的增长，而是要下大力着重质量的提高、资源的节约和环境的可持续发展，所以中央把今年经济增长目标定在8%，作为控制经济增长的杠杆，是有道理的。但从2004年的9.5%猛降到2005年的8%，可能陡了一点。所以2005年经济增长虽有必要放缓，但也要力争实现8.5%~9%的增长率，CPI保持在3%以下。

我再重复一遍，拉长上升的经济增长周期，才是我们这次宏观调控的目的，而不是全面的“软着陆”。现在有的中外研究机构和媒体热衷于宣传我国已经实现了“软着陆”或正在实现“软着陆”，其实党中央和国务院的文件没有一处讲过中国经济将实现“软着陆”的话。这与1997年的情况截然不同。当前国家的宏

观调控措施综合考虑了各方面的因素，果断有力，适时适度，区别对待，注重时效。只要我们全面、准确、积极地理解和贯彻中央加强宏观调控的方针政策，就一定能够消除经济发展中的不健康因素，使国民经济朝着全面、协调、可持续的方向发展。

对经济学教学和研究中一些问题的看法*

（2005年7月）

一、当前经济学教学与研究中西方经济学的影响上升、马克思主义经济学的指导地位被削弱和边缘化的状况令人担忧

一段时间以来，在理论经济学教学与研究中，西方经济学的影响上升，马克思主义经济学的指导地位被削弱和被边缘化，这种状况已经很明显了。在经济学的教学和研究中，西方经济学现在好像成了主流，很多学生自觉不自觉地把西方经济学看成我国的主流经济学。我在江西某高校听老师讲，学生听到马克思主义经济学都觉得好笑。在中国这样一个共产党领导的社会主义国家，学生嘲笑马克思主义的现象很不正常。有人认为，西方经济学是我国经济改革和发展的指导思想，一些经济学家也公然主张西方经济学应该作为我国的主流经济学，来代替马克思主义经济学的指导地位。西方资产阶级意识形态在经济研究工作和经济决策工作中都有渗透。对这个现象我感到忧虑。

* 原载《高校理论战线》2005年第9期。

二、造成当前西方经济学影响上升、马克思主义经济学的指导地位下降的原因

存在这种状况有内外两方面的原因。外部原因是：第一，以美国为首的国际资产阶级亡我之心不死，中国社会主义是美国继苏联之后又一个要消灭的目标，这个目标是既定的，所以美国不断地对我们进行西化、分化。第二，社会主义阵营瓦解之后，世界社会主义运动处于低潮，很多人认为社会主义不行了，马克思主义理论不行了。第三，中国由计划经济向社会主义市场经济转变，一些人因此误认为马克思主义经济学不行了，只有西方经济学才行。这是外部原因。

内部原因比较多，总的来说，新形势下我们对于意识形态斗争的经验不足，放松了警惕，政策掌握得不够好。具体说来有以下几点。

第一，高等院校经济学教育、教学的方针和目标不明确。到底是以马克思主义经济学为指导来教育和培养学生，还是双轨教育，即马克思主义经济学与西方经济学并行？现在许多人都讲"双轨制"，北京某大学经济学院院长几年前就讲，现在实行"双轨制"，学生因此疲于奔命，很苦。学生既要学马克思主义政治经济学，又要学西方经济学。表面上看是并重，实际上是西方经济学泛滥。并重的结果是马克思主义经济学的地位下降，西方经济学的地位上升。一些高等学校的经济学、管理学等学科的本科生、研究生教育中取消了政治经济学的课程，只要求掌握没有经过科学评论的西方经济学的原版教材。一些学校的研究生比如经济专业、管理专业的研究生，入学考试不考马克思主义政治经济学，只考西方经济学。这是经济学教育、教学中的方针问题。

第二，教材问题。马克思主义政治经济学要与时俱进，现在

的教材也在改进，这几年大有进步，特别是抓了马克思主义基础理论研究和建设工程，但是还不够成熟，数量也不多，没有引起学生广泛的兴趣。同时，西方经济学教材大量流入。有的高校有一个“工作室”，专门做这个事情，当然它也是很有贡献的，引进外国文献也是好的，但是大量引进西方经济学教材的版本，也产生了冲击国内经济学教学的作用。某大学有一位教授说，从20世纪90年代中期开始，中国经济学教材发生比较重大的改变，中国经济学教育从以政治经济学即马克思主义经济学为主，向以西方经济学为主发生着转变，如今，西方经济学已成为主流的经济学教育体系，因为教材的改变反映出教学重点的改变。有人说，世界上没有一个国家像中国这样高频率地引进外国经济学教材。他说，传统经济学教学模式转型的主要标志就是西方经济学的理论、教学体系和教材的运用，其中很重要的是教材的运用。这说明我们现在已经发生了转变。

第三，教师队伍、干部队伍的问题。“海归”派回来很好，可以充实我们的经济学队伍，充实我们关于西方经济学的知识，这是好的一面。但是他们中的一些人没有经过马克思主义的再教育，就进入教师队伍和研究人员队伍；不经过评论、原本原汁地介绍西方的东西，是有问题的。有些原来在国内接受过马克思主义的教育，但出去后把马克思主义忘了；有些理工科的学生出国学经济、学管理，其中很多人没受过马克思主义的教育。某大学一个研究所的所长说，他希望这个局面“越来越好”，认为送出去培养是中国经济学水平提高最快的办法。他说，训练有素的海外军团回流浪潮将加快，不断充实到内地主要大学经济学教学队伍里，势不可当。我认为他的这个说法是有问题的。没有经过马克思主义再教育，没有受过训练就走上讲台，这种做法流弊很大。另外，我们自己培养的马克思主义政治经济学教师队伍在不断萎缩，高校对马克思主义经济学教师队伍的培养和投入很少，

奖励也很少。奖励也只有海外人奖励搞西方经济学的。这个情况是很糟糕的。孙冶方奖是国内的，虽然受到学界重视，但是毕竟实力有限。

还有对干部队伍的影响问题。比如，党校省部级干部班的教育，如果让主张以西方经济学为主流的教师去讲课，那会是个什么样的结果，可想而知。现在干部的思想也在变，虽然很多干部不是学西方经济学出身的，但是也在受影响。地方一些干部在国企改制问题上，在公有制和私有制的问题上，在维护群众利益的问题上，站在我们共产党的对立面，比如，在房地产领域维护开发商的利益，把老百姓的利益完全置之脑后，就是受影响的表现。还有，一些地方提拔干部，规定必须到哈佛大学、肯尼迪学院进修才能提拔。这些都不是很正常，这是崇拜西方。

第四，领导权问题。领导权很关键。高校的校长、院长，系、研究室、研究所的主任，校长助理，等等，还有主要部委的研究机构的领导，到底是不是马克思主义者？我相信他们中大多是马克思主义者，但是有的领导权被篡夺了。中央一再强调，社会科学单位的领导权要掌握在马克思主义者手中。因为一旦掌握在非马克思主义者手中，那么教材也变了，队伍也变了，什么都变了。复旦大学张薰华教授对这个状况很担心，他说只要领导权掌握在西化的人手中，他们就要取消马克思主义经济学，排挤马克思主义经济学。所以我说一定要注意，各级领导必须是真正的马克思主义者，而不是红皮白心。我上面讲到的四个问题，我想中央也注意到了，但是有关部门没有检查、落实。

三、关于意识形态领域两个相互联系的倾向性问题

最近，中国社会科学院院长陈奎元同志分析了当前意识形

态领域存在的两个相互联系的倾向性问题，一个是两种迷信、两种教条主义，一个是“左”倾右倾问题。我觉得他分析得很有道理。所谓两种教条主义，一个是迷信、空谈马克思主义，而不是与时俱进地发展马克思主义；一个是迷信、崇扬西方发达国家的、反映资产阶级主流意识形态的思想理论，把西方某些学派、某些理论或者西方国家的政策主张奉为教条，向我国思想、政治、经济、教育、文化等各个领域渗透。上述两种教条主义，第一种教条主义还是存在的，但是在当前不是主要的，其影响在下降。马克思主义者吸取了过去的经验教训，正在不同程度地向现代化的方向努力，力求与时俱进，进行理论创新。而第二种教条主义即西方教条主义在意识形态领域和经济社会中的影响力在上升。比如，在经济学领域，一个大学出版社出版的《经济学是什么》竟然只讲西方经济学，不讲马克思主义政治经济学，把马克思主义经济学排除在外，这实际上是否定马克思主义经济学，其影响、危害很大。西方经济学思想的影响上升是当前的主要危险。我们国家是共产党领导的社会主义国家，这是我们历史的选择，是最基本的国情。坚持共产党的领导，实行社会主义制度，必须以马克思主义为指导，包括经济学和经济领域要以马克思主义政治经济学为指导，一切淡化或者取消马克思主义的企图都会削弱共产党的领导，改变社会主义的方向。因此我们不能把经济领域里的东西看淡了。

陈奎元同志指出的另一个倾向性的问题，即“左”倾，右倾的问题，这个问题与两种教条主义的倾向有联系。他说，从改革开放到现在二十多年的时间里，我们在思想领域始终把克服“左”的教条主义当作主要任务，已经取得了决定性的成果，在思想理论领域和改革开放的实践中，来自“左”的干扰已经日渐式微，当前突出的倾向性问题是资产阶级自由化的声音和倾向正在复苏，并且在顽强地发展蔓延。奎元同志提出的问题很值得我

们重视和关注。反“左”反右并不是长期不变的，“左”和右发展下去都能葬送我们的社会主义，所以应该有“左”反“左”、有右反右。目前主要的倾向是什么，我觉得是个很重大的问题，特别是在经济学领域，应当认真考虑。

四、关于马克思主义政治经济学与西方经济学的关系问题

马克思主义政治经济学与西方经济学的关系问题是个有争论的问题。现在我们的大学里有两门基础经济学或者基础经济理论，即马克思主义的政治经济学和西方经济学，事实上是双轨制，这是根本错误的。关于政治经济学与经济学的分野，我很同意中国人民大学卫兴华同志的分析，他说，无论从经济理论的发展史看，还是从经济学发展的层次看，并不存在政治经济学和经济学的严格区分。从一定意义上说，政治经济学就是经济学，或者简称为经济学，经济学就是政治经济学。马歇尔说自己的“经济学”就是政治经济学，斯蒂格里茨、萨缪尔森等的经济学实际上也是政治经济学。但是不同的政治经济学或者经济学在体系、理论框架、理论观点等方面有差异性，比如，有马克思主义政治经济学（或经济学）和非马克思主义政治经济学（或经济学）的差别。马克思主义政治经济学与非马克思主义政治经济学的差别，就是马克思主义经济学与非马克思主义经济学的差别。也就是说，政治经济学与经济学没有什么差别，但是有马克思主义与非马克思主义的差别。习惯上我们所称的西方经济学是指非马克思主义的经济学或非马克思主义的政治经济学，因为马克思主义经济学或马克思主义政治经济学也是从西方来的，所以把西方经济学专指非马克思主义经济学更合适一点。至于马克思主义政治经济学（或经济学）与西方政治经济学（或经济学）在我国经济

学教学和理论研究中的关系，如果说中国是一个马克思主义指导下的社会主义的国家或者社会主义市场经济的国家，那么这种关系就应该很明确，即马克思主义经济学应该是指导、是主流，西方非马克思主义经济学应该是参考、借鉴。前者是指导，后者是参考；前者是主流，后者是借鉴。在这个问题上有两种意见，一种是以上海财经大学程恩富教授为代表的，他说，不能把现时期世界主流经济学即西方经济学当作我国社会主义国家的主流经济学，后者必然是与时俱进的马克思主义指导下的现代政治经济学；另外一种是以北京某教授为代表的，他最近在一个关于中国经济学发展与回顾的研究会上说，党的十四届三中全会以后，市场经济体系中有关经济学的内容在教育界基本被承认，这就是现代西方主流经济学。他说，不管在教学人数上还是教育内容上，到现在应该承认西方主流经济学在中国的主导地位。上述两种意见是尖锐对立的。如果西方经济学真的在中国成为主流、主导的地位，取代了马克思主义政治经济学，那长远的后果可想而知。不管你主观上怎么想，不管你愿不愿意，最终要导致改变社会主义的发展方向，取消共产党的领导。

我认为，把西方主流经济学当作中国主流经济学固然不可，两门基础经济理论的观点也不能成立。应该是一门基础经济理论，即用与时俱进的、发展的马克思主义政治经济学作为经济学教学的主体、经济研究的指导思想和经济政策的导向，不能是双轨的。当然，对于西方经济学中反映社会化大生产和市场经济一般规律的理论，只要不违反社会主义原则，我们要尽量吸收、借鉴到与时俱进的马克思主义经济学理论中来，作为马克思主义经济学的消化了的组成部分。

新的马克思主义政治经济学的内容体系应该包括这么一些内容：一是政治经济学的一般理论；二是资本主义经济；三是社会主义经济；四是微观经济；五是宏观经济；六是国际经济。当然

中间有许多交叉重复，逻辑上怎么处理、体系上怎么编是另外一个问题。这样我们就可以把西方经济学的精华，把西方经济学当中反映市场经济一般的内容吸收进来，作为与时俱进的马克思主义政治经济学的一部分新的内容。至于西方经济学的体系和其他内容，可以开设一些课程，比如西方经济思想、西方经济思想流派、西方经济思想名著等课程，向专门的学生介绍，但是我们不要突出这些内容，因为对我们有用的东西已经吸收进马克思主义经济学中来了。

总之，我主张只能有一门基础经济理论，即马克思主义经济学，要单轨，不能双轨，这是个经济学教育、教学中的方针问题。

五、正确对待西方经济理论和新自由主义经济学

西方的非马克思主义经济学（或政治经济学）由古典的西方政治经济学发展到现代西方经济学。古典的西方经济学有科学的成分，也有庸俗的成分，其科学的成分被马克思主义政治经济学所吸收。现代西方经济学也有科学的成分，有反映现代市场经济一般规律的成分，也有反映资产阶级意识形态的成分，如私有制永恒、经济人假设等。其科学成分值得我们借鉴和学习，但其基于资产阶级意识形态的理论前提与我们根本不同，所以整体上它不适合于社会主义的中国，不能成为中国经济学的主流、主导。在西方经济学当中曾经居于主流地位的新自由主义经济学，其研究市场经济一般问题的分析方法有不少也可以借鉴、学习，我们不能完全否定它，但是新自由主义经济学的核心理论是我们所不能接受的。

西方主流经济思想特别是新自由主义经济理论的前提和核心理论大体上包括：第一，经济人假设。认为自私自利是不变的人

性。这个假设是我们所不能接受的。马克思主义有“社会人”和“历史人”的人性理论，当然也不否定私有制下人有自私自利的一面。第二，认为私有制是最有效率的，是永恒的，是最符合人性的，是市场经济的唯一基础。这不符合历史事实。第三，迷信市场自由化、市场原教旨主义，迷信完全竞争的假设和完全信息的假设。其实这些假设是不存在的，比如，所谓的信息完全的假设就是不可能的，消费者的信息不如生产者，垄断者的信息优于非垄断的大众，两者在市场上是不平等的。第四，主张政府作用最小化，反对国家对经济的干预和调控。大约是以上四点，可能还可以举出其他几点来。这几点同马克思主义、同社会主义、同中国的国情都格格不入，自然不可以为我所用。这里我就不一一分析了，因为这四点每一点都可以做一大篇文章。

对于西方非马克思主义经济学的正确态度，早在改革开放初期的1983年，我国研究西方经济学的权威学者——北京大学的陈岱荪先生就提出了几个观点：第一，因为社会经济制度根本不同，所以西方经济学作为一个整体不能成为我国国民经济发展与改革的理论；第二，在若干具体问题的分析方面，西方经济学的确有可以为我们参考借鉴的地方；第三，由于制度上的根本差异，甚至在一些技术性的具体问题上，我们也不能照搬西方国家的某些经济政策和措施；第四，对外国经济学说的内容的取舍，根本的原则是以我为主，要符合我国的基本国情。他说，我们既要承认外国经济学在其推理分析、计算技术、管理手段等方面有若干值得参考借鉴之处，但是我们又不要盲目推崇、生搬硬套。陈先生讲的这几条，有很重要的现实意义。而现今某些高校的头面经济学者，却不再提陈先生的主张了。有许多我们尊敬的学者都受过西方经济学的教育，比如陈岱荪，还有中国人民大学的高鸿业、北京大学的胡代光等，他们在如何对待西方经济学理论的问题上是一致的。我的西方经济学的知识很少，他们是专家。但是我在接受马克思主义的启蒙之前，在西南联大也接受过正规的美式的西方经济学理论教育，新中国成立前半殖民地市场经济的体验我也是有的。我们感到，西方经济学虽然有用，但整体上不适合于中国，适合中国的一定是与时俱进的、不断创新的马克思主义经济学。现在有一些年轻的经济学家，他们西方经济学的根底很不错，可以说不比推崇西方主流经济学的人士差，如上海财经大学的程恩富、中国社会科学院的左大培等，他们根据中国的情况，不主张在中国推崇西方主流经济学。我觉得他们的路子是对的。

有些人不愿意别人批评新自由主义，说什么批评者把新自由主义当成了一个筐，什么都往里装。为什么要讳言新自由主义呢？如果你是真心实意地为中国特色的社会主义市场经济贡献力量的话，如果你也是不赞成新自由主义的理论前提和核心理论的话，你就不必担心批评新自由主义会伤及无辜。如果你赞成他们的理论前提和核心理论，那你自己就跳进框框，怪不得别人。

马克思主义者对西方经济学向来是开放的，但曾经一度不开放，那是错误的，是“左”倾，是教条主义。马克思主义过去是开放的，现在也是开放的，马克思主义本身就是开放的，但有些西方经济学者不是这样对待马克思主义，张五常就是这样一个人，他要把马克思主义埋葬，并且钉上最后一个钉子。很多人到现在还在吹捧张五常，怎么能够把给马克思主义钉钉子的人请过来，到处吹捧，这是什么道理！

六、经济学教育是意识形态的教育还是分析工具的教育

经济学的教育既是意识形态的教育，也是分析工具的教育。但是那些提出中国经济学要以西方经济理论为主流的人认为，经

济学的教育不是意识形态的教育，而是分析工具的教育。一些人还提出经济学要“去政治化”。他们提出这样的问题是不奇怪的。但我们要明确经济学是社会科学，不是自然科学。自然科学没有意识形态的问题，没有国界的问题，没有什么资产阶级的天文学与无产阶级的天文学、中国的天文学和世界的天文学之分，因为自然科学主要是分析工具的问题。但社会科学不同，它反映不同社会集团的利益、不同社会阶层阶级的利益，不可能脱离不同阶级、不同社会集团对于历史、对于制度、对于经济问题的不同看法和观点。马克思主义政治经济学一点也不讳言意识形态的问题，同时也非常注意分析方法和叙述方法。可以说，马克思主义经济学既是意识形态的，又是注重方法的。西方经济学作为社会科学事实上脱离不了意识形态，脱离不了价值观念，虽然它极力回避意识形态问题，宣扬所谓抽象的中立，但是经济人假设不是意识形态的问题吗？宣扬私有制永存不是意识形态的问题吗？宣扬市场万能不是意识形态的问题吗？这些都是它的前提。所以经济学教育不能回避意识形态，经济学也不能“去政治化”，“去政治化”的实质是“去马克思主义化”。把这个问题放在明处，不是更科学一点吗？

某大学中国经济研究中心一位教授就主张，经济学教育不应该是以意识形态为主的教育，而应该是以分析工具为主的教育，他特别强调逻辑方法包括数学逻辑的教育。当然，逻辑方法是很重要的。数学在经济学当中只是一个辅助工具，这在经济学的明白人当中都是有共识的。但是逻辑方法是不是经济学唯一的方法？我们知道，马克思主义经济学讲的研究方法和叙述方法有两套，即历史方法与逻辑方法，马克思主义经济学运用的是历史方法与逻辑方法的统一。《资本论》的方法就是历史方法与逻辑方法的统一。研究和叙述经济学要有逻辑的规律次序和历史的规律次序，要有一个历史的价值判断，而且要把两者统一起来，即在

强调逻辑抽象的同时，还要强调历史的实感、质感、价值判断。

我在1984年带社科院的一个学者访问团去纽约，当时福特基金会组织我们和美中经济学教育委员会开了一个座谈会，会上我跟普林斯顿大学华裔教授邹至庄先生有一个交锋。他说，到美国学习经济学的中国理工科出身的留学生很快就能适应，因为理工科出身的学生逻辑接受能力强，而文科出身的就不适应，所以美国大学的经济学教育招的主要应该是理工科的中国留学生，而不要招学文科出身的。我当时就反对这个说法，我说经济学不仅仅是一门逻辑的科学，它也是一门历史的科学，学习经济学或研究经济学只会逻辑抽象的方法而没有历史的方法、没有价值判断是不行的。会上争论很激烈，其他美国人没有说话，当时张卓元他们都在场。这场争论到现在还在继续。这里我顺便讲一下，这个美中经济学教育委员会是美国几个大学组织的，旨在促进互派留学生和学术交流，通过福特基金会慢慢地贯彻它的目的，当然它也做了一些好事，比如，它帮助培养了一批经济学人才，介绍了一些西方经济学的知识，对我们社会主义市场经济是有用的，但是另外一方面它也做了西化中国的工作，并且相当成功地达到了自己的目的。

七、关于经济学的国际化与本土化的问题

在关于经济学教学模式的讨论中，现在沸沸扬扬地提出了所谓“国际化”与“本土化”的问题。有人提出经济学没有国界，说基本的经济理论是反映人类共同的规律，没有什么东方经济学、西方经济学，没有什么各个国家的经济学。某大学就有人明确提出这个观点。他们说，所谓经济学的国际化与本土化的问题，实际上是一般理论与特殊问题的关系，国际化就是指一般理论，本土化就是指特殊问题；国际化就是向一般理论接轨，向西

方理论接轨，本土化就是要考虑中国的特殊情况。还说，不能因为有特殊情况就否认有一般理论，一般理论是放之四海而皆准的，西方经济理论就是放之四海而皆准的。这些都是盲目崇拜西方经济学的说法。

从一定意义上说，马克思主义是“国际化”也是“本土化”的。马克思主义与中国具体实际相结合是一个老问题，我们永远都需要努力。问题是他们讲的“国际化”、“本土化”是排挤马克思主义的。他们讲的是西方经济学的“国际化”与“本土化”，是用西方非马克思主义理论来代表放之四海而皆准的一般理论，代表普遍规律，也就是向西方一般理论接轨。这些人不反对西方经济学的“本土化”，也不反对联系中国的实际，其中有些人还是主张应该有中国经济学，但主张按照西方的模式来建立中国的经济学，比如，某大学一位教授就说，可以有中国特色的经济学派，但是其理论框架是和西方经济学一致的，是西方经济学的分支。有些人则根本反对建立中国的经济学。对此，中国人民大学有同志说，国际化不是中国经济学教育的全部内容，他认为，要构建中国经济学的教育体系，西方主流经济学和西方发达国家并不是中国教育变革的唯一模式。他说，马克思主义经济学在这个过程当中应该扮演什么角色，西方经济学在这个过程当中应该扮演什么角色，二者分别应该处于什么地位，是需要研究的。我认为他的说法至少是一种客观的说法。当然，我们主张马克思主义经济学应当成为主导，西方经济学只能是借鉴。

我再顺便谈一个问题，就是现在中国经济学界有一部分人对诺贝尔奖很有兴趣。他们认为，诺贝尔经济学奖是唯一能代表经济学世界先进水平的奖项，因此获得诺贝尔奖是中国经济学界奋斗的目标，是中国经济学教育的奋斗目标。他们说，我们要向经济学的世界先进水平前进，包括拿诺贝尔奖。又说，诺贝尔经济学奖代表西方主流经济学理论的成就，要拿诺贝尔奖，首先就要

掌握西方主流经济学。

对于诺贝尔奖特别是自然科学的诺贝尔奖，我们要肯定它的意义。经济学的诺贝尔奖获得者也有在市场经济的一般理论、方法或者技术层面作出贡献的经济学家，以及像印度人亚马森这样有人文关怀的经济学家，是值得我们尊重的。但是，诺贝尔奖从来不奖给马克思主义经济学者，诺贝尔和平奖只考虑奖给中国的不同政见者。因为社会科学有意识形态性，评奖者有政治上的偏见，有意识形态的偏见，因此诺贝尔奖不是我们追求的目标。当然，如果我们有些学者的经济学研究和理论，在不违反社会主义原则的前提下，能够获得诺贝尔奖，这也不是坏事，但是我们不必追捧这个奖，更不能把它作为我们经济学教育的奋斗目标。因为对于中国经济学理论真正作出马克思主义贡献的人一定是得不到诺贝尔奖的。现在，我觉得我们对诺贝尔奖吹捧得很厉害，弄那么大的规模，根本没必要。我国为什么要这样做，说明有人在刻意推崇西方经济学，领导上可能不知道。这里我再强调一下，就是诺贝尔奖获得者是值得我们尊重的，许多获奖者没有意识形态的偏见。我并不是排斥诺贝尔奖，我只是说我们不要追捧它。

八、中国经济改革和发展以什么理论为指导

这是一个重大的问题，是涉及中国向何处去的问题。有人认为，建立和建设现代市场制度，没有西方的理论为指导，这一艰巨的历史任务是不能完成的。还说，我国的经济体制改革一直在黑暗中摸索，只有在受到西方经济学原理的启迪，并运用它来分析中国的问题后，才提出了应当发挥市场的作用、建立商品经济的主张。我很尊重说这句话的经济学者，但是我不同意他的这个观点。

第一，中国经济改革和发展是以西方理论为指导的说法是不符合实际的。中国共产党领导的经济体制改革，从十一届三中全会提出计划与市场相结合，到十一届六中全会确认了商品生产和商品交换，到十二大提出计划经济为主、市场调节为辅，到十二届三中全会提出中国社会主义经济是公有制基础上的有计划的商品经济，到十三大提出有计划的商品经济体制是计划与市场内在统一的体制，国家调控市场，市场引导企业，到十三届四中全会又提出计划经济与市场调节相结合，最后到十四大提出建立社会主义市场经济为我国经济体制改革的目标。从十一届三中全会到十四大，期间经历了曲曲折折，主要是我们中国人总结我们中国的历史经验教训，也参考了外国的历史经验教训，包括苏联的历史经验教训，在与时俱进的马克思主义的指导下，目标一步一步明确起来。在这一过程中，我们看不出西方经济理论有什么指导作用。这是非常明显的。在这个过程中，邓小平同志起了相当大的作用，他1979年在接见美国不列颠百科全书的副总编、1985年接见美国企业家代表团时，就提出过社会主义为什么不可以搞市场经济的问题。1992年他从理论上阐明了计划与市场是方法和手段问题，不是社会主义与资本主义的选择的问题，不是姓“社”姓“资”问题，但是社会主义与资本主义的界限还是要讲究，但不是在手段问题上讲究。这些重要的创见都不是西方经济理论，怎么可以说中国改革是在西方理论的指导下进行的？再从参与、形成中国经济改革理论的老一辈经济学家来说，薛暮桥、孙冶方、顾准、卓炯等一大批探索社会主义条件下商品经济、市场经济有功劳的开拓者，都是坚定的马克思主义者，他们不是受西方理论左右的人。后来的经济学理论工作者虽然有些人受了西方经济理论的影响，但是大多数人是坚持马克思主义的。受西方影响比较大的中青年的经济学工作者的大多数也能够以市场经济的一般理论为社会主义服务。只有少数人用自由化、私有化为暴富阶层代言，来冲击马克思主义，干扰社会主义经济建设。应该说，这些人起的是干扰的作用，而不是指导中国经济改革的作用。我想，这些人倾向用西方经济学取代马克思主义经济学，这是个历史的插曲、历史的误区，经过努力，或者可能引导他们走向正确的道路。

第二，中国经济改革与发展是以西方理论为指导的说法会误导中国经济改革和发展的方向。因为中国要建立的是社会主义的市场经济，而不是资本主义的市场经济；要坚持公有制为主体、多种所有制经济共同发展的基本经济制度，而不是私有化或者不断向私有化演变；要坚持宏观调控下的市场调节，而不是主张市场原教旨主义，主张市场万能论，把国家的一切正确调控说成是官僚行政的干预；坚持为保证效率而适当拉开收入差距，同时要强调社会公平、福利保障，而不是极力扩大社会鸿沟，为暴富阶层说话。要做到这些，都需要马克思主义政治经济学来指导，而不能用西方经济理论特别是新自由主义经济理论来指导。一旦中国经济改革和发展由西方新自由主义指导，中国的基本经济制度就要变，就势必走向“坏的资本主义市场经济”的深渊。只要经济基础变了，共产党最后就掌握不了政权，私有制的代表就要掌握政权。中国的改革一旦由西方理论特别是新自由主义理论来主导，那么表面上或者还是共产党掌握政权，而实际上逐渐改变了颜色，对大多数人来说，这是一个噩梦。

九、克服经济学领域一些倾向性问题的意见

这个问题应该好好地做文章，因为这个事情太重要了。我只讲几点。

第一，教学方针要明确。现在我们要明确，只有一个经济学基础理论课程，而不是两个。马克思主义政治经济学是唯一的

经济学基础理论课程，西方经济学是作为吸收、借鉴的部分。西方经济学作为体系，作为学派和学术名著来介绍，我们还是需要的，需要向专门的学生介绍，但是不要突出它。

第二，教材。要加强马克思主义基础理论研究工程的建设，要吸收各方面的专家，包括坚持马克思主义的学者和西方知识比较多的学者，这样便于我们吸收、借鉴西方的东西，当然要经过改造。我们还要鼓励多种马克思主义政治经济学教材的写作和创新，鼓励对马克思主义经济学做专题研究，包括政治经济学的体系、方法和具体的理论问题，都要进行专题研究，在专题研究的基础上才能形成教材。马克思主义经济学教科书要有多种，不应该只有一种。马克思主义可以是多学派的，但是必须是马克思主义的学派。对西方经济学教材和名著，我们要组织有质量的马克思主义的科学评说，而不是教条主义的评说。只要在教学方针上明确不能以西方经济学教材为主，就可以有效地扭转局面。

第三，队伍。我们欢迎西方留学的“海归”派回来，但是对于这些同志要进行再教育，特别是理工科出去的，过去没有接受过系统的马克思主义教育，要进行马克思主义的教育。对那些过去接受过马克思主义教育的，回来后有必要的也要进行重新教育。不经过再教育的“海归”派，可以从事其他工作，但是不能从事教师的工作，不能从事决策研究的工作。土、洋出身的学者教员在待遇上应该一律平等。党校的教员更要慎重选择，特别是党校的中高级干部培训班的教员一定要慎重选择。否则我们的干部队伍受影响西化了，会导致在实践中搞私有化。

第四，领导权。确确实实地要检查一下我们的高校领导干部，包括校长书记、校长助理、院长、系主任、研究室主任、研究所所长等，是不是都掌握在真正的马克思主义者手中。这是个很重要很重要的问题，不能够等闲视之！因为关系到国家的命运，所以领导岗位一定要掌握在马克思主义者手里。

本文讨论的主要是理论领域的问题，教育领域的问题，意识形态领域的问题。马克思主义不能被人取代，意识形态不仅仅是在政治、法律、军事、文化领域，经济本身也有意识形态问题，而且非常非常重要。基础变了，上层建筑也要跟着变。这个马克思主义的基本道理，恐怕有些人还不明白。

更加重视社会公平问题*

（2005年10月）

同志们，我今天讲的题目是“更加重视社会公平问题”。

这个问题现在大家都很关心。社会公平是构建社会主义和谐社会的一个重要问题，如果社会公平的状况解决得不好，就说不上推进社会主义和谐社会的建设。社会公平问题的一个十分重要的方面就是正确处理经济效率和社会公平的关系。

关于经济效率和社会公平的关系的讨论在我国已经有好多年了，去年夏天以来，香港经济学家郎咸平经济争论引起的国有企业产权改革的大辩论，在一定意义上讲是又一次效率与公平关系的辩论。但是，在效率与公平的天平上，争论的一方强调效率，比较少注意公平，一些人认为只要能使社会财富的总量增加，什么改革的手段都可以用。比如，在我国现有的条件下——法律缺位，MBO（管理层收购）的办法也可以用。如果有能干的管理人把国有企业收购起来，把它搞活了，总比让它逐渐“冰棍消失”为好。所以，有的经济学家认为，现在纠缠分配公平问题没有意义，因为应该先搞MBO——管理层收购，先把蛋糕做大，这是一方面的意见。另一方面的意见是以社会公平的名义，极力反对在目前法律不健全、国有资产真正的主人翁也不能说话——企业职工缺位的情况下，把国企白送给少数人，让其一夜暴富的

* 本文为2005年10月在北京图书馆文津“讲座”的讲演稿，原文载于《文津演讲录之录六》，北京图书馆出版社2007年版。

做法。这方面的意见是从社会公平的角度来讲的。我认为国有企业产权改革的问题不是一个单纯的学术问题，而是一个有着强烈公共政策性质的问题。所以这一次的争论不仅有学者参加，还有许多公众参加，这是可以肯定的。大量的公众参与网络媒体的活动，是我国公民公共政策意识增强的表现，他们几乎一边倒，即有90%以上的人倾向于赞成我上面所讲的两种意见中的后一种意见，即强调社会公平的意见。这表明从公众舆论的角度来说，后一种意见占了辩论的上风。所以，有些经济学家讲，前一方面的意见引爆了公众不满国有资产流失和社会分配不公的情绪，而国有企业的资产重组属于幕后的潜规则问题，不应该由公众来讨论，这是一些年轻的经济学家在报纸上公开讲的观点。

我们从对政府决策的影响来说，在对许多机构调查研究之后，国务院有关部门确认了MBO——管理层收购在我国现行条件下的问题很多，造成了国有资产的大量流失，所以就对MBO调整了说法。过去，国资委从未反对管理层收购，也就是说赞成管理层收购；后来改为国有大型企业和国有控股大型企业不适宜实行管理层收购；最后，断然宣布国有大型企业不准实行管理层收购。既然不准了，中小企业只能在严格的条件下公开、公正地执行，也算是对公众舆论的回应吧。虽然官方未说其决策曾受公众舆论的影响，而是其独立的决策，但即使说一下曾受到公众的影响也不见得会有损权威机构的尊严，反而会获得反映民心、反映群众支持的赞誉。总之，这次争论的结果如果从社会舆论上或者从决策上说，都是在效率和公平的天平上增添了公平的分量，矫正了过去偏向一方的倾向。

我国在改革开放以前是一个绝对平均主义的国家，“大锅饭”的经济体制使经济效益大受影响。20多年以前，我们开始实行市场取向的改革，逐渐地我们讲求市场效益，拉开了收入差距，使一部分人先富了起来。所以，从农村到城市，经过努力经营，经济活跃起来了，取得了很大的成效。经过十多年，把兼顾效率和公平作为经验总结写进了党的“十四大”决议。但从十四届三中全会开始，在效率与公平的关系上面有了一个新的变化。以前是讲“兼顾效率与公平”，即打破平均主义，既要重视效率，又要同等对待公平。十四届三中全会以后改变为“效率优先，兼顾公平”，使两者的关系由效率与公平处于同等重要的地位，改为效率处于优先的地位，公平处于次要的、兼顾的地位。这里的“兼顾”，有“次要的、第二位”的含义。公平是次要的、第二位的了，这是一个很重要的变化。十多年来一直是这样的提法。从十四届三中全会决议开始，每一次中央重要会议、重要文件都是这样提的，一直到十六届三中全会。这一提法成为十多年来我国收入分配政策上的一个正式的精神，就是把效率放在第一位，社会公平放在第二位，兼顾一下。

共产党向来主张社会公平与公正，可为什么一个共产党领导的国家在分配政策上，与效率相比，要把公平放在一个兼顾的、次要的地位呢？这与我国经济长期落后，难以迅速提高人民的生活水平和解决众多的社会矛盾有密切的关系。我们的经济发展水平太低了，一下子解决不了这么多的问题。同时也与我国在20世纪90年代到21世纪初叶所面临的国内外形势的深刻变化、发展趋势及其带来的巨大机遇和挑战有密切的关系。这种形势迫使我们积极进取，尽一切努力来增大我国的国民财富和综合实力，即首先把蛋糕做大起来，把增强国家财力和综合实力放在第一位。所以邓小平的南方讲话要求：“思想更解放一点，改革开放的胆子要更大一点，建设的步子要更快一点，千万不可丧失时机，要抓住这个时机，把经济搞上去。”强调“发展就是硬道理”，是解决中国所有问题的关键，把增强实力作为首要的问题。这样，就把增加国民财富总量和增强国家经济实力的问题突出地提了出来，于是效率成了第一位的问题。另一方面，那时制约我国提高效率的主要因素仍然是过去计划经济时代遗留下来的平均主义的影响。在80年代末期虽然已经开始对计划经济进行改革，但平均主义的影响依然存在。所以为了更快地提高效率、增加国民财富的总量，就必须进一步“打破平均主义，合理拉开差距，坚持鼓励一部分地区、一部分人通过诚实劳动和合法经营先富起来的政策”。这句话正是十四届三中全会提出效率与公平的新提法时说的。这种“优先和兼顾”的提法是适合我国的实际情况和发展需要的，是完全正确的。在从传统的计划经济体制向建立社会主义市场经济体制的历史过渡时期，这个指导思想也是适用的，经济理论界当时阐述和宣传这个分配政策的精神也是正确的。但是，在这个过程中，随着我国经济的发展变化，我国的社会阶层结构也逐渐发生了分化，各阶层的利益也发生了分化，这样，经济理论界就出现了代表不同利益的声音。有些人借“优先和兼顾”的差异，有意无意地贬低、轻视社会公平和公正，单纯地为一切聚敛财富的过程辩护，认为只要发财就行。这就不符合我们改革的精神了，因为在这个时期，中央一再强调先富要带动和帮助后富，要注意防止两极分化，丝毫没有忽视社会公平的意思。

我在2003年写过一篇名为《关注收入分配问题》的文章。指出，“效率优先，兼顾公平”是我国一定时期收入分配的指导方针，而不是整个市场经济历史时期不变的法则。我前面说过，从传统的计划经济体制到建立社会主义市场经济体制的历史转变时期，这一提法有它的道理，但是现在市场经济已经初步建立，虽然尚不完善，但是情况已有大大的改变，这个分配原则有无重新考虑的必要呢？有些同志把“效率优先，兼顾公平”看作市场经济不变的法则，永远的法则，这是与历史事实不符的。我们知道一些具有成熟的市场经济的国家就没有这样的提法，没有一个国家是这样提的。虽然中央文件上是这样讲的，但我认为我们国家的这一提法的准确性、时效性仍然有其可以讨论的余地。随着经济总量的发展，经济效率的问题已经逐步地得到了相应的解决，我们的效率与过去相比是有大大的提高。还有，随着社会矛盾的逐渐积累，社会公平问题也会逐渐上升为突出的问题。我们不能够忘记，邓小平同志在1992年就对突出解决贫富差距的问题做出过前瞻性的论断，他在南方讲话时说什么时候、在什么基础上提出和解决贫富差距问题是要进行研究的。他曾经设想在20世纪末达到小康水平的时候，就要突出地提出和解决这个问题。但是到了20世纪末的世纪之交，我国经济发展已经基本达到了小康水平，我们并没有按照小平同志的预言突出地提出和解决贫富问题，调整经济效率和公平的关系。我在一篇文章里面曾经说我国目前的基尼系数处于倒U型曲线的上升阶段，现在是0.45（当时是0.427，这是统计局的数字），人均收入是1000美元，基尼系数还处于上升阶段，尚未下降，收入差距客观上还有继续扩大的趋势，一时难以倒转。根据其他国家发展的经验，人均收入只有达到1500美元，基尼系数才有可能下降。我用这个方法来隐含地解释小平同志的预言可能乐观了一点，看来要到2010年人均收入达到1500美元左右，基尼系数才有可能下降，那个时候才有可能突出地解决贫富差距问题，来实现从“效率优先，兼顾公平”向效率和公平并重、效率和公平优化组合的方向过渡。我是这么解释的，但是学术界有人反对我的意见，认为我太保守了，把突出解决贫富差距，改变效率与公平的关系推迟到那么远。他们说中国人对贫富差距的承受能力已经达到了极限，大家已经忍受不了了，目前改变这个状况是正当其时，有些经济学家是这么讲的，报纸上也有这方面的文章。

收入差距是否已经扩大到了中国人承受的极限，是不是已经受不了了？这个问题是可以讨论的。在前面这篇文章中，我曾经说，中国人的收入差距过大主要是受城乡收入差距过大的影响。

虽然城乡收入差距的消灭是我们今后努力的目标，但是历史形成的巨大的城乡差距是一个客观现实，农村居民知道一时难以攀比城市的生活水平，所以承受能力还是有比较大的弹性的，所以我国人民对基尼系数客观上的继续上升还有一定的承受能力，还能够承受。我记得2003年时城市的基尼系数是0.32，农村是0.35，比0.4的国际警戒线低，但是城乡在一起来算基尼系数是0.417，高于国际警戒线，那么城乡的差距就扩大了。所以中国的情况比较特殊，整体的基尼系数之所以大是因为城乡之间的差距太大了。城市和农村是两个不同的社会集团，所以在客观上仍有一定的弹性来支持基尼系数的上升。这是一个考虑。

我现在重新考虑收入差距的扩大是否达到了承受的极限问题，同我们矫正效率与公平的关系，进一步重视社会公平问题并非同一个层次的问题。收入差距扩大到承受的极限，可能同收入差距达到两极分化是相联系的，就是我们的社会已经是两极分化了，一端是极端的富有阶层，另一端是贫穷阶层，收入差距出现这个情况才是不能容忍的了。我们现在还不能说已经达到了两极分化，当然对此会有不同的意见了。如果现在是两极分化了，那就说明我们的改革是失败的，因为小平同志讲过改革失败的标志就是两极分化。我们现在还不能说改革失败了，也不能说贫富的差距已经达到了承受的极限，我刚才说过农村不能一下子期望达到城市水平。基尼系数客观上还是要上升的。但是，我们要注意到，如果现在不采取措施，还让这个趋势扩大，那我们就有迅速向两极分化、向承受极限接近的危险。所以我们必须从现在起进一步地重视社会公平问题，要调整效率与公平的关系，要加大社会公平的分量。我们第一步可以逐步减少收入差距扩大的幅度，以后再逐步降低收入差距，即逐步降低基尼系数的绝对值。我们现在还不可能降低基尼系数，因为它还要上升，那我们第一步就只能先使它上升得慢一点，第二步再使其绝对值下降。我们现在就应该朝这个方向努力，就是说，“效率优先，兼顾公平”的口号现在就可以开始淡出，逐渐向效率与公平并重，或者效率与公平优化结合来过渡。我提出这个主张后，在理论界有不同的反响，多数是赞成的，但也有反对的。有的报纸就批评我的这个主张是“民粹主义”，它说还是要把社会公平放在“兼顾”的地位，继续坚持效率优先。我觉得这与中央的精神是背道而驰的。中央的精神现在不是这个样子的，我是这么理解的。五中全会有许多新的精神，其中一条是更加注重社会公平，这是写进了文件的，不再提“效率优先，兼顾公平”了。大家如果仔细看一看五中全会的文件，就发现没有再提了。其实，在十六届四中全会的文件当中就已经不出现这一个提法了。这次会议继续淡出这个提法表明了中央贯彻科学的发展观，重视构建和谐社会的决心。所以这也表明了中央是很清楚的，要贯彻和谐发展观，重视构建社会主义和谐社会，就不能把社会公平继续放在兼顾的地位。这一举措深受广大群众的欢迎。经济理论界和一些媒体囿于学习和体会中央的精神不够，现在仍不时地有宣传“效率优先，兼顾公平”的论述出现。为了深入领会中央关于收入分配问题的指导精神，有必要认清“效率优先，兼顾公平”的提法现在已经不符合当前的形势要求。“效率优先”我们还是要提的，但是要放在另外的地方提，而不能放在分配问题中提。

我现在再来概括一下为何淡出这个口号，有这么几点理由。第一点，“效率优先，兼顾公平”意味着把经济效率放在第一位，把社会公平放在第二位，兼顾一下，这怎么也同“更加重视社会公平”搭不上界，因为要“更加重视社会公平”的话怎么能够把社会公平放在第二位呢？所以“效率优先，兼顾公平”的提法只适用于社会主义初级阶段的一段时期，不适用于整个社会主义初级阶段。第二点，小平同志讲过在20世纪末，即2000年达到小康水平的时候就要突出地提出和解决贫富差距问题，如果社会公平放在兼顾的地位，放在第二位，就不可能突出，这与小平同志的预言是背道而驰的。第三点，现在收入差距过大，社会不公平造成许多矛盾、紧张、社会不和谐的现象，潜伏的隐患不时地爆发。如果我们继续把社会公平放在兼顾的位置，这同我们党构建和谐社会的宗旨是不符的。第四点，按照国际公认的分配公平指标，中国的基尼系数现在已经达到0.45以上，早已超过了国际警戒线，超过了发达的资本主义国家。例如英国、法国、加拿大等，它们的基尼系数是在0.3至0.4之间，比我们低；特别是北欧、拉美的一些资本福利国家，它们的基尼系数只处在0.2至0.3之间，它们的社会是比较公平的。我国的收入分配差距不仅仅远远大于资本主义国家，而且是中国历史上贫富差距空前大的时期，如果再拖下去，继续把公平放在兼顾的第二位，那如何与“社会主义国家”的称号相匹配呢？那我们还叫作社会主义国家吗？第五点，“效率优先”不是不可以讲，而是应该放在合适的地方讲，而不是放在收入分配的领域去讲。效率、效益、质量这一系列概念是同速度、投入、数量等概念相对应的。我们转变增产方式的方针要求把质量、效益、效率作为经济增长的最主要的因素，而把人、财、物的投入，数量的增长，速度放在适当重要的地位。对于生产领域可以讲“效率优先，兼顾速度”，要把质量、效率放在第一位，而不能主要靠拼投入、增加数量来实现经济的增长。我们现在的经济增长方式，就是这样一种方式，拼命地投资，而消费却受到了限制。我们不应该靠数量、靠投入来实现增长，当然我们需要一定的投入。“发展是硬道理”的大道理应该是这么理解，并非任何发展都是硬道理，不讲效率，不讲质量的发展就不是硬道理。不注意社会和谐，不建设社会主义和谐社会的发展不是硬道理，破坏生态平衡的发展不是硬道理，这是很明显的。按照我们现在粗放型的发展方式，而不是集约型的方式发展下去的话，后果肯定令人担忧，我们现在资源的浪费是很大的，煤炭、石油等资源又是不可再生的。小平同志说，只要讲效率、讲质量就没有什么可以担心的。所以“效率优先”放在生产领域里讲非常合适，这是它永远的存身之地，不要放在分配问题上来讲。第六点，在分配领域，原先人们设想效率与公平是一个此长彼消的关系，是互相替代的关系，就是说在一定范围里扩大收入分配差距有利于提高效率，缩小收入分配差距不利于提高效率。所以有了“优先与兼顾”之说，但是后来经大家研究，两者之间不是一个此长彼消的关系，不是一个互相替代的关系，而应该是一个辩证统一的关系，这是马克思主义的观点。就是说收入分配差距过大不利于效率，过小也不利于效率，不存在哪个优先，哪个兼顾的问题。第七点，有人说，初次分配可以讲效率优先，再分配注意公平。我认为，难道说初次分配时社会公平问题就不重要吗？金融、石油等垄断行业与非垄断行业的收入差距很大，这在过去是不存在的，而现在的倍数是很大的。难道是垄断行业里的人更聪明一点，更努力一点，更勤奋一点吗？不是的，而是因为他们处于一个垄断部门。这样一个畸高畸低的收入不是收入的初次分配问题吗？有些部门，企业的高管人员与普通职工相比也是畸高畸低的收入。有些银行，有些部门，有些涉外企业的老总的年薪高达100多万，甚至更高，而一般的职工也就是几千块钱一个月。这是不是初次分配的问题？有些外资的工厂，甚至一些内资的工厂把工人，特别是农民工的工资压得特别低，并且多少年都不涨工资。我80年代去深圳的时候，农民工的工资就是几百块钱，现在仍是几百块钱，这是多年不涨，而且还有不付工资的情况，有些农民工甚至为讨工资而不惜触犯法律。这些不合理的状况都是初次分配的问题。最近，我看到《经济时报》上有篇题为《初次分配就要重视公平》的文章，这篇文章写得很好，值得一提。说不清道不明的许多不合法、不合理、不规范的灰色收入、黑色收入不都是初次分配产生的吗？初次分配秩

序混乱，初次分配中的社会不公问题难道不需要重视吗？还要等到再分配时的财税杠杆来解决吗？那是解决不了多少问题的，所得税现在很难解决分配不公的问题。所以在收入分配领域不要再提“效率优先，兼顾公平”，也不要再提“初次分配效率优先，再次分配注重公平”的问题了，而要更加注重强调、更加重视社会公平，正如我们五中全会的文件所强调的，这符合改革的大趋势，符合人心所向，也有利于调动大多数人的改革积极性。

为什么现在要提加大社会公平的分量，进一步重视社会公平问题呢？经过20多年的改革和发展，我国的经济总量、国家的综合经济实力大大增强。现在已经完成了GDP的第一个翻番和第二个翻番，正在进行第三个翻番的阶段。我国居民生活总体上在已经基本达到小康水准的基础上向全面实现小康水平过渡，已经有一定的物质基础和能力，逐步解决多年来累积形成的贫富差距，也就是说，突出解决邓小平同志提出的问题，进一步重视社会公平的时机和条件已经基本成熟。我国改革之初，各阶层人民受改革之惠，生活得到了改善，没有明显的利益集团出现，大家普遍地、积极地支持改革，这是改革初期的情况。以后，特别是20世纪90年代中期以后，不同利益人群逐渐形成，有的在改革中受益较大，有的受益较少，有的甚至受损，所以，大家对改革支持的积极性就发生了变化。各阶层的居民都有自己的诉求，比如，受益较多的利益集团当中有人说改革必须付出代价，必须牺牲一代人，这一代人就是几千万老工人，改革必须要牺牲他们，这是利益集团里面的人说的。同时，也有另一种对立的声音，说为什么就是我们付出代价而不是你们付出代价？一种对立的情绪可见。国有企业的改革当中，一度出现了瓜分风，白送，低价廉价地送，一些人根本就没有什么资金，但却能一下子暴富，变成拥有几十万、几百万、几千万的富翁，引起社会震动。为了使改革获得更多人的支持，而非少数人的支持，我们就要长期地强调有利于社会和谐和社会稳定的公平和公正。毋庸讳言，我国社会结构已经逐渐形成以占有财富、权力和知识为特征的强势群体，和以贫困农民、农民工、城市失业者和下岗人员为主的弱势群体。强势群体在公共政策的制定和实施中有很强的影响，在社会舆论和话语权中也有影响，而弱势群体则缺乏相应的组织形式来表达他们的利益要求，除了通过写信、上访、告状等形式申诉其遇到的不公以外，他们很难在媒体上发出自己的声音。这种社会缺陷亟待弥补，如果令其发展下去，只能够扩大社会的鸿沟，不利于建设和谐社会。那么强势群体，特别是权势集团的代言人竟公然地鼓吹腐败是改革的润滑剂，权钱交易（经济学上说是官员索取剩余）是社会的改进。这种说法当然是少数人的观点，我在此不便多指责。工农大众的言论缺乏适当的表达途径，这种状况必须改变，各种工会组织、农会组织的职能应该进一步改进，表达基层的、弱势群体的呼声。中央是很重视这个问题的，下访的次数很多，但实际上还是需要一个机制把下面的呼声传上来。

导致收入差距迅速扩大的因素很复杂，有体制上的弊端、法制上的漏洞和政策本身的不尽完善等，都是重要原因。近年来政府在这些方面做了很大的努力，情况有所改善，但是由于广大干部经验不足，一些干部误解把公平放在一个兼顾、从属的地位，还有一些地方和部门的官员受到自身利益的驱动，使许多能够解决的社会分配问题迟迟得不到解决。例如，我刚才讲的行政性垄断收入，垄断行业的收入与非垄断行业相差好几倍，同样素质、同样努力的人群待遇不公正，久已为社会所诟病。好多年都在说要改变这个弊病，但是对于垄断行业高收入的调节仅限于个人所得税这个调节力度很小的措施，不发生什么影响，没有从源头上，从初次分配的环节来解决垄断地位的产生和分配的问题。税收杠杆也是，个人所得税制度本来是调节过高收入、抽肥补瘦的税制，多年来，一般工薪低收入的大众阶层成了个人所得税的最大纳税主体，税法不严使一些富豪逃避个人所得税，现在我们通过一些新的税法使这一状况有所改进，但是还是很不完善，工薪阶层仍然是纳税主体，富豪们的纳税仍然有限，逃税的办法很多。再有，国有资产划分一部分给社会保障基金，这也是实现社会福利的一种保障措施，但是讲了很多年，现在还是落实不了。国有资产大量流失，要拨一部分到社会保障基金是很困难的，地方上的国有资产已经快卖光了，而出卖国有资产所得收入有多少划入了社会保障基金了呢？所以，现在的国企改革中，国有资产变现的收入的用途要严格规定，包括划拨给社会保障基金的这一部分，要尽快立法，要不然这部分收入就要落空了。再比如，政府职能和财政功能要从经济建设型为主转变为公共服务型为主，这是与提高公民福利，促进社会公平有关的十分重要的改革，因为公共服务的受益者多半是低收入者，包括教育、保健等在内的社会福利措施，可以提高人的素质，保障人们多种就业和社会生活的平等机会。但是，政府职能和财政功能转变得很慢，这个转变往往受到许多地方政府把主要精力放在经济建设上，着重大搞政绩工程的限制，重视经济建设，轻视公共服务，以至于我国被世界卫生组织评为“卫生资源分配最不公平的国家”之一。教育经费占GDP的比重在世界各国的排名居后，尤其是义务教育供应不足，许多老百姓没有进入劳动力市场的基本能力，被排斥在现代化的进程之外。大家现在对卫生改革、教育改革、住房改革议论很多，有必要进行反思，当然这些情况都要进行改进。但是，同投入经济建设的资源相比，改进的速度还是很不理想。此外，一些地方还借经济建设之名，借改革之名，使居民财产权力、收入权力受到侵犯，在农村土地征用、城镇房屋拆迁、拖欠民工工资以及企业改制中，可以看到政府权力过大、某些官员行为不正、吏治腐败的阴影。现在，中央加大了反腐败的力度，坚持用改革的办法解决产生腐败现象的深层次问题，加快政府职能转变和制度建设，加大对权力的进一步制约。我们大家深切地期望，也相信，在中央的巨大决心和正确领导下一定能做好反腐斗争，不会再出现“道高一尺，魔高一丈”“越反越多，越反案子越大”的现象。

最后我讲一讲重视收入分配问题当然不是追求收入平等，重要的是各阶层的居民能够享受平等机会，强调机会平等，就是保证起跑点平等，不过分追求结果的平等。在中国，社会收入不平等多源于机会的不平等，结果的不平等多源于起点的不平等，不同的人存在不可否认的理智、才能的差别，其中不能忽视的是教育培训程度不同，形成不相等的知识水平和专业技能，由此，使个人的就业机会不平等，收入高低不平等。农村低收入户多么希望下一代能够读书、受教育，不再重蹈自己贫困的命运。在对四川的农村低保户家庭进行调查中，发现许多低保家庭的小孩没有上完九年义务教育，村民们说，孩子的时间还长呀，难道他们还当下一代的低保户吗？进城打工者也为子女的上学担忧，他们由于文化水平较低，在城市里往往干着最脏最累、收入最低的活儿，小孩入学的借读费是压在他们心头的一块巨石，许多人只好让子女退学，以至儿女一开始就输在了起跑线上，所以现在是彻底改革义务教育制度，解决义务教育经费的时候了。国家财政要减少一些锦上添花的开支，我们应多做一些雪中送炭的事情，就有能力完成使所有的儿童接受九年义务教育的使命。党提出要扩大中等收入者阶层，提高低收入者的收入水平，这两件事情实际上是一致的，要把金字塔形的收入分配状况改变为两头小、中间大的橄榄形的收入分配状况，关键在于教育培训。目前大规模的失业大军以青少年居多，他们文化水平较低，知识技能匮乏，就业能力和收入能力比较差，要使他们找到职业并且上升到中等收入水平，关键在于提高其基础教育水平并且实施职业培训。最近不是在抓职业教育吗？我觉得是很对的，加强对低收入人群的人力资本投资，这种事情靠低收入人群自身的力量是做不到的，只有政府组织社会力量，切实地、认真地逐步把城乡所有居民的子女九年至十二年的义务教育办起来，并且普遍组织专业培训，才能逐渐解决在起跑线上的机会平等问题。

把“效率优先”放到该讲的地方去*

——在2005年经济形势分析与经济秩序研讨会上的讲话摘要

（2005年10月13日）

五中全会文件有许多新的精神，其中一项是强调更加注重社会公平，而不再提“效率优先，兼顾公平”。其实如果我们注意，在十六届四中全会的文件中，已经不出现这一提法。这次会议继续淡出此题，表明了中央贯彻科学的发展观，重视构建和谐社会的决心。这一举措深受广大群众的欢迎。一些经济理论界人士和媒体，由于学习体会中央精神不够，囿于习惯，仍不时有宣传“效率优先，兼顾公平”的论述出现。为了深入领会中央关于收入分配问题的指导精神，有必要理清“效率优先，兼顾公平”并不符合当前形势要求的理由，并把“效率优先”这个提法，放到该讲的地方去讲。我以为，比较重要的理由有以下几点。

1. “效率优先，兼顾公平”意味着把经济效率放在第一位，把社会公平放在第二位，兼顾一下。这怎么也同“更加重视社会公平”搭不上界。这个提法只适用于社会主义初级阶段的一段时期，不适用于初级阶段整个时期。

2. 小平同志讲：“在本世纪末（2000年）达到小康水平的时候就要突出地提出和解决这个（贫富差距）问题。”如“公平”放在兼顾即第二位的地位，就不可能突出地提出和解决社会公平

* 原载《经济学动态》2005年第11期。

问题。这与小平同志的指示相悖。

3. 现在收入分配差距很大，社会不公平造成许多矛盾紧张与社会不和谐现象，潜伏隐患，说不定什么时候就会爆发。如继续把社会公平放在“兼顾”的第二位，与我党构建和谐社会的宗旨不符。

4. 按国际公认分配公平指标，中国基尼系数已达0.45以上，超过国际警戒线；超过资本发达国家如英、美、法（基尼系数0.3~0.4）和资本福利国家如挪、瑞（基尼系数0.2~0.3），我国收入分配差距不仅远大于资本主义国家，而且是中国历史上贫富差距空前大的时期。如果再拖下去，把公平放在“兼顾”的第二位，如何与“社会主义国家”的称号相匹配？

5. “效率优先”不是不可以讲，但应放到应该讲的地方去讲，而不是放在收入分配领域。效率、效益、质量一系列概念是与速度、投入、数量一系列概念相对应的。我党转变增长方式（即发展方式）的方针要求把质量、效益、效率作为经济增长（发展）的最主要因素，而把投入、数量和速度放在适当重要地位。对生产领导来说，可以讲“效率优先”“兼顾速度”，把质量、效益放在第一位，而不能主要靠拼投入、增数量来实现经济增长。这符合正确的“发展是硬道理”的大道理。因为不是任何发展都是大道理。不讲效益、不讲质量的发展就不是大道理，而且照这样粗放地发展下去，其后果很令人担忧。邓小平说“只要是讲效益，讲质量，就没有什么可以担心的”。所以，把“效率优先”放在发展生产的领域去讲，非常合适。这是它的永远存身之地。

6. 在分配领域，原先人们设想的效率与公平是trade off（交易）的关系，即在一定范围内扩大收入分配差距有利于提高效率，缩小收入分配差距不利于提高效率，所以有优先兼顾之说。但是后来大家研究，两者之间不单是trade off的关系，而且应当是辩证的矛盾统一的关系，这是马克思主义的观点。收入分配差距过大和过小都不利于提高效率。所以就不存在哪个优先哪个兼顾的问题，要辩证统一地考虑。

7. 有人说，初次分配可以讲“效率优先”，再分配再讲注重公平。难道初次分配社会公平问题就不重要？垄断行业和非垄断行业的畸高畸低的个人收入，不是初次分配问题？有些部门、企业高管人员与普通职工的畸高畸低收入，不是初次分配问题？一些外资（内资）工厂，把工人（特别是民工）工资压得那么低，而且多年不怎么涨，过量剥削剩余价值，不是初次分配的问题？还有说不清道不明的许多不合理、不合法、不规范的黑色收入和灰色收入，不是初次分配中产生的？初次分配秩序混乱，初次分配中的社会不公问题难道不需要重视、处理、解决？还要等到财税等再分配杠杆来调节，这在中国是远远不够的，是解决不了分配不公问题的。

所以，在收入分配领域不用再提“效率优先，兼顾公平”，也不要再提“初步分配注重效率，再分配注重公平”，而要强调更加注重社会公平，正如这次五中全会文件所强调的。这符合改革的大势所趋和人心所向，也有利于调动大多数人的改革积极性。

在深圳经济特区研究会成立大会上的讲话

（2005年12月3日）

深圳经济特区研究会今天成立了，我向大会致以热烈的祝贺。

深圳经济特区建立已经25年了，在这个时候成立经济特区研究会，研究总结特区的历史经验教训，可以更好地推进全国的改革开放和现代化建设，这是一件很有重大意义的事情。经过二十多年的发展，深圳从一个边陲小镇发展成一个功能完备、环境优美的现代化国际大都市，这很不容易。25年来，深圳经济特区不仅迅速改变了自己的面貌，而且充分发挥了辐射、带动和示范的作用，为全国的改革开放的现代化建设积累了宝贵的经验，深圳经济特区在体制改革中发挥了“试验田”的作用，在对外开放中发挥了重要的“窗口”作用，在现代化建设中发挥了示范区的作用，在对香港、澳门的顺利回归并保持繁荣稳定发挥了促进的作用。深圳经济特区的实践充分证明中央关于兴办经济特区的思想和决策是完全正确的，并取得了巨大的成功。在新的历史条件下，经济特区的地位和作用，不能削弱，更不能消失。中央已经多次重申经济特区不仅要继续办下去，而且还要办得更好，因此经济特区要适应新形势，继续当好建设中国特色社会主义的示范地区，继续充分发挥改革“试验田”的作用和对外开放的“窗口”作用，为我国的改革开放和现代化建设继续探索新路径，创造新经验。

现在我国的社会主义现代化建设，社会主义经济体制改革都取得了举世瞩目的辉煌成就，但是离社会主义现代化建设的目标和社会主义市场经济体制的目标还有相当大的距离，而且在改革和发展的过程中积累了不少深层次的矛盾和问题，亟待解决。比如，巩固我国社会主义的基本经济制度问题，在非公有制经济需要继续健康发展的同时，公有制经济体制的主体地位受到削弱，有待加强。又如，市场经济建设方面，行政性的资源配置和对微观经济的干预显然过多，而市场缺陷亟待弥补，市场扭曲亟待治理。比如，收入分配方面，一部分人先富起来了，但是社会公平问题日趋突出，弱势群体利益需要关注。又比如，对外开放方面，外贸外资的增长大大促进了我国经济的发展，但国内的福利，特别是老百姓的福利的增长，大大落后于经济规模的增长，利益外溢的现象明显，等等。这些问题在经济特区不同程度地存在，经济特区要先行一步，加以解决，所以经济特区探索社会主义经济发展和改革的任务十分艰巨，这也是我们建立经济特区研究会面临的重大问题。就经济体制改革来说，围绕社会主义经济体制是自我完善、建立社会主义而不是资本主义的市场经济体制等问题。我想我们研究会要从以下几个方面进行探索和研究。

（1）如何在大力发展非公有制经济的同时，探索建立国有资产管理体制，充分发挥国有经济的主导作用和控制力，扭转公有制经济地位削弱的趋势，完善社会主义的基本经济制度；

（2）如何提高政府驾驭市场经济的能力，充分发挥市场经济在资源配置、节约资源、促进效益方面的作用，纠正市场的扭曲，补充市场的不足；

（3）如何进一步探索按劳分配为主、多种分配形式相结合的分配制度，更加重视社会公平，构建和谐社会；

（4）如何提高我国对外开放水平，更好利用发达国家市场经济文明，同时提高掌握对外开放的主动权、主导权等。这些问题难度很大，我们的经济特区有条件、有能力在这些方面为我国创出新经验，作出新贡献。我希望深圳经济特区研究会成立后，为推进这项功德无量的事业取得成就。

反思改革不等于反改革*

——《经济观察报》记者专访
（2005年12月12日）

记者（仲伟志）：作为当代中国最有影响的经济学家之一，您在今年（2005年）3月刚刚荣获首届中国经济学奖“杰出贡献奖”。像您这样的权威经济学家的文章（《谈经济学教学研究中的一些问题》），为什么要借助互联网传播？

刘国光：这个谈话的来历，是今年（2005年）7月教育部社会科学研究中心的一位年轻同志到我这儿来聊天，一聊就聊出七八九个问题，他记下来并整理了出来，还是一个初稿。他们自己有简报，马上就发了。上报中央的同时，他也发到网上去了，有好几个网站，我事先并不知道。说实在话，我还不是很熟悉网络，也不知道网络的作用有多大。但是传播以后并不违反我的意思，我也不反对。

记者：经过网上流传，这篇文章引起了巨大的反响。

刘国光：我谈的这些意见，应该说有相当多的人还是很赞成的，很多地方都是晚上电话议论，开会研讨。至于网上的流传，我说我不反对，同时我也没有寄托于那个东西。但是引起的波澜之大，我也没想到。这完全不是个人的能耐，而是问题牵动人心。

记者：您在文章中涉及一些具体的人和事，比如说，您批

* 原载《经济观察报》。

评一些经济学家“公然主张西方经济学应该作为我国的主流经济学”。

刘国光：这篇文章后来公开在《高校理论比较》第九期和《经济研究》第十期发表，删改了，缓和了一些，但还是得罪了很多人。这些人大多是我的学术界朋友。我也不是有意要得罪这些人。我是在讲一些事实，我引用的人与事，都是有根有据，至于引用的合适不合适，是个人判断，但事实就是这样的。确实有这些事情。不过，我很欣赏和尊重作为学者的他们。我们只是观点有些交叉，这没有关系。

记者：您在1979年就深入论证过计划与市场的关系，在1992年“十四大”前就明确提出用市场方式取代行政计划作为配置资源的主要方式，但是您今年中国经济学奖的“答辞”出来后，一些人不明白，一位对社会主义市场经济理论有着深刻认识的经济学家，为什么对市场化改革提出了如此尖锐的批评？

刘国光：计划与市场的关系问题，是一个世纪性的问题，我曾作过多次论述，我在“答辞”中不过是重复过去的观点。我说了“要坚持市场取向的改革”，又说了市场也有缺陷，不能迷信市场。对于计划经济的弊病和市场经济的好处，我过去讲的好像不比谁少。但是，当然，话还要说回来，人的思想是发展的，我不敢像有些人那样自信自己一贯正确，任何人都不可能一贯正确。

过去，在感受了计划经济的种种问题之后，我们慢慢地就要搞市场经济。计划经济不能解决效率和激励问题。市场经济作为资源配置的主要方式，是历史的必由之路。改革开放初期，我只意识到计划经济有毛病，觉得要搞市场调节。但那时是主张计划经济为主，市场调节为辅。以后经过对中外经验的反复思考和研究，逐渐地看到了市场经济的作用，形成了市场取向改革的信念，赞成建立“社会主义市场经济体制”。这差不多是20世纪80

年代后期90年代初期的事情了。这说明我这个人不很聪明，思想发展很慢，但我觉得这是符合思想发展的客观规律的。我在“皈依”市场取向改革信念的同时，就提出不要迷信市场。我们应当重视价值规律，但不要认为价值规律本身就能把一切事情管好，并把一切事情交给市场去管。现在我还是这样想，不过是重复过去的观点，没有新鲜的东西，老一辈的人应该都知道的。

记者：这就如同有人所说，您坚持认为计划经济并没有完全过时。是不是这样？

刘国光：从我上面讲的经过，你可以判断我有没有这个意思。既然“皈依”了市场取向的改革，既然赞成建立社会主义市场经济体制，那就是说要把市场作为资源配置的基础方式和主要手段，那就是把社会主义市场经济作为一种新的经济制度来看待。那么“计划经济”作为一种经济制度，计划作为资源配置的基础方式和主要手段，就不能再起作用了。至少在社会主义整个初级阶段，都不能起作用，那是再也明显不过的道理。

不过，作为经济制度的“计划经济”，与市场经济制度前提下的“计划调节”（这里说的是广义计划，也包括战略性指导性计划，必要的政府对经济的管理和调控，等等），不能混为一谈。我在“答辞”中说，要在“坚持市场取向改革的同时，必须有政府的有效调控干预，（对市场的缺陷）加以纠正，有必要的计划协调予以指导”，就是这个意思。这里面哪有作为制度的“计划经济”并没有过时的意思呢？！

我在提出用市场经济代替计划经济作为资源配置的主要方式的时候，就讲了市场缺陷的问题。我列举了市场经济下不能完全交给价值规律或市场去管而必须由政府过问的事情。

我想，至少有这么几件事情是不能交给价值规律去管的。第一件事是经济总量的平衡——总需求、总供给的调控。如果这事完全让价值规律自发去调节，其结果只能是来回的周期震荡和

频繁的经济危机。第二件事是大的结构调整问题，包括农业、工业、重工业、轻工业，第一、第二、第三产业，消费与积累，加工工业与基础工业等大的结构调整方面。我们希望在短时期内如10年、20年、30年，以比较少的代价来实现我国产业结构的合理化、现代化、高度化。通过市场自发配置人力、物力、资源不是不能实现结构调整，但这将是一个非常缓慢的过程，要经过多次大的反复、危机，要付出很大的代价才能实现。我们是经不起这么长时间拖延的，也花不起沉重的代价。比如，一些影响比例关系的重大工程规划必须由政府来做，反周期的重大投资活动要由政府规划，等等。第三件事是公平竞争问题。认为市场能够保证公平竞争，是一个神话，即使是自由资本主义时期也不可能保证公平竞争，因为市场的规律是大鱼吃小鱼，必然走向垄断，即不公平竞争。所以，现在一些资本主义国家也在制定反垄断法、保护公平竞争法等。第四件事是有关生态平衡、环境保护以及“外部不经济”问题。所谓“外部不经济”，就是从企业内看是有利的，但在企业外看却破坏了生态平衡、资源等，造成水、空气污染等外部不经济。这种短期行为危害社会利益甚至人类的生存。对这些问题，市场机制是无能力解决的。第五件事是社会公平问题。市场不可能实现真正的社会公平，市场只能实现等价交换，只能是等价交换意义上的平等精神，这有利于促进效率，促进进步。但市场作用必然带来社会两极分化、贫富悬殊。在我们引进市场机制过程中，这些苗头已经越来越明显，有一些不合理的现象，引起了社会不安，影响了一些群体的积极性。对此，政府应该采取一些措施，防止这种现象的恶性发展。现在提出构建和谐社会，政府对市场缺陷的弥补作用，更不能少。

这些意见，后来我发现西方经济学文献中也有类似的阐述，所以我说的也不完全是新鲜的东西。

记者：这也是您近年来一直在强调的观点。我们知道，中共十一届三中全会以后，陈云同志曾把计划与市场的关系比喻为“笼子”和“鸟”的关系。您是认为，在市场经济条件下，这个“笼子”还有必要?

刘国光：陈云同志讲得很生动。好像“笼子”这个词不好听，但要看到“笼子”的作用。国家财政预算把国家的收支大体框住了，是不是“笼子”？货币信贷总量调控把国民经济活动范围大体框住了，是不是“笼子”？重大的工程规划，是不是“笼子”？等等。当然，这个“笼子”可大可小，可刚可柔，可用不同材料如钢材或塑料薄膜等制成，如指令性计划是刚性的，指导性计划是弹性的。总之，实行市场取向改革的时候，实行社会主义市场经济的时候，不能忽视必要的“笼子”即政府管理和计划协调的作用。现在，“十一五”计划不说计划了，改称“规划”，但“规划”也是一种计划，只不过是长远计划，是战略性的计划和指导性的计划，不再是指令性的计划。它应该起导向作用，其中如重大工程项目的规划也有指令性的。必要的指令性计划也不能排除。所谓市场取向的改革本身就包含着计划体制和政府经济管理体制的改革，计划要适应市场经济的发展，加强有效的政府管理。

我认为，完全的、纯粹的市场经济不是我们改革的方向。所谓完全的、纯粹的市场经济在西方资本主义国家也在发生着变化，通过政府的政策或计划的干预使市场经济不那么完全，不像19世纪那么典型。有些人提出完全市场化的主张，这是一种幼稚的想法。过去，我们迷信计划，犯了错误，于是实行市场取向的改革，但我们同样不能过分迷信市场，要重视国家计划协调、宏观管理与必要的政府参与和干预的作用。如果不这样的话，我们就要走弯路了。

记者：但是，对于当前改革中出现的一些不合理现象，经济学界与思想界一直有不同的认识。比如，关于腐败的根源问题，

有学者认为，恰恰是政府对资源的配置权力过大和对微观经济活动的干预权力过大，才为“权贵”阶层提供了获得腐败寻租利益的必要条件与土壤，才有了权力市场化、权力资本化的恶果，如果市场经济更纯粹，行政计划就会消灭得更彻底，那么“权贵”们在市场运行过程中捞取私人利益的机会必定大大减少。这种看法是不是有道理?

刘国光：这个问题很重要也很复杂，要分几个层次来讲。

1. 你说问题出在政府对资源配置权力“过大”。当然，政府权力“过大”特别是行政性资源配置权力过大是不适宜的，会带来政府职能的越位，管了不该由政府管而应该由市场去管的事情。不过，政府掌握资源配置权力“过小”，参与和干预经济活动“过少”，也未必适宜，这会导致政府职能不到位，该当由政府来管的事情，它却推卸责任不管。政府作为经济活动的三位当事人（政府、企业、个人或家庭）之一和公众利益的代表，不能不掌握相当部分的社会资源，参与资源配置的活动，但其参与要适度，要尽量按照市场原则，同时必须考虑公共利益原则来做，这是没有疑义的。

2. 腐败的发生与政府掌握资源配置权力的大小没有直接关系。掌握资源配置权力大，或者权力小，都可能发生腐败。只要法律制度和民主监督不健全，管不住政府官员的行为，就可能发生腐败。政府掌握资源配置权力大或者小，只影响腐败规模的大小，不是产生腐败的原因。根治腐败，要从健全法律制度、民主监督入手，进行政治体制的改革，这才是治本之道。

3. 腐败和权力资本化、权力市场化，除了源于法治不健全、民主监督欠缺外，市场环境不能不说是一个温床。这里我要解释一下，腐败和权力资本化、权力市场化，不是计划经济固有的东西，而是我们市场改革以后才盛行起来的东西。过去计划经济并没有权力资本化、权力市场化这个东西。我不是替计划经济涂脂抹粉。过去计划经济有很多很多的弊病，搞得太死了，不能调动人的积极性，有官僚主义，也有权力的滥用，也有腐败，但是当时政府掌握资源配置的权力极大，比现在大得多，而腐败的规模很小，只存在于计划经济的某些裂缝和边缘，更没有权力资本化市场化问题。权力资本化市场化问题，是到我们现在才严重起来。很难说这跟现在的市场环境没有关系。因为有市场才有资本，才有权力的资本化、市场化，没有市场，怎么搞权力的资本化、市场化？用市场发展不完善、改革不到位来解释是可以的，但是有点不够，有点勉强，倒是用市场缺陷和市场扭曲来解释更为合理一些。而市场扭曲和市场缺陷，是市场化改革过程所不可避免的，我们要尽量减少引进市场的代价，所以要强调政府来过问，要发挥社会主义国家管理经济的作用，采取措施纠正市场扭曲，弥补市场缺陷。

4. 政府对经济的调控、干预、计划与规划（这些都属于广义的计划），同某些官员滥用权力搞权钱交易、搞官商勾结、搞权力资本化市场化，这是两码事，不能混为一谈，不能胡子眉毛一把抓，借口政府对资源配置权力过大为权贵阶层提供了获得腐败寻租利益的条件，来否定国家和政府配置资源的权力与管理经济的职能（广义的计划）。前面说过，治理腐败和权力资本化、市场化要从逐步建立健全民主法治环境，从政治改革着手，现在还要加上，要从校正市场扭曲和纠正市场缺陷入手，这都少不了加强国家和政府管理或广义计划的作用。所以我在“答辞”中说，要“在坚持市场取向改革的同时，必须有政府的有效调控干预，（对市场的缺陷）加以纠正，有必要的计划协调予以指导”。据我所知，许多读者都非常明白并且赞同“答辞”中的观点，但是有些人硬要说我是回到计划经济，那只好由他们说吧。

记者：您是说，您现在依然支持市场取向的改革，但有人也指出过，你最近一直在主张“少讲市场经济”，是这样的吗？

刘国光："社会主义市场经济"是一个完整的概念，是一个有机统一体。我在"答辞"中说的是，这些年来，我们强调市场经济是不是相对多了一点，强调社会主义是不是相对少了一点；在谈到社会主义时，则强调它发展生产力的本质即生产效率方面相对多了一些，而强调共同富裕的本质也就是重视社会公平方面，相对少了一点。

请注意，我特别使用了"相对"这个词，是有精确的含义的。就是说，相对多不是绝对的多，相对少不是绝对的少。逻辑上不应混淆。我这样讲无非是说，我感觉这些年我们在"社会主义市场经济"概念上，社会主义强调得不够，而不是说市场经济讲得过多。如果相对于目前政府对资源配置权力在某些方面偏大，对微观经济活动干预偏多来说，我们对市场经济还是讲得很不够，还要多讲。

这些年社会主义也不是没讲，但是相对少了一点，因此改革在取得巨大成功、经济发展欣欣向荣、人民生活总体改善的同时，社会矛盾加深，贫富差距急剧扩大，向两极分化迈进，腐败和权力资本化迅速滋生，蔓延扩大。这种趋势是与社会主义自我完善的改革方向不相符的，不能让它发展下去。因此，现在要多讲一点社会主义，这符合我国的改革方向和老百姓的心理。当然，市场经济还不完善，也要多讲。只要符合社会主义方向，市场经济讲得越多越好。

我就是这个意思。社会主义和市场经济都要多讲，目前社会主义有必要讲得更多一些。我接到很多读者的共鸣，很多令我很感动的理解。我不知道，这为什么会触犯了我们的"改革人士"，说我认为社会主义讲少了，市场经济讲多了，"这是一个偏差，怎么办呢？以后少讲市场经济行不行，我说'不行'"。先生，我也说不行。但你为什么要曲解我的原意，搞那么多逻辑混乱呢？当然，我不能怪别人，只能怪自己，虽然注意了用词严密，但解释说明得不够，令人产生逻辑上的误会。幸亏人家给我“留有余地”，“不是刚刚给人家颁了奖就否定人家的观点”，我真不知如何表达谢意才好。

记者：您在《谈经济学教学研究中的一些问题》这篇文章中，批评了“西方主流经济思想特别是新自由主义经济理论”，认为新自由主义经济理论误导了中国经济改革和发展的方向。有些人觉得您似乎是在主张从市场化改革的道路上退回来。

刘国光：批评新自由主义就是“从市场化改革的道路上退回来”吗？批判新自由主义就是“否定改革”吗？帽子大得很咧！西方新自由主义里面有很多反映现代市场经济一般规律的东西，如以弗里德曼为代表的货币主义学派，以卢卡斯为代表的新古典学派，有许多科学的成分，我们还需要借鉴，没有人批评这个东西。但是新自由主义的理论前提与核心理论——我在那篇文章中列举了（如自私人性论，私有制永恒论，自由市场万能论等）——整体上不适合于社会主义的中国，不能成为中国经济学的主流和中国经济发展与改革的主导。中国经济学教学和经济决策的指导思想，只能是与时俱进的发展的马克思主义。我不知道这样点评新自由主义怎么就是从市场化改革倒退或者否定改革。我们经济学界许多同志批评新自由主义，大多是很认真的很扎实的学术研究、学术评论，并不是一两句随便歪曲的话能轻易推倒的，要有有分量的学术论证。西方的正直的经济学人也在批评新自由主义。新自由主义经济思想给苏联、给拉丁美洲带来什么样的灾难性后果，是众所周知的。当然我们的同志批评新自由主义，不是没有政治的、意识形态的考虑，他们担心新自由主义的核心理论影响我国的经济思想和经济决策。谁也没有说过我们的改革决策是新自由主义设计的，目前它还没有这个能耐。但是担心和忧虑这种影响不是无的放矢，不是多余的。因为私利人、私有化、市场原教旨主义等，已经在中国社会经济生活中渗透和流行，并且在发展。在上述文章中我曾指出有些人不愿意别人批评新自由主义，说什么新自由主义是一个“筐”，什么都往里装。如果你赞成新自由主义的核心理论，那是你自己跳进框框，怪不得别人。现在有人自告奋勇承认自己接受新自由主义这些东西，又不准别人批评新自由主义，批评了就是从市场化改革倒退，就是反改革，哪有这个道理！

除了给批评新自由主义戴上否定改革的帽子，现在还时兴把这顶帽子乱扔，说近年来社会上出现了一种反对改革的思潮。不容否认，在取得巨大成功的同时，改革进程中出现了利益分化，少数人成为暴富，有多数人获得一定利益，部分群众利益受到损害。人民群众和学术界对改革有不同的看法，对改革进程中某些不合理的、消极的东西提出批评意见，是很自然的，我们不要把不同的看法说成是反改革。对改革进行反思是为了纠正改革进程中消极的东西，发扬积极的东西，将改革向正确的方向推进。不能把反思改革说成是反改革，你把那么些群众和代表他们的学者，说成是反改革的人，硬往反改革的方面推，后果将是什么？我们要注意团结一切愿意和努力使中国进步的人，要使得大家都来拥护改革。让大家都拥护改革的办法是什么呢？就是要使得改革对大家有利，就要走社会主义市场经济的改革道路而不是资本主义市场经济的道路。

坚持正确的改革方向*

——读锦涛同志3月7日讲话有感

（2006年3月11日）

最近读到胡锦涛主席参加全国人大上海代表团会议时的讲话，强调“要深化改革，毫不动摇地坚持改革方向”，感到十分振奋。同时想到，现在人们讲坚持改革方向，其实各有不同的含义。锦涛同志的含义是什么呢？我体会，他讲的“坚持改革方向”，毫无疑问，是邓小平开拓的社会主义自我完善的改革方向，是坚持四项基本原则的改革方向。这个改革方向，能够保证我们国家走向繁荣富强，人民走向共同富裕，因而能够获得广大人民群众的拥护和支持。所以，邓小平曾说：“改革不是一个派，是全民赞成改革，全党赞成改革，如果说是一个派，那就是百分之九十以上人的派。保守的人是有，但作为一个派别，中国没有。中国有一些人有这样那样对改革的某些问题、内容、步骤持有不同意见，但这些人中他们大多数也是赞成改革与开放，有意见也是正常的。”

邓小平赞誉全国人民和全党支持改革，讲得多好呀！怎么最近某些同志却说：现在出现了“一股反对改革，否定改革的浪潮”，据说“民间和上层都有”。什么人反对改革呢？他们说

---

* 本文是应上海《解放日报》2006年3月特邀而写的，该报未发表，不知何因。该稿理论评论部电话告知系“技术原因”，语焉不详，后来此文在中国社会科学院《马克思主义文摘》2006年第6期等处发表，并没有碰到什么“技术问题”。

“贫困群体”和“既得利益集团”都有份，他们“结成联盟”来反对改革。这个估计与邓小平热情对待中国人民拥护改革的态度，何其相反。他们把一大批拥护改革但对改革有这样那样不同意见的群众和学者，统统推向反对改革、否定改革的阵营，打成反改革派或保守派，这种做法同当前要团结动员人民群众一道进一步搞好改革，是背道而驰的。胡锦涛同志这次讲话强调要“使改革兼顾各方面利益，照顾各方面关切，真正得到广大人民群众的拥护和支持”，这才是我们应该做的。

一些人士讲现在出现了“一股否定改革、反对改革的浪潮”，其实不过是在改革取得巨大成功的同时，遇到了一些问题，人们在反思改革时，对改革的某些问题、内容、步骤有不同意见，这本来是很正常的。反思改革无非是总结改革的经验教训，小平同志一再强调对改革开放要认真总结经验，因为“我们的全面改革是一种试验，中间一定会有曲折，甚至大大小小的错误，那不要紧，有了错就纠正”。“对的要坚持，错的要纠正，不足的要加点劲。”小平同志说的话，多么充满辩证法的精神，多么符合世情事理。最近那些大嚷出现反对改革浪潮的人士，迫于陷入不符合事实的窘境，不得不追赶形势，也讲起“反思改革”来了。但他们讲“反思改革”的时候，首先把矛头对着与他们意见不同的同志，说后者的反思改革是“想恢复计划经济，把人们引向反市场化改革的方向上去”，还是“借反思改革来反对改革”那一套，真是武断霸道到了极点。

改革开放已经28年了。因为年头不少，成就多多，积累的矛盾问题也就不少。因此，现在反思改革的人群范围和反思改革对象所涉及的范围，都比过去大大地扩展了。就反思改革的规模而言，确实是前所未有。这是随着改革的广度、深度向前推进的结果，没有什么令人惊诧的地方。那么现在倒要认真地探讨一下，为什么改革会从过去“全民赞成，全党赞成”，变成今天有那么多的反思和疑问，以至某些人士惊呼要警惕出现所谓“反对改革的浪潮”。

究其原因，我认为，不外乎以下两点。第一点是改革中利益关系起了变化，第二是改革中意识形态关系发生了变化。

关于改革的利益关系的问题，邓小平说过：“虽然明确表示反对改革的人不多，但一遇到实际问题，就会触及一些人的利益，赞成改革的人也会变成反对改革的人。”大家都不否认，改革初期，人们普遍受到改革之惠，所以出现“全民赞成，全党赞成”的局面。但是20世纪90年代以来，随着改革进程的深化、曲折化和复杂化，中国社会的利益关系格局起了变化。一些人富起来了，少数人暴富，许多人收入、生活有了改善，相当一部分人则改善不多，相当一部分人的利益受到损害，一部分人沦为贫困弱势群体。这种利益格局的变化，不能不反映到人们对改革问题的态度上来，不反映倒是很奇怪的。生活水平和社会地位相对下降或者绝对下降的人群，不满意导致他们利益受损、引发贫富差距过分扩大的改革举措，希望得到克服改进，他们并不是反对改革本身。这些人群包括弱势贫困群体，多是我们工农基本群众，是共产党建党立党的社会基础。他们会成为反对党的改革开放政策的力量，这真是难以想象的事情。把他们同“既得利益集团”一起划到“结成反市场改革的联盟”中去，如同一位我们尊敬的著名经济学家所声称的那样，这实在是一种不负责任的信口开河。

至于说到改革中受益人群对改革的态度，那也需要具体分析。受益群体中包括日益成长的知识层、技术层、管理层的中产阶层，包括对我们经济建设作出重要贡献的勤劳合法经营的私营企业家，他们都是社会主义建设的参加者，毫无疑问也都是改革开放的拥护者，尽管他们对改革中妨碍他们利益的一些事情有一些意见。受益群体中还包括“既得利益集团”。如果“既得利益集团”是指以非法手段、用潜规则来获得财富的少数暴富分子，他们利用改革的缺陷，利用市场的扭曲和种种伪改革行为来发财致富。他们未必反对这种令他们迅速富起来的“改革”氛围，而毋宁是顶礼膜拜欢迎这种“改革”。只是当改革深化到以人为本、以促进和谐社会为目的的阶段，当改革进一步强化市场经济的社会主义方向的时候，他们眼见财路来源可能中断，甚至要绳之以法，他们才反对真正的改革，所以简单地说“既得利益集团反对改革”，只能掩盖他们在需要利用的时候拥护“改革”，不过此改革与彼“改革”的性质含义完全不同罢了。而且在他们反对真正的改革时，由于他们是实力集团，他们构成为改革的真正阻力，需要我们认真对付。一些搞官商勾结、权钱交易、权力资本化的人，也都属此类。而其他改革中的不同利益群体的人们，尽管他们对改革有这样那样不同的意见，都属于人民内部矛盾，都是我们坚持的改革要团结的对象。只要按照胡锦涛同志“增强改革措施的协调性，使改革兼顾到各方面利益，照顾到各方面的关切”，就能“真正得到广大人民群众的拥护和支持”。对于这一点，我是深信不疑的。

另一点是改革中意识形态关系的变化。就是两种改革观的较量。这是一个意识形态问题，事实上回避不了的。邓小平的改革观是社会主义的改革观，是我们要坚持的。但是确确实实还有一种非社会主义的或者资产阶级自由化的改革观，则是我们必须反对的。邓小平指出“有些人打着拥护改革开放的旗帜，想把中国引导到搞资本主义，这种倾向不是真正的拥护改革政策，它是要改变我们社会的性质”。我们实行对外开放，当然要借鉴吸收一切外国先进的东西，包括反映社会化生产和市场经济一般规律的思想、知识、经验，结合我们的实际，为我国经济发展和经济改革所用。我们对西方先进的东西求之若渴。但在西方先进的东西引进来的同时，糟粕也进来了。那些想“引导中国搞资本主义，改变我们社会性质”的意识形态，就是这样的糟粕。

资产阶级自由化思想一旦在中国出现，就要假借中国改革开放的旗帜，同中国正确的改革观，即邓小平的改革观进行较量，同马克思主义进行较量。20世纪80年代，已经有过几次交锋，错误的改革观被正确的改革观所击退。但是90年代以来，由于种种原因，主要是小平同志所说的“政治思想教育一手弱”的原因，以新自由主义为主要内容的资产阶级自由化思潮逐渐滋长蔓延。什么追逐私利的经济人假设的人性论，什么唯一符合市场经济要求的私有制永恒论，什么泛市场化的市场教旨主义，什么政府只能执行守夜人职责的政府职能最小化论，等等，不一而足。

这些新自由主义思潮，虽然没有能够达到他们臆想的主导中国经济运转的能耐，但是它正在向我国社会经济文化各个领域渗透，对我国经济发展与改革的实践施加影响，则是一个不争的事实。只要看看国企改革中出现的问题，看看教改、医改、房改、城改等领域出现的问题，即可窥见一斑。一股将中国改革引向资本主义私有化的暗流，已经呼之欲出。理论突破的阵地在意识形态领域、在经济学的教学和研究部门。西方资产阶级经济学在我国的阵地逐渐扩张，马克思主义逐渐边缘化。某些市场化了的媒体也成了新自由主义的营盘，拒绝传播马克思主义和维护四项基本原则的声音。这是一个重要的危险信号。这种情况，加上对中国经济在大好形势下出现的令人忧虑的一些现象的观察，激发中国许多学人和学者，首先是马克思主义者对新自由主义和资产阶级自由化改革观的义愤，在不同领域广泛地自发地发动了对新自由主义的反击。这样我们就看到如此规模的对改革的反思和对新自由主义的质疑了。

有人说，批判新自由主义就是“反对改革”。不错，中国人民要反对的正是这种导向资本主义方向的“改革”，要坚持的正是邓小平的以社会主义自我完善为方向的改革。胡锦涛同志此次

在上海代表团就改革开放发表了全面完整的重要意见，强调指出要毫不动摇地坚持改革方向，表明了党中央的原则态度，受到全国人民的热烈欢迎。锦涛同志话音刚落，就有某方面的代表人物出来，继续散布有人否定改革，宣称要把“改革以来的第三次大争论进行到底”等蛊惑性言论。这也好，挑战书已经抛出，真理不怕争论。试看今日之域中，竟是谁家的天下！

略论“市场化改革”

——我国改革的正确方向是什么？不是什么？

（2006年5月）

近期，对于中国改革问题的讨论日趋热烈，有人说是改革开放以来第三次大讨论。前两次讨论是什么时候，说法也不一样。且不论怎么划分三次争论，单就这一次来说，争论激烈的程度不亚于前两次。这次有一个奇怪的现象，就是争论的一方的意见，可以在主流媒体上发表，而另一方的意见，主流媒体上基本看不到，倒是在互联网上广为流传。目前还有一个现象，就是争论的一方一面抛出自己的论点主张来攻击对方，一面又拼命叫不争论，就是不准别人争论、别人回应；而争论的另一方却不买这个账，说真理不怕争论。实际上前一方是想只让自己讲话，而不让人家讲话。改革开放到了今天，互联网又这么发达，堵人开口的企图大概是办不到了。主流媒体基本上只刊登一方的言论，也值得我们玩味、深思。想一想为什么会出现这种偏颇的情况？当然这种偏颇，因为有互联网这个东西，给校正了一点。

关于这次大争论的性质，大家的认识也是有尖锐分歧的。有些人说，这次争论是反对改革同坚持改革不动摇的争论。这种说法遭到驳斥。你不能把那么多反思改革的群众、学者，推到“反改革”的阵营中去，说成是“一股反对改革、否定改革的浪潮”。这不符合胡锦涛同志最近讲的要“使改革真正得到广大人民群众拥护和支持”的要求和精神。

那么，这次争论的实质是什么呢？许多群众、学者都认为，这次争论的核心问题不是坚持不坚持改革的问题，而是坚持什么样的改革方向的问题，是坚持邓小平开创的社会主义自我完善的改革方向，还是假借“拥护改革开放的旗帜，把中国引导到搞资本主义”的改革方向？是坚持社会主义基本经济制度，即公有制为主体、多种所有制共同发展的改革方向，还是采取资本主义私有化的改革方向？是坚持社会主义市场经济为目标，还是以资本主义市场经济为目标或名曰“市场化改革”的改革方向？

“又是姓‘资’姓‘社’的争论”，“又是意识形态的争论”，但这是回避不了的。想回避是天真。人家用资产阶级的意识形态来攻你，又用“非意识形态化”来麻痹你，叫你回避社会主义的意识形态，可以吗？在关系国家人民命运的大问题上，提倡“非意识形态化”“非政治化”，只能骗骗没有马克思主义常识的人。

我现在要讲讲为什么争论的一方要把争论的另一方栽赖为反对改革、否定改革，而把自己打扮成“坚持改革”的角色。其实道理很简单，第一，在今天实行改革开放的中国，“反改革”是罪大恶极的帽子，类似“文化大革命”时讲你“反文革”就可以置你于死地。今天至少是把你放在被动挨打的地位。第二，这样做是为了掩盖某些人借拥护改革开放的旗子把中国导向完全私有化、完全市场化和两极分化的资本主义的意图。如最近“新西山会议”一些人讲的，现在“不好明说”“说不得”“亮不出来”，只能“遮遮掩掩”“躲躲闪闪”“畏畏缩缩”地说出来。其实“新西山会议”某些人暴露的野心比这更大，不止经济领域，还有政治领域，是要颠覆共产党的政权，这里不能详细讲了。

有人问我，为什么现在出现这么多人反思改革？是不是因为改革搞不下去了？我说不是，改革还是一往直前地在进行，但是受到一些干扰，出了一些问题。有一位官员说，现在改革中出现这样那样的问题，但不是改革方向出了问题，所有问题都与改革方向无关。这些话也对也不对，总体上党中央是坚持改革的社会主义方向的，总体上没有背离社会主义方向。但具体地讲，改革方向在许多重要方面受到干扰，如在所有制问题上，公有制为主体问题受到干扰；如在分配问题上，社会公平问题受到干扰；等等。中央提出科学发展观与建设和谐社会方针，力求扭正这些干扰，但是还没有完全扭正过来。这种对改革的正确方向即社会主义方向的干扰，是客观存在的，群众和学者对此进行反思，提出改进的建议，实属正常，完全必要，不能动不动就说这是反对改革。

再说20世纪90年代以来，随着改革过程的深化和复杂化，中国社会利益关系格局起了变化。一部分人群的生活水平和社会地位相对下降或者绝对下降，这些人群对导致他们利益受损、引发贫富差距过分扩大的社会现象不满，对背离社会主义方向的现象不满，希望得到克服，他们并不是反对改革本身。这些人群包括弱势贫困群体，他们多是工农基本群众，不能把他们推向反改革阵营，即使他们当中有一些过激情绪和片面言论，也是我们教育帮助的对象，要团结他们一致拥护和支持改革。怎么能够把他们划到“反市场改革的联盟”中去？如同我们一位尊敬的著名经济学家所讲的那样，这实在是一种不负责任的信口开河。

一些人把中国改革叫“市场化改革”，如果说“市场化”是作为改革的“简称”，这勉强可以接受，但要注意这种提法有很大的毛病。如果不是作为简称，而是把它作为中国改革的全称，把中国改革定义为“市场化改革”，那是绝对错误的。

我们改革的目标，是邓小平说的社会主义制度的自我完善，包括建立社会主义市场经济体制。中国的改革，包括政治改革、经济改革、社会改革、文化改革、政府改革等，不能都叫作“市

场化改革”，而是社会主义制度在各领域的自我完善。这应该是明确的。国家机构改革，也只能说要适应建立社会主义市场经济的要求来进行，而不能按“市场化改革”的原则来进行。就是在经济领域，也不完全是“市场化改革”，而是“建立社会主义市场经济体制”，是在国家宏观调控下让市场起资源配置的基础性作用，并不是简单的“市场化改革”所能概括的。这里在“市场经济”的前面，有一个前置词，还有一个前提条件。前置词是“社会主义”，前提条件是“在国家宏观调控下”。这是党的十四届三中全会文件中白纸黑字定下来的，不是一句空话，有它的实质内容。

先说“社会主义”前置词。有些人鼓吹“市场化改革”的口号时，故意不提前置词——“社会主义”。有些人为了打扮自己，掩盖真实面貌，假装提一下“社会主义”，但把“社会主义”置于可有可无的地位，或给予任意歪曲的解释。我说“社会主义”不能当成一句空话，它有准确的内涵。邓小平说过社会主义有两条根本原则：第一条是公有制为主体、多种经济共同发展；第二条是共同富裕、不搞两极分化。一些人在鼓吹“市场化改革”道路的时候，故意把这两条去掉、抽掉、扼杀掉。特别是最根本的涉及社会主义基本经济制度即所有制的一条——“公有制为主体”，故意根本不提，倒是民营经济（即私有经济）已经成为“国民经济的基础”或“主体”的字样，越来越充斥于某些媒体、某些会议。这大概就是“深化市场化改革”的真实含义（私营经济是要在公有制经济为主体的前提下与公有制共同发展的，但中央没有“民营为主体”一说）。

还有一个前提条件——“在国家宏观调控下”。之所以要这一条，非常重要的一条，就是因为市场经济虽然在资源配置上有重要的作用，特别是在竞争性的资源配置上，有很大的优越性，但市场经济在宏观经济综合平衡上，在竞争垄断的关系上，

在资源和环境保护上，在社会分配公平上，以及在其他方面，也有很多的缺陷和不足（关于市场经济的优点和缺点，我过去说得很多，教科书上也不乏叙述，我不再重复了；“市场化改革派”只睁眼看到市场经济好的一面，却闭眼不看市场经济不好的一面，我也不去说了），不能不要国家的干预、管理、宏观调控来加以纠正、约束和补充，所谓用“看得见的手”补充“看不见的手”。特别是加上我国还是一个社会主义国家，社会主义国家的性质，社会主义公有制经济为主体的地位，以及社会主义社会实行统一计划的客观可能性与集中资源、力量办大事的优越性，等等，决定了要更加加强国家的宏观调控和政府调节。市场在资源配置中起基础性作用，是在国家宏观调控的前提下起这个作用的；而且在资源配置中起基础性作用，也不是一切资源都完全由市场来配置，有些关键性资源还要由国家来配置，这也是很明白的。总之，我们要尊重市场，但不可迷信市场。我们不迷信计划，但也不能把计划这个同样是人类发明的调节手段弃而不用。在“市场化改革”的口号下迷信市场成风，计划大有成为禁区的态势下，强调一下社会主义市场经济也要加强国家对经济干预管理和计划调节的作用，怎么就会成为“想回到计划经济旧体制”？“市场化改革”鼓吹者硬要加人家这一顶帽子，想堵人家开口，恐怕不能成功。

我再补充几点，国家的宏观调控主要包括这几项：计划调控、财税调控、金融调控等内容，最近在我国还加上土地调控，其实土地调控也属于计划调控。这些调控都应是自觉性的、集中决策的事先调节，都是有计划性的。这与市场调节不同，市场调节是自发性的、分散决策的事后调节，这种盲目的滞后调节所带来的种种消极后果，必须要用自觉的、集中决策的、事先的宏观调控和计划调节来校正，要由政府行为来校正。所以邓小平说计划和市场都是手段，资本主义和社会主义都可以用。为什么社会主义市场经济就不能用自觉的、集中决策的、事先的计划手段来校正市场经济的种种缺陷和不足？有人想把经济生活的一切交给市场去管，都“市场化”，把社会生活、文化生活、国家政治生活也都推向“市场化”，把计划排除在社会主义市场经济之外，排除在经济社会一切领域之外，把它视为禁区，加以摒弃，我说这不仅是迷信市场的幼稚，而且是别有用心。

当然，过去早已指出，社会主义市场经济下的计划调节，主要不是指令性计划，而是指导性、战略性计划。“十一五”计划改叫规划，但规划也是计划，是指导性、战略性的计划。市场经济下计划的指导性和战略性，过去早已明确讲过。现在“计划”改“规划”，一字之差就大加炒作，真是“市场化改革”过程中的产物和笑话。还要指出，社会主义市场经济下的计划，虽然主要是指导性、战略性计划，但它必须有导向的作用、有指导的作用。如果不去导向、不去指导，放在那里做摆设，我国每五年花那么大力气编制、讨论、审查、通过五年计划，还有什么意义？所以一定要强调计划、规划的导向作用和指导作用。这样的计划，除了政策导向的规定外，还要有必要的指标、项目和必须完成的指令性的任务，如中长期规划中的巨大工程的规划、尖端科技突破的规划、环境治理规划等，短期计划里的反周期的投资计划、熨平周期的各种调控措施（很多财政、税收、金融、货币等政策措施属此类）都必须带有指令性或约束性。所以，指令性计划也不能完全排除。现在计划工作中有把计划、规划写成一本政策汇编的苗头，很少规定必须完成的和可以严格检查问责的指标和任务，很多东西可以执行也可以不执行。这样的计划工作，有改进的必要。

总之，中国的社会主义自我完善的改革，是以建立社会主义市场经济体制为目标的改革，绝对不是简单的“市场化改革”。查一查中央文件，查一查宪法、党章，哪里说过我国要实行“市场化改革”？文件中讲到改革开放，总是同坚持四项基本原则联系起来；在“市场经济”前面，总是加上“社会主义”的前置词；“社会主义”一词的内容，总是强调“公有制为主体”。而那些鼓吹“市场化改革”口号的人，几乎无一例外地不提这些关键词。有些政府官员偶尔讲过“市场化改革”，我理解那是简称，不是全意。但这些话会误导改革方向，被“市场化改革”的鼓吹者所利用。所以我认为，今后党政领导不要再受人蒙骗，不要再用这个提法。

附件

“市场化”不应是中国改革的全称
——访著名经济学家刘国光

我们改革的目标是社会主义制度的自我完善，包括建立社会主义市场经济体制。中国的改革有政治改革、经济改革、社会改革、文化改革等，改革的目标都是社会主义的自我完善，这么多领域的改革不能都叫作“市场化改革”，不能都按市场化的原则来进行。即使是经济领域也不能完全市场化。经济领域的改革是建立社会主义市场经济体制，是在国家宏观调控下，让市场起资源配置的基础性作用。这不是简单的“市场化改革”五个字能概括的。

本报记者　郭晋晖发自北京

编者按：一段时间以来，围绕改革问题，社会各界展开了热烈争论。本报也先后发表了对姚洋、华生、李剑阁、刘世锦、许小年等专家学者的深度访谈，就改革问题进行深入和理性的探讨。

我们认为，尽管目前争论颇多，但改革仍是社会的基本共识。改革是一个客观存在，也是一种历史的自觉。

十一届三中全会以来的历史证明："实行改革开放是社会主义中国的强国之路，是决定当代中国命运的历史性决策。改革开放，是新时期中国最鲜明的特征。没有改革开放，就没有中国特色社会主义。"而把社会主义同市场经济结合起来，则是一个伟大创举。"这就需要积极探索，大胆试验，尊重群众的首创精神；需要深化改革，解决体制转变中的深层次矛盾和关键问题；需要扩大开放，吸收和借鉴世界各国包括资本主义发达国家的先进技术和管理经验。"不改革，很多问题的解决就没有出路。"继续推进改革，难度会更大，工作会更复杂。我们必须拿出一往无前的勇气，在体制创新方面取得重大进展，绝不能有畏难情绪。在社会主义社会的各个历史阶段，都需要根据经济社会发展的要求，适时地通过改革不断推进社会主义制度自我完善和发展，这样才能使社会主义制度充满生机和活力。"

上述这些已经载入中国共产党新时期重要文献的论述，也是中华民族在探索伟大复兴之路上的宝贵经验。可以说，这就是一种历史的自觉。

改革是一个自我完善的过程，"各个历史阶段"都有新的、符合时代特征的命题，所以要不断深化改革。正如胡锦涛总书记强调的，充分发挥市场在资源配置中的基础性作用，同时努力加强和改善宏观调控，保证经济社会又快又好发展；要不失时机地推进改革，切实加大改革力度，同时注重提高改革决策的科学性，增强改革措施的协调性，使改革兼顾到各方面利益、照顾到各方面关切。这里面蕴含的辩证思维，对于实现更好的改革，具有十分深刻的意义。

在此次改革争论中，著名经济学家刘国光教授是一个无法回避的名字。近期，在接受本报记者采访时，刘教授对自己的观点作了一些新的充实和阐述，但主旨基本上贯彻如一。

哲学家罗素说过："不要害怕思考，因为思考总能让人有所补益。"对建构在说理、负责基础上的争论，哪怕是激烈的争论，亦应作如是观。

《第一财经日报》：这一轮关于改革的争论已经持续了两年多，有人说这是改革开放以来的第三次大讨论，您觉得与以往相比，这次争论有什么特点？

刘国光：从讨论的激烈程度上来看，这次并不亚于前几次。但这次有个奇怪的现象，争论一方的意见可以在主流媒体上发表，而另一方的意见在主流媒体上基本上看不到，但却在互联网上广为传播并产生很大的影响。

《第一财经日报》：您觉得这次争论的核心是什么？

刘国光：关于这次争论的性质，大家的认识有尖锐的分歧。有些人说，这次争论是反对改革和坚持改革不动摇的争论，但这种说法遭到驳斥，因为任何人都不能把那么多反思改革的群众、学者推到反对改革的阵营中去，把他们说成是一股反对改革和否定改革的潮流。

许多群众和学者都认为，现在争论的核心问题不是坚持改革和不坚持改革的问题，而是坚持什么样的改革方向的问题：是坚持社会主义自我完善的改革方向，坚持以公有制为主体、多种所有制共同发展的改革方向，还是坚持私有化的改革方向？是坚持社会主义市场经济为目标的改革，还是简单的"市场化改革"？

《第一财经日报》：您不久前撰文指出，两种改革观的较量无法避免，而且明确表示，意识形态的问题无法回避。这和邓小平同志的"猫论"，以及不要管姓社姓资的论断，似乎有点矛盾，您怎么看？

刘国光：首先，应该澄清一点，邓小平同志不管姓社姓资的论断是针对计划和市场的关系来说的。计划与市场这两种手段，社会主义和资本主义都可以用，它们不是两种社会制度的区别。邓小平同志并不是说改革的所有方面都不要讲社会主义和资本主义的差别。如果真是这样，他为什么还要多次强调坚持四项基本原则，还要多次提坚持社会主义的方向，坚持公有制为主体，而且还在三个“有利于”的前面加上“社会主义”的字样？我们要全面理解邓小平同志的观点。

其次，我认为无法回避的是，争论的另一方实际上是在“去意识形态化”的背后，用“私有化”“完全市场化”等资本主义的意识形态来取代社会主义的意识形态。这当然是不可以的，在关系国家社会前途的重大问题上，提倡“非意识形态化”，提倡“非政治化”，只能骗骗那些没有马克思主义常识的人。

《第一财经日报》：从您的学术经历中可以看出，您是中国比较早推动市场经济的经济学家之一。现在有人把您看作是反对“市场化改革”的代表，有人认为您是主张要回到计划经济时代。为什么会对您有这种看法？

刘国光：现在争论的一方把另一方说成是反对改革而将自己当作坚持改革的角色，其实道理很简单。

第一，今天我们实行改革开放的政策，“反改革”是罪大恶极的帽子，类似于“文化大革命”时讲你“反文革”就可以置你于死地，今天至少把你放在被动挨打的地位。第二，这样的做法是为了掩盖某些人假借拥护改革开放的旗帜，将中国导向完全的私有化、完全的市场化和两极分化。

《第一财经日报》：如今您已经年过八旬，是什么原因吸引您加入这场争论，关心这场争论呢？

刘国光：我实在是不愿意卷入。最近几年我主要是研究宏观经济，比较偏重于关注经济运行和发展问题。2005年3月中国经济学杰出贡献奖颁奖会上，我的一篇简短的答辞引起了一些争端，加上2005年7月非常偶然的机会我谈了当前经济学教学中的几个问题，网络转载后引起了很大的反响，这样就被卷入了争论中。开始的时候我也是被动的，后来我越来越感到改革方向的问题也确实是一个大问题。

《第一财经日报》：为什么近来会出现这么多对改革的反思？是不是像有人说的，当前的改革问题太多，搞不下去了？

刘国光：我认为不是改革搞不下去，改革还是在一往直前地进行。但改革过程受到了干扰，出现了一些问题，比如国企改革，国有资产流失变成某些人暴富的源泉，还有“三座大山”即教育、医疗、住房中的问题，等等。

有人说，现在改革中出现这样那样的问题，不是改革方向出了问题，言下之意，当前出现的所有问题与改革方向无关。我觉得这种判断也对也不对。总体上，我们坚持改革的社会主义方向。但在具体执行上，改革的社会主义方向在许多方面受到了干扰。比如在所有制问题上，公有制为主体的思想受到干扰，很明显，地方上的国有企业已经差不多都卖完了，相当一部分是低价或是白送。现在中央企业也要卖，甚至一些关系国家命脉的企业也有人呼吁要卖。目前，公有制经济的比例到底占多少没有人说清楚，全国政协、人大开会的时候，有委员、代表提出要有关部门公布这个数据，但没有得到答复。

又比如分配问题，收入差距越来越大，人们在忧虑，是不是出现了两极分化的趋势？这些都说明，改革正在受到干扰，如果有人认为出现的这些问题和“市场化”一点儿关系都没有，那是胡说八道。

中央现在提出科学发展观，提出建设和谐社会，我认为就是要力求排除这些干扰，使改革沿着更加正确的道路前进。但干扰还没有完全扭正过来，对改革的正确方向即社会主义方向的干扰是客观存在的。因此，说一点儿方向问题没有什么不对的。

《第一财经日报》：您认为，当前改革中所出现的问题是由

于这些干扰所导致的？

刘国光：当然，改革的有些方面还没有完全到位，改革还不尽完善，都是原因。但不能否认对社会主义正确改革方向的干扰所起的影响。人们对改革中的问题进行反思，群众反思的无非就是腐败问题、社会问题、国企改制中出现的许多问题等，并对这些提出了改进的意见。这是大家的权利，不应该动不动就说人家反对改革。这是大众反思改革的第一个原因。

第二个原因是，20世纪90年代以来，随着改革过程的深化和复杂化，中国社会利益关系的格局起了变化，一部分人富起来，一部分人暴富了，许多人生活有了改善，但相当一部分人改善不多，有一部分人利益受损，还有一部分人沦为贫穷、困难、弱势的群体。生活水平和社会地位相对下降或者绝对下降的一部分人群，对导致他们利益受损、引发贫富差距过大的社会现象不满是很正常的，对背离社会主义方向的现象表示不满，这也是很正常的。他们希望得到克服，他们是对改革的某些问题、步骤有意见，而不是反对改革本身。

这些人群包括贫困弱势群体，他们都是工农基本群众，不能把他们推向反改革的阵营。即使他们当中有一些过激情绪和片面言论，也是我们教育帮助的对象，要团结他们一致拥护和支持改革，怎么能把他们划入“反市场改革的联盟”中去呢？如同一位我们尊敬的著名经济学家所讲的那样，这实在是一种不负责任的信口开河。

《第一财经日报》：一些人认为改革过程中出现诸多问题是因为“市场化改革”不够，要加大“市场化改革”的力度，您如何看待市场化改革？

刘国光：有些人把中国的改革叫作“市场化改革”，如果“市场化”这三个字作为中国改革的简称，还勉强可以接受，但这种提法有很大的毛病和局限性；如果“市场化改革”不是简称，而是全称，将中国的改革定义为“市场化改革”那就是绝对错误。

我们改革的目标是社会主义制度的自我完善，包括建立社会主义市场经济体制。中国的改革有政治改革、经济改革、社会改革、文化改革等，改革的目标都是社会主义的自我完善。这么多领域的改革不能都叫作“市场化改革”，不能都按市场化的原则来进行。

即使是经济领域也不能完全市场化，经济领域的改革是建立社会主义市场经济体制，是在国家宏观调控下，让市场起资源配置的基础性作用。这不是简单的“市场化改革”五个字能概括的。在市场经济的前面，有一个前置词——社会主义，还有个前提条件——在国家的宏观调控下，这是党的十四届三中全会决议白纸黑字写明白的，不是一句空话，它有实质的内容。

《第一财经日报》：在一年之前您获得中国经济学杰出贡献奖的答辞中提出，这些年来，我们强调市场经济相对多了一点，强调社会主义相对少了一点；在说到社会主义市场经济时，则强调它发展生产力的本质即效率优先方面相对多了一些，而强调它的共同富裕的本质即重视社会公平方面相对少了一点。您是否早就意识到了这个问题？应该如何认识社会主义市场经济的含义？

刘国光：“社会主义市场经济”是一个完整的概念，是不容割裂的有机统一体。有人讲“市场化改革”时故意不提“社会主义”，或者将之放在可有可无的地位。但我认为，“社会主义”不是一句空话，因为邓小平多次强调过社会主义有两条根本原则：一是公有制为主体；二是共同富裕，不搞两极分化。

有些人在鼓吹市场化道路时故意将这两条忘掉、抽掉、扼杀掉，在不知不觉中叫人接受这样的“市场化改革”，特别是最根本的一条——公有制为主体，根本不提。倒是民营经济（即私有经济）已经成为国民经济的“基础”或“主体”字样越来越充斥于一些媒体、一些会议。这大概就是深化“市场化改革”的真实含义。当然，我们是要发展民营经济的，但要在坚持公有制为主体的条件下发展。党中央从来没有提过要以民营经济为主体。

“在国家的宏观调控下”是社会主义市场经济的前提条件。之所以要这条是因为，市场经济虽然在资源配置上有重要作用，特别是在竞争性资源配置上，市场确实具有优越性，在价格波动时，经济当事人自主判断、自主权利这些方面都是很好的。但市场经济在许多方面也有问题，如在宏观综合平衡上，在垄断和竞争的关系上，在资源和环境的保护上，在社会分配公平上，等等，存在很多缺陷和不足。

在这样的情况下，我们不能没有国家的干预、政府的管理。要用宏观调控来加以纠正、约束和补充市场行为，用“看得见的手”来补充“看不见的手”。

特别是中国这样一个社会主义性质的国家，社会主义公有制的地位客观上具有实现统一计划的可能性、集中力量办大事的优越性，这些都决定了我们更要加强国家的宏观调控和政府干预。市场在资源配置中起基础性作用是在国家宏观调控下发挥作用的，而且在资源配置中起基础性作用并不是一切资源都由市场来配置，有些重要资源还要由国家来配置。这也是很明白的。

总之，我们要尊重市场但却不可迷信市场，我们也不要迷信计划，但是不能把计划这个同样是人类发明的调节手段弃而不用。现在“在市场化改革口号”下，迷信市场成风，计划大有成为禁区的态势。我强调一下社会主义市场经济也要加强国家对经济的干预管理和计划调节的作用，怎么就成为想回到计划经济旧体制去了呢？“市场化改革”的鼓吹者硬要加人家这一顶帽子，只怕不能成功。

国家的宏观调控，包括计划调控、财政税收调控、金融货币的调控等，现在又加上土地调控。其实土地调控也属计划调控，现在投资调控没有土地调控不行。这些调控都是自觉性的、有意识的，是国家的集中决策，是事先的调节，都具有计划性。而市场调节完全是自发的，分散决策，而且是事后的。这种自发的事后的分散调节必然会带来消极后果，所以必须用宏观调控和计划调节来矫正，就是要由政府行为来矫正。

有人想把经济生活中的一切都交给市场，将政治、文化生活，一切都推向市场。他们将计划排除在社会主义市场经济之外，把计划排除在社会生活的一切领域之外，将计划看作禁区加以摒弃。这不仅仅是幼稚。

中国社会主义制度的自我完善的改革，以建立社会主义市场经济为目标的改革，绝对不是简单的“市场化改革”。查一查宪法、党章，查一查中央文件，我国要实行“市场化改革”？文件中讲到改革开放，总是同坚持“社会主义”在一起，总是强调公有制为主体。鼓吹“市场化”的人，几乎无一例外地不提这些关键词。有些政府官员偶尔讲过“市场化改革”，我理解那是简称，不是全意，但这会误导改革方向，被“市场化”鼓吹者所利用。

《第一财经日报》：“十一五”规划和以前最大的不同是将计划改为了规划，有人认为这是一大进步，是市场化改革的产物，您对此的看法是什么？

刘国光：“十一五”将计划改为规划，但规划也是计划，规划是指导性计划、战略性计划。我早已指出，社会主义市场经济下的计划调节主要不是指令性计划，而是指导性、战略性计划。现在计划改规划，一字之差就大加炒作，根本就没有必要，规划、计划就是一回事，英文都是plan。这是我们搞“市场化改革”的笑话。

《第一财经日报》：最近您对十个五年计划进行了系统的研究，您觉得社会主义市场经济的计划应该有什么特点？

刘国光：社会主义市场经济下的计划虽然主要是战略性的计划，但是它必须有导向的作用。如果我们定的计划不去导向、不去指导，而是作为一个摆设，国家每五年花那么多钱，付出很多成本，去编制、讨论、审查、通过五年计划有什么意义？

所以我们一定要强调计划和规划的指导作用，这样的计划除了政策导向的规定之外，还必须有必要的指标、必要的项目和必须完成的指令性任务，如中长期计划里的重大工程规划、尖端科技攻关规划、环境治理规划，等等。在短期计划中，反周期的投资计划熨平经济周期，财政、税收、金融、货币等种种措施都必须带有指令性或约束性。所以，指令性计划也不能排除。

现在我们的计划工作中，有把计划、规划写成一本政策汇编的趋势，很少规定必须完成、能够严格检查问责的指标和任务，很多东西可执行也可不执行，这种计划工作有改进的必要。

（本文原系上海《第一财经日报》记者郭晋晖2006年5月对刘国光的访谈纪要，原拟在该报发表，但被上海市委宣传部派来的高级审读员阻挠不能通过。刘国光把访谈稿改为现文，内容完全一样，在中国社会科学院《马克思主义文摘》2006年第7期等处发表，未见有任何违禁问题。现将郭晋晖当时写的访谈稿作为本文的附件，供读者参阅。）

不讲社会主义的市场经济就是权贵市场经济*

（2005年11月）

10月25日，秋日晨光照在书桌上，82岁的刘国光正伏案思索。他时而疾书，时而小心翼翼地用橡皮擦去刚写上的铅笔痕迹。由于过于专注，以至于记者来到他的办公室好一会儿，他都没有发觉。在秘书的提醒下，刘国光放下笔，谈起了他的公平经济思想。

《商务周刊》：十四届三中全会时，中央提出了“效率优先”的说法，从去年开始又不提了，对此您怎么看？

刘国光：十四届三中全会开始提的“效率优先，兼顾公平。”这是一个时期的说法，到了一定阶段，我们的生产力发展起来了，效率优先的负面作用就出来了。社会上的一些人以效率优先、将“蛋糕”做大为借口，忽视公平，先富没有带动后富。最终导致贫富差距在扩大，社会矛盾突出。

“效率优先，兼顾公平”意味着把经济效率放在第一位，把社会公平放在第二位，兼顾一下。这怎么也同更加重视社会公平搭不上界。这个提法顶多只适合社会主义初级阶段的某一段，不适用于初级阶段的整个时期。

《商务周刊》：中国的稳定在很大程度上是与速度分不开

* 本文是《商务周刊》记者访谈稿，2005年11月第22期。记者：吴金勇。

的，中国的改革如果不讲“效率”，是否会影响社会和经济的发展？

刘国光：“效率优先”不是不可以讲，但应放到应该讲的地方去讲，而不应放在分配领域。效率、效益、质量等一系列概念是与速度、投入、数量一系列概念相对应的。我们现在转变增长方式的方针，要求把质量、效益、效率作为发展的最主要因素，而把投入、数量和速度放在适当重要的地位。对生产领域来说，可以讲“效率优先”，但不能主要靠拼投入、增数量来实现经济增长。这符合正确的“发展才是硬道理”的大道理。因为不是任何发展都是大道理，不讲效益、质量的发展就不是大道理，照这样粗放地发展下去，其后果很令人担忧。

而在分配领域，效率与公平原先人们设想的是Trade Off的关系，或此消彼长的关系，即在一定范围内扩大收入分配差距有利于提高效率，缩小收入分配差距不利于提高效率，所以有优先和兼顾之说。但是后来大家研究，两者之间不单是Trade Off的关系，而应当是辩证的矛盾统一的关系，这是马克思主义的观点。收入分配差距过大和过小都不利于提高效率，要辩证统一地考虑。

《商务周刊》：更加注重社会公平，让一些人担心中国的改革是不是又回到计划经济时期了。

刘国光：绝不是。我主张更加重视社会公平、强调改革的社会主义方向，就有人说，我要回到计划经济。这真是笑话。主张更加注重公平，就要加大政府干预的作用，这与坚持市场取向的改革不矛盾。市场有好的一面，也有缺陷，如它不能很好地解决社会公平的问题，所以要政府施加力量。怎么能说这是回到计划经济呢？当然，政府必要的干预，同官僚主义、权力资本化的问题是不能混为一谈的。

在坚持市场取向的改革目标时，我们也要强调，“社会主义市场经济”是一个完整的概念，是不容割裂的有机统一体。在中国这样一个法治不完善的环境下建立市场经济，如果不强调社会主义的公平精神和社会责任，如果忽视共同富裕的方向，那建立起来的市场经济就必然是人们所称的权贵市场经济、两极分化的市场经济。邓小平早就告诫我们，如果改革造成两极分化，改革就失败了。

我们是要建立社会主义市场经济，是要建立政府宏观调控下的市场，要有政府必要的干预。不要什么都交给市场，不能迷信市场。如果过多地强调了市场，就一定会出问题。

《商务周刊》：在经济学教学与研究中，马克思主义经济学和社会主义思想被边缘化了，这是正常现象吗？

刘国光：一段时间以来，西方经济学的影响上升，成为了主流，马克思主义经济学的指导地位被削弱和被边缘化。我在江西一家高校听老师讲，学生听到马克思主义经济学都觉得好笑。在我们这样一个国家里，学生嘲笑马克思主义的现象很不正常，对这个现象我感到忧虑。

《商务周刊》：您为什么会认为，西方经济学的核心理论不适合中国呢？

刘国光：西方主流经济思想特别是新自由主义经济理论的前提和核心理论大体上包括：第一，经济人假设，认为自私自利是不变的人性；第二，认为私有制是最有效率的，是永恒的，是最符合人性的，是市场经济的唯一基础，这不符合历史事实；第三，迷信市场自由化、市场原教旨主义，迷信完全竞争的假设和完全信息的假设。其实这些假设是不存在的，比如所谓的信息完全的假设就是不可能的，消费者的信息不如生产者，垄断者的信息优于非垄断的大众，两者在市场上是不平等的；第四，主张政府作用最小化，反对国家对经济的干预和调控。这几点同中国的国情都格格不入。

《商务周刊》：经济学仅是一门科学，为什么要强调立场和意识形态呢？

刘国光：那些提出中国经济学要以西方经济理论为主流的人认为，经济学的教育不是意识形态的教育，而是分析工具的教育。但我们要明确经济学是社会科学，不是自然科学。自然科学没有意识形态和国界的问题，没有什么资产阶级的天文学与无产阶级的天文学、中国的天文学和美国的天文学之分，因为自然科学主要是分析工具的问题。但社会科学不同，它反映不同社会集团的利益，不可能脱离不同阶级、不同社会集团对于历史、对于制度、对于经济问题的不同看法和观点。马克思主义政治经济学一点也不讳言意识形态的问题，同时也非常注意分析方法和叙述方法。西方经济学作为社会科学，事实上也脱离不了意识形态，脱离不了价值观念，虽然它极力回避意识形态问题，宣扬所谓抽象的中立。但是经济人假定不是意识形态的问题吗？宣扬私有制永存不是意识形态的问题吗？宣扬市场万能不是意识形态的问题吗？这些都是它的前提。所以经济学教育不能回避意识形态，也不能去政治化。

在“刘国光经济学新论研讨会”第三次会议上的发言*

（2005年11月23日）

我讲两点吧。

第一点是今天讨论“经济学新论”的问题，其实也不是什么“新论”。这些问题是好些时候、好几年积累起来的，大概从20世纪90年代后期一直到现在。不过，现在越来越严重，就是马克思主义的边缘化，西方经济思想在我们的教学以及经济生活甚至政治生活当中的影响非常大。所以，引起大家注意，大家讨论讨论，我觉得还是很有必要的。我感觉舆论确实是很重要，如果大家都对现在形成的问题讲一点话，声音大了，有助于这个问题的解决。我是这么想。

但是，光有舆论是不够的，我们在会议上、在文章中提出的意见，需要有关部门落实。我提出来的经济学教学方针的问题、教材的问题、教学队伍的问题，还有领导权的问题等一系列问题，希望有关部门落实。

对于我7月15日同教育部社科中心的青年同志的谈话，没想到引起了这样大的波浪。大概8月份他们整理出简报，上报上去，李长春同志很快就批下来了。8月17号，李长春同志批给我

* 原载《向往》2005年12月号。

们意识形态部门的几位领导同志①，刘云山同志、陈至立同志、陈奎元同志、周济同志等，说“很多观点，值得高度重视”。我们中央同志还是很支持的，意识形态部门的各位领导我想也是重视的。但是我不知道有关部门的态度，上面高度重视，有关部门怎么样“高度重视”？怎么样研究落实？我就不大清楚。已经三四个月过去了，怎样“高度重视”？我听说，教育部派了调查组到一些大学调查。有一个大学，北京市很重要很出名的大学，我不讲名字，据说院长说，刘国光讲的跟我们这里情况不符合，我们这里没有这个情况。说刘国光同志讲的话是给教育部“抹黑”。我是听到一些，在座同志有两位也听到一些，我听的话可能不大准确，大概是这个意思。

如果所有的大学经济院系、经济所、研究室的领导都这样汇报的话，那么我的讲话就算白讲了。很可能这个问题就不了了之，解决不了什么问题。当然不见得如此。我想也不是白说，因为我把问题提出来了。我在谈话当中，讲了“领导权”的问题。这就是一个“领导权”的问题。院长、主任如果是这样汇报的话，那么就说明，我们马克思主义者不占据这个阵地，西方的经济学者占据了这个阵地，就变了。但是我想事情恐怕不至于都像北京某大学经济学院的院长讲的那样。我希望有关部门做一些切实的、真正的调查研究，认真应对。最关键的是调查、研究、落实。舆论上大家鼓鼓劲，把这个问题搞清楚、弄明白，让更多的人知道，这是很有意义的。但是如果调查、研究、落实得不好，就解决不了问题。

还有，陈奎元同志提出来，反右防“左”，我很赞成他这个意见。（主持人问：国光老师，您的意思是说“反右防‘左’”不是您首先提出的？国光老师回答：陈奎元也提过，我也赞成。

① 此次研讨会由中国历史唯物主义学会等单位于2005年11月23日在北京联合举办。

我很赞成这个意见）到了这个时候了，当然现在有些人很紧张，他们写文章说现在不能提“反右防‘左’”，现在主要矛盾还是供给与需求的矛盾。就用这样不伦不类的理由来抵制。我想针对现在思想界和意识形态领域主要的倾向是什么、我们怎么样应对，中央应该研究。我想中央是在研究，中央很英明，研究对策，迅速地对付这些事情。我说这个问题如果不解决，恐怕我们现在，我们讲和平演变，我们讲逐渐变颜色，恐怕要更快地进行下去。我担心是这样。所以，这个意见我希望也要落实。当然我们相信中央会解决。这是一点意见。

第二点意见，我最近看到于祖尧同志的讲话，他说，现在我们积极参加关于经济学教学问题的讨论，但是也不要寄过高的期望。我也抱有同感。因为现在我们感觉到阻力还是很大的，如同一些同志所讲的，经济学界的反马克思主义、反社会主义，鼓吹私有化、自由化，已经形成一种社会势力。当然他不一定是正面举旗，现在哪个敢正面地讲反对社会主义？正面讲也有，但是，躲在角落里。真正反对社会主义、反对马克思主义，鼓吹私有化、自由化的人，已经形成一种社会势力。他们在政界、经济界、学界、理论界都有支持者，有同盟军。他们有话语权的制高点。（有林同志插话：我昨天收到一个材料，市场经济研究会开会，讲什么呢？讲我们的渐进改革遇到挑战，渐进改革的思路就是先易后难，先打外围再攻坚，目前改革在攻坚，目前出现了矛盾、看法，甚至还有不小的阻力。他们把人民的声音、马克思主义的声音看成是“阻力”。）

我们现在对这个问题的讨论还是限于网络和一些民间的社团组织的集会，主要是网络上，一些媒体也开始进行很好的报道了。但是差不多四个月来，媒体上讲的“主流经济学者”，一些重要媒体，一直沉默不语。有人说，是“郎旋风”后的再次集体失语。多数人不了解情况，也不能怪他们。但是，有些人是了解情况的，在观望。我听到中国社会科学院办公厅的人讲，有人要看看刘国光有没有后台，有就紧跟，没有就紧批。有些人并不观望，心里很清楚，他们是想用沉默的办法来封杀这篇文章的影响，想躲过这一关。因为他们不敢正面交锋。于是就用游击战的那种小动作，用笔名漫骂、讽刺，这些网上也不少。大家可能也看到了。

我过去不大关心话语权一类的问题，我自己搞我自己的研究，也不大关心媒体、思想界的一些动向。我过去主要是搞一些宏观经济的研究，这些东西比较中立，所以没有遇到困难，我过去发表文章没有什么困难。我总以为，现在与过去相比，我们自由讨论的气氛还是浓厚了一些。这次被意识形态的争论卷进来了，就感觉到有“话语权”问题了，因为情况变化了，感觉有变化。我拿最近一些事情来说，我的文章在经济研究所的刊物上发表，遇到了一些困难。我做这些东西，不是仅仅一个教学问题，更是一个经济学问题，在经济学杂志上应该也登。但是，《经济研究》杂志编辑部，以种种理由，说你已经在别的地方发表过了，我们这里不方便发表，还有一些其他的理由，不想发表。后来我还是坚持要发表，他们给我这个老领导面子，我以前曾在那里任职，最后，10月份发表了。但是，发表还有一个问题，一般重点文章封面要点，对于其他经济学同行的重要文章，讲的同样是经济学问题，同样是西方经济思想问题，封面上点了，发表就点。而我的这篇就没有出现在封面上。显然态度是不一样的。所以，我感觉到在我以前工作的单位里面，也会遇到困难。这是我遇到的一件事情，他们以此表示与我划清界限：我虽然发表你的文章，但是我不点。

还有一份国务院某机关学术报纸，这个报纸有一位记者，在9月初跟我说，刘老师，我想摘发您的文章，用系列文章访谈的形式摘发好不好？我说，当然好。他主动提出的，后来没有下文。两个多月过去了，快三个月了，没有下文。我也没有在意。最近，他电话告诉我，他说这个事情，刘老师，我是报了上级，上级到现在还没有批准。国务院某机关的报纸，很重要的报纸，到现在几个月都没有批，这又是一件事情。看来，他们不感兴趣，或者感觉是一个烫手的山芋，发表也不好，不发表也不好。

另外还有一份广州的报纸，经济方面的，也是登经济学文章的，我就不讲名字了，这份报纸的记者，应我的要求，在9月份，根据我的文章，写了一篇访谈。有这么一个插曲，那个时候，因为北京大学的经济研究中心负责人在这份报纸上也发表了一篇关于经济学教学问题的文章，跟我有不同意见，我要求发我的访谈文章，那个记者也答应了。但是据告后来这个研究中心的负责人打电话通知这个报纸记者，说是他来找刘老沟通过了，跟刘老的意见差不多，所以，不要发表刘老的文章了。他是找我谈过一些问题，沟通过一些思想，我们在一些问题上有交叉，但是没有什么关系，我不是对你个人，但是我没有答应不发表我的文章，只让你的文章发，没有这个事。我只能说是他的秘书误解了他的意思，我想他不至于水平低到这种程度，他可以发表文章，我不能发表文章。而且，我那篇文章也不是针对他一个人，是整个经济学界的问题，又不是跟他个人的争论。所以我说还是要把这个访谈发出来，这个记者还是按照我的意思整理了并送我改，但是后来定稿之后一直压着不发。一直到最近，我问他的时候，他就回答，说对不起，我无能为力，现在我们内部有人事调整，无能为力，你的文章登不了。也不是我的文章，是他写的访谈不登了，什么原因？他支支吾吾说不出来，我说是不是因为文章水平不够，或者你的观点跟他们有矛盾，因此，他们不登了。他不讲。他说，刘老师你这个文章里，讲了诺贝尔奖的问题，你好像很消极，他们是很积极的，他们不同意你的观点。他只讲这么一个理由。我没有再多说，但是我心里明白，关于诺贝尔奖的事

情，我在这篇文章里面并没有多说，我只是说中国的经济学不要追捧这个东西。我只讲这个，没有什么错误的地方。为什么要追捧？我说，即使你们不同意也可以，删掉就是了，因为这篇文章诺贝尔奖只是顺带提一笔，去掉后别的还可以发，本身也不错。他就说，这个事情我没有办法。

我就不讲这个事情了。他们因为诺贝尔奖的事情就枪毙了我的访谈，实际上他枪毙的不是我，枪毙的是马克思主义！马克思主义是有生命力的，枪毙不了。

我讲这些啰嗦事情，无非是讲现在阻力很大。我过去发表文章没有阻力，现在，我接触到意识形态就知道有阻力，包括我在自己工作的单位都有阻力，写马克思主义的东西不容易发。我感觉到问题不简单。即使那个报纸很尊重我，“刘老”“著名的经济学家”，恭维得很，也一样枪毙。说明我们这一场坚持马克思主义经济学在经济学教学、研究工作，在我们经济决策工作的指导地位，是很艰巨的，是持久的斗争，我们要坚忍不拔地进行下去！

（全会场长时间热烈鼓掌）

中国十个五年计划经验教训的总结*

——《中国十个五年计划研究报告》一书的“前言”和“后记”

（2006年）

前言

从上个世纪50年代初期制定与实施第一个五年计划至今，我国在半个多世纪中已经制定和实施了十个五年计划。认真回顾和总结制定五年计划以及实施国民经济宏观管理方面的经验教训，对于完善中国社会主义市场经济理论和体制，是一件意义重大的工作。

我国制定与实施五年计划的历史，可以1978年的中共十一届三中全会为标志，大致划分为改革开放前、改革开放后两个时期。与此相对应，第一至第五个五年计划，是处于计划经济时期，而第六至第十个五年计划，则是处于转轨和市场经济时期。研究和叙述这十个五年计划，自然也就反映了这两个时期的特征。

一

从上个世纪50年代开始，中国学习和实施了苏联的计划经济

* 原载刘国光主编《中国十个五年计划研究报告》，人民出版社2006年版。

制度。但是，受中国自身条件的制约，事实上，“理想的”计划经济制度在中国难以实现，受计划管理制约的那一部分经济活动也多少“走了样”。

在各级计划干部艰辛地、不遗余力地、不懈地努力之下，计划部门在拟订经济发展战略和发展规划，制定产业政策和价格政策，监测和调节国民经济运行，搞好经济总量平衡，优化重大经济结构，安排国家重大建设项目等方面做了大量工作；同时也担负和执行了大量行政审批职能和微观管理事务。计划经济发挥了集中全国力量办工业的作用；在极端困难的条件下，初步建立了国民经济的工业体系，在历史上曾发挥了巨大的作用。但是，其中的失误也层出不穷，做了不少“无用功”。

正如本书第七章所归纳的那样，计划经济时期的五年计划，它们的制定和实施有以下几个特点：

1. 五分之四的“五年计划”未曾面世。从1953年到1980年，我国实施了五个五年计划，中间夹了1963—1965年的国民经济调整时期。其中，除1953—1957年的第一个五年计划以外，其余四个五年计划均未曾正式公布。

2. 决策的科学化难度大。第一，信息制约（信息不准确、不全、不及时）带来了盲目性。信息不全、不及时甚至扭曲，常常成为历次计划制定和实施过程中的焦点问题。由于数据不准确，即使拍了板，也经不住推敲和各种变化的要求。加之经济生活的丰富多彩、瞬息万变，希望经济信息能够及时地包罗万象，这在20世纪的资讯条件下只能是美好的空想。这也成了计划工作的最大障碍。第二，决策的形成与修订缺乏广泛参与的民主机制。第三，经济建设计划服从于政治斗争和意识形态工作，使科学决策受到干扰。第四，需求和可能割裂、投入与产出分家。第五，五年计划完成情况估计不准确。指标多变，计划完成评估的标准不明，致使计划的总结往往难以准确。其中，最典型的例子是对“二五”计划的评价——从提前两年完成到推迟三年尚未全面完成。

3. 计划实施形式趋于单一。1952年11月国家计委成立时，面对多种经济成分并存的新民主主义经济体制，国家计委实施了多种形式的计划管理制度。但是，1958年以后，随着人民公社化运动的发展，农村经济中的指令性计划管理不断加强，管理形式趋于单一，农民的自主决策和农产品的自由交换微乎其微。当经济发展受挫之后，在1961—1964年的调整阶段，市场与自由贸易的作用一度得以发挥，适应了市场松动和改进计划工作的要求，国家计委一度重新提出计划管理的多元性。这种多元性主要包括：指令性的、指导性的和参考性的计划相结合；对集体所有制和全民所有制企业的计划要有所区别，对全民所有制的企业和事业实行直接计划，对集体所有制的农业和手工业实行间接计划。国家对农村公社只下达农产品的收购计划，并对粮食、棉花、油料等主要农业生产指标提出参考性的安排意见。手工业的供产销计划，中央只管少数同国计民生有关的重要产品，其他产品均归地方管理。对于手工业生产单位生产的小商品和农村人民公社、农民个人生产的土副产品，应当在商业部门的统一领导下，运用价值法则，通过供销合同和集市贸易来促进生产、活跃交流，保证全国生产和消费的需要。但是，国民经济刚刚恢复，上述改进的方式尚未实施，就进入了“文化大革命”。不仅农民没有了经营的自主权，“三级所有、队为基础”中的生产队也失去了自主权。1966年以后，计划实施形式更单一化了：间接计划与直接计划、指导性计划与指令性计划已没有什么区别了。这种情况直到1978年以后才得到明显改变。

4. 微观管死与宏观多变。在计划经济体制下，与宏观多变并行的是企业被管得很死，没有自我更新改造的能力。20世纪50年

代，我国经济的所有制成分逐渐形成单一公有制，计划成为资源配置的唯一因素。为了集中财力、物力完成重点项目建设，企业的投资权限受到严格的限制，特别是国有企业的自主权微乎其微。

5. 以“条”“块”为特征的整体与局部分割。中央各部门（简称为“条”）与地方（简称为“块”）之间的条块分割，既是当时经济体制的重要特征，也是制定和实施五年计划过程中各类矛盾的一个焦点，反映在诸多方面。

6. 重基建轻技改。为了建立完整的国民经济和工业体系，分配基本建设投资是计划工作的重要内容和资源配置的主要手段。然而，技术改造问题也是资源配置中不可忽视的方面，不仅原有企业的技术改造工作不应忽视，而且随着新建企业的大批投产，技术进步和设备更新的要求也越来越迫切。但是，由于投资软约束，甚至无风险，地方与部门追加基建投资对计委压力很大，使计委不得不将有限资金不断向基本建设追加；同时，企业缺乏市场竞争的压力和追逐利润的激励，技术进步、更新改造的动力不足，从而加重了“一头重、一头轻”的跛足趋势。这就导致企业“复制古董”，整体技术水平原地踏步，拉大了我国企业的技术水平与世界先进水平的差距。

从另一方面来看，在计划经济时期，我国的计划工作就具有计划服从实施的特点。1955年夏天，第一个五年计划已经执行了3年，计划实施得比较顺利。7月，经过全国人民代表大会通过，第一个五年计划方正式颁布。这一过程就体现了这种特点。此后，计划一再变更的情况，存在于每个五年计划和大多数年度计划之中。这种情况既反映了在政治经济形势骤变的背景下，中长期计划的管理与实效有限，具体数字很难有理想的预见性，也在一定程度上反映了计划工作比较务实的特点。

二

中共十一届三中全会以来，中国经济进入了一个全新的大转变时期。这种转变过程可以概括为双重模式的转换：一是经济体制模式的转变，即从传统的计划经济体制转变为市场经济体制；二是经济发展模式的转变，即由过去强调优先发展重工业、实行高积累和外延型发展模式转变为经济和社会协调、效益型和可持续发展模式。在经济运行方面，中国经济也实现了由供给约束型的短缺经济形态转变为需求约束型的买方市场形态。

上述这种经济体制、经济增长方式和经济运行常态的根本性转变，必然导致五年计划的制定和实施也发生了相应的巨大变化。概括起来，大致有以下几个方面特点：

1. 五年计划的基础发生巨大变化，计划管理的基础已经发生了根本性的变化。1978年以后，随着改革开放的推进，在农村，政社合一的人民公社解体，农民及乡镇企业摆脱了政府的直接计划管理，获得了经营自主权；在城市，随着个体经济、私有经济和三资企业的迅速发展，以及国有企业的“简政放权”，特别是政府放松了对市场的控制，主动缩小了指令性计划范围，使得越来越多的企业经营活动脱离了政府的直接干预，市场调节的范围越来越大。到1992年，中共十四大正式提出市场经济改革目标和强调市场调节的基础性作用以后，不仅非国有经济依靠市场调节，政府不再直接干预其经营，而且国有经济也进入适应市场经济的体制改革和结构调整阶段。可以说，1992年以后，中国就不再是计划经济，不仅确立了市场经济的改革目标，而且逐步建立起社会主义市场经济的基本框架。当然，社会主义市场经济的成熟，是不可能一蹴而就的，还需要一个较长的完善阶段。

2. 实施五年计划的机构和方式发生巨大变化。计划管理逐渐

由脱离实际的指令性计划指标为主转变为接近实际的指导性计划指标为主。改革开放以来，政府逐渐从微观经济管理领域退出，让位于市场调节，验证了邓小平关于计划只是管理经济的手段而不是基本制度的论断。计划经济消亡了，但是五年计划却依然存在并发展着，政府的计划管理和行政干预，在维护市场调节为基础的前提下，正发挥着弥补“市场失灵”的不可替代的作用。

3. 五年计划的制定日益完善。1978年以后至今，我国已经制定了五个五年计划。与前五个五年计划相比，后五个五年计划的制定显示出明显的规范化、科学化和民主化特征。80年代初，邓小平在总结计划管理经验时就提出，我们不仅要总结过去指标过高、急于求成的教训，还要研究指标低于实际的情况。他说，根据最近的统计，1982年工农业总产值增长8%左右，大大地超过了原定的增长4%的计划。前两年还没有发生这种情况，1982年是头一次出现。这里就提出一个问题，如果我们的年度计划定低了，而实际增长速度高出很多，会产生什么影响？对这个问题，要抓紧调查研究，做出符合实际的分析。……总结历史经验，计划定得过高，冒了，教训是很深刻的，这方面的问题我们已经注意到了，今后还要注意。现在我们要注意另外一个问题。[①]从制定第六个五年计划开始，作为我国经济和社会发展的中长期计划，五年计划的制定就开始步入正规化轨道，必须经过全国人民代表大会审核通过。在编制方法上，随着市场调节范围越来越大和指导性计划指标成为主体，五年计划和年度计划的指标体系也趋于简化。人民的知情权和参与权也逐渐提高，特别是第十个五年计划的编制，更是公开征求意见和建议，形成人民群众广泛参与的局面。

4. 五年计划的实施效果有了很大提高。后五个五年计划与

① 《邓小平文选》第三卷，人民出版社1993年版，第22页。

前五个五年计划相比，有很大的差异。简单地说，主要表现在以下六个方面：第一，前五个五年计划都是以单一公有制和计划经济为目标模式，结果越搞问题越多；后五个计划，则是以多种经济成分并存发展和市场经济为目标模式，结果渐入佳境。第二，前五个计划都是贯彻优先发展重工业和进口替代战略，实行高积累，结果导致农轻重结构失衡，人民生活水平长期得不到明显改善。第三，前面五个计划都是高指标，导致经济紧运行；后面五个计划则指标普遍不高，而实际执行结果一般都超过。第四，前五个计划，除第一个五年计划在苏联的帮助下正式形成外，其余四个都没有正式形成和经人大讨论通过；后五个计划都经人大讨论通过颁布，尤其是第十个五年计划，人民参与程度更高。第五，前五个计划的特点都是不断强化政府的经济职能，政府管得越来越多，计划管理越来越依靠行政手段；而后五个计划，则是相反，政府的经济职能和权限逐渐收缩，让位于市场，政府由“全能型”向“效能型”转变。第六，前五个五年计划的经济效益，除第一个五年计划经济效益很好，但社会主义改造的后遗症也不小外，其余四个五年计划经济效益都不理想，经济增长波动很大。而后五个五年计划，则表现出政府调控和管理经济的办法逐渐走上正轨，水平越来越高，成本也越来越小，促进和保证了国民经济的持续高速增长。

三

中华人民共和国从成立至今，已经走过了56年的风雨历程。就经济和社会发展来说，与56年前的饥寒交迫相比，中国已经发生了翻天覆地的变化，进入了小康社会。回顾这段历程可以看出，中国经济和社会的发展，始终是在政府主导下发展的，其中宏观计划管理是政府领导经济建设的重要手段。

在这56年里，就宏观经济管理来说，我们经历了新中国成立初期建立在多种经济成分并存基础上的计划管理与市场调节相结合的新民主主义经济体制，经历了单一公有制基础上以行政性指令计划为主的计划经济；改革开放后又经历了计划管理与市场调节相结合的过渡体制和社会主义市场经济体制。在经济体制的急剧变动中，我们既有成功的喜悦，也有失误的挫折。但是，令人欣慰的是，我们终于找到了符合中国国情和世界发展趋势的政府管理经济的目标和模式，并以此不断地完善我们的经济体制、丰富管理经验。我们课题组承担这项研究任务并编写出这本书，目的就是推进这方面的探索。

后记

“十五”计划已经胜利结束，“十一五”规划正在制定，在中共中央提出科学发展观和建立和谐社会的今天，认真地总结50多年来制定和实施中长期发展计划的经验教训，是非常必要的。

基于上述考虑，我和经济研究所的同志们，于2001年决定写作一本系统回顾和研究新中国10个五年计划的书。此事得到中国社会科学院和经济研究所的大力支持，列为中国社会科学院重点科研项目。这项研究课题启动后，课题组的同志们兢兢业业，不辞劳苦，从大量第一手资料入手，在深入研究的基础上，用了三年多时间完成书稿。但是，作为主编，我仍然感到，由于这50多年是中国经济、社会以空前规模发展和转型时期，中国经历了社会主义计划经济和向社会主义市场经济的过渡，其间经济体制变动之剧烈、经济增长速度之快、人口由传统农业向非农产业转移规模之庞大，工业化、现代化步伐之大，都是中国历史上空前的，在世界历史上也是罕见的；其中有些问题是我们的眼界和能力难以准确把握的；有些问题由于发生不久，时间离的较近，也不容易看清楚。因此这本书的不足和遗憾之处，在所难免。希望得到计划战线的老同志、五年计划实施的亲历者和诸位专家学者指正，并准备随着五年计划的不断制定和实施，有机会加以修订和补充。

本书是课题组的同志们集体劳动的成果。第一章、第二章、第十章为武力执笔；第三章、第四章、第七章为董志凯执笔；第五章、第六章为陈东林、康健梅执笔；第八章为刘天成、陈永红、徐建青执笔；第九章为徐建青执笔；第十一章为常欣执笔；第十二章为张卓元、路遥执笔。

在本书即将付梓之际，我感谢为此书的写作与出版提供了诸多帮助的经济研究所的刘树成、人民出版社的李朱、中国出版集团的李红强以及辽宁省的赵中南等同志。在这里，我要特别感谢的是李朱——这位从中国社会科学院毕业的年轻人，他毕业后到了人民出版社下属的新华文摘杂志社工作，他为了这本图书的顺利出版、发行花费了近六个月的艰辛努力。

刘国光

2006年2月

社会主义市场经济也需要计划*

（2006年3月20日）

当前，国内有一种错误的认识在广为流传，那就是把“计划”一词完全贬义化。有些人主张什么都应该市场化，根本不需要计划，不需要宏观调控，政府只要充当“守夜人”就可以了。这种过度摒弃计划的泛市场化观念，很不正常，也是错误的。

关于计划和市场，其实在邓小平那里就早已经有定论：计划多一点还是市场多一点，不是社会主义与资本主义的本质区别。计划和市场都是经济手段，社会主义也可以用，资本主义也可以用。

强调“计划”，并不是要回到计划经济。我所指的“计划”，是在坚持市场取向改革的同时，必须有政府的有效调控干预，对市场的缺陷加以纠正，对市场的不足加以补充，对有必要的计划协调予以指导。

建立社会主义市场经济体制，就是要把市场作为资源配置的基础方式和主要手段，那就是把社会主义市场经济作为一种新的经济制度来看待。那么，“计划经济”作为一种经济制度，计划作为资源配置的基础方式和主要手段，是否就不能再起作用了。至少在社会主义整个初级阶段，不能起决定作用，那是再也明显不过的道理。但作为经济制度的“计划经济”，与市场经济制度前提下的“计划调节”，却是不能混为一谈的。这里

* 原载《中国青年报》2006年3月20日。

说的计划调节包括：战略性指导性计划，必要的政府对经济的管理和调控等。

计划经济不能完全解决微观效率和企业激励问题。但计划调节有助于促进宏观效率和增进社会福利。过去，在感受了计划经济的种种问题之后，我们开始逐渐尝试搞市场经济，那时主张的是计划经济为主、市场调节为辅。以后经过对中外经验的反复思考和研究，逐渐看到了市场经济的作用，形成市场取向改革的信念，这差不多是上世纪80年代后期90年代初期的事情了。市场经济作为资源配置的主要方式，是历史的必由之路。但是在中国，市场经济必须加上“社会主义”的定性和宏观调控的限制；而宏观调控本身就包含着计划调控。

有人评论说，那个时期，我国一批经济学家“皈依”了市场经济。但在“皈依”市场取向改革信念的同时，他们就认为，不能迷信市场。应当重视价值规律，但不要认为价值规律本身就能把一切事情管好，并把一切事情交给市场去管。

有几类事情是市场所不能解决的，比如：

第一是经济总量的平衡——总需求、总供给的调控。如果这完全让价值规律自发去调节，其结果只能是来回的周期震荡和频繁的经济危机。

第二是大的结构调整问题，包括第一、二、三产业，消费与积累，加工工业与基础工业等大的结构调整方面。我们希望在短时期内如10年、20年、30年内，以比较小的代价来实现我国产业结构的合理化、现代化、高度化。通过市场自发配置的人力、物力，财力不是不能实现结构调整，但这将是一个非常缓慢的过程，要经过多次大的反复、危机，要付出很大的代价才能实现。我们是经不起这么长时间折腾的，也花不起这沉重的代价。比如一些影响比例关系的重大工程规划必须由政府来做，反周期的重大投资活动要由政府规划，等等。

第三是公平竞争问题。认为市场能够保证公平竞争，这是一个神话。即使是自由资本主义时期也不可能保证公平竞争，因为市场的规律是大鱼吃小鱼，必然走向垄断，即不公平竞争。所以，现在一些资本主义国家也在制定反垄断法、保护公平竞争法等。

第四是有关生态平衡、环境保护以及“外部不经济”问题。所谓“外部不经济”，就是从企业内看是有利的，但是从企业外看却破坏了生态平衡、资源等，造成水、空气污染等“外部不经济”。这种短期行为危害社会利益甚至人类的生存。对这些问题，市场机制是无能力解决的。

第五是社会公平问题。市场不可能实现真正的社会公平，市场只能实现等价交换，只能是等价交换意义上的平等精神。这有利于促进效率、促进进步。但市场作用必然带来两极分化、贫富悬殊。

在我们引进市场机制的过程中，这些苗头已经越来越明显，有一些不合理的现象，引起了社会不安，影响了一些群体的积极性。对此，政府应该采取一些措施，防止这种现象的恶性发展。现在提出构建社会主义和谐社会，政府对市场缺陷的弥补作用，更不能少。

（此文由《中国青年报》记者刘世昕采访整理）

我们面临的是一场全方位改革*

（2006年7月6日）

现在出现这么多关于改革的反思，说明人民群众对改革是非常关注的。下一阶段的改革应该怎样走，改革的方向应如何正确把握？

改革还是一往直前地在进行，但是受到一些干扰，改革的过程中出现了一些问题。有一位官员说，现在改革中出现了这样那样的问题，但不是改革方向出了问题，所有问题都与改革方向无关。因为，总体上党中央是坚持改革的社会主义方向的。但具体地讲，改革在许多重要方面受到干扰，如在所有制问题上，公有制为主体问题受到干扰；如在分配问题上，社会公平问题受到干扰，等等。中央提出科学发展观与建设和谐社会方针，力求摆脱这些干扰，但是还没有完全扭转过来。这种对改革的正确方向即社会主义方向的一些干扰，是客观存在的，群众和学者对此进行反思，提出改进的建议，实属正常，也完全必要，毫无反对改革的成分。

再说九十年代以来，随着改革过程的深化和复杂化，中国社会利益关系格局起了变化。一部分人群的生活收入水平和社会地位相对下降或者绝对下降了，这些人群对导致他们利益受损、引发贫富差距过分扩大的社会现象不满，他们其实是希望这种情况得到改善，并不是反对改革本身。这些人群包括弱势贫困群体，

* 载于上海《社会科学报》2006年7月6日。

他们多是工农基本群众，不能把他们推向反改革阵营，即使他们当中有一些过激情绪和片面言论，但也是我们教育帮助的对象，要团结他们一致拥护和支持改革。如果把他们划到“反市场改革的联盟”中去，就应了一位著名经济学家所言：这实在是一种不负责任的信口开河。

一些人认为，改革过程出现诸多问题，是因为“市场化改革”力度不够。是不是仅仅加大“市场化改革”的力度就能解决一切问题呢？

我以为，一些人把中国改革叫“市场化改革”，如果是“市场化”作为改革的“简称”，还勉强可以接受，但要注意这种提法有很大的毛病。如果不是作为简称，而是把它作为中国改革的全称，把中国改革定义为“市场化改革”，那是绝对错误的。

我们改革的目标，是邓小平说的社会主义制度的自我完善，包括建立社会主义市场经济体制。中国的改革，包括政治改革、经济改革、社会改革、文化改革、政府改革，等等，不能都叫作“市场化改革”，而是社会主义制度在各领域的自我完善。这应该是明确的。国家机构改革，也只能说是为了适应建立社会主义市场经济体制的要求来进行，而不能按“市场化改革”的原则来进行。就是在经济领域，也不完全是“市场化改革”，而是“建立社会主义市场经济体制”，是在国家宏观调控下让市场担起资源配置的基础性作用，并不是简单的“市场化改革”所能概括的。在“市场经济”的前面，有一个“前置词”，还有一个“前提条件”。“前置词”是“社会主义”，“前提条件”是“在国家宏观调控下”。这是党的十四届三中全会文件中白纸黑字定下来的，并不是一句空话，有它的实质内容。

先说“社会主义”这个前置词。有些人在谈“市场化改革”时，故意不提这个前置词：“社会主义”。有些人则掩盖真实面貌，把“社会主义”置于可有可无的地位，或给予歪曲的解释。

我说“社会主义”不能当成一句空话，它有准确的内涵。邓小平说过，社会主义有两条根本原则，第一条是公有制为主体，多种经济共同发展；第二条是共同富裕，不搞两极分化。一些人在谈论走“市场化改革”道路的时候，故意把这两条抽掉，而让民营经济（即私有经济）已经成为“国民经济的基础”或“主体”的字样，越来越充斥于人们的耳膜。私有经济是要在公有制经济为主体的前提下与公有制共同发展的，但中央并没有“民营为主体”一说。

还有一个“前提条件”：“在国家宏观调控下”。之所以要这一点，非常重要的一点，就是因为市场经济虽然在资源配置上有重要的作用，特别是在竞争性的资源配置上，有很大的优越性，但市场经济在宏观经济综合平衡上，在竞争垄断的关系上，在资源和环境保护上，在社会分配公平上，以及在其他方面，也有很多的缺陷和不足，不能不用国家的干预、管理、宏观调控来加以纠正、约束和补充，即所谓用“看得见的手”补充“看不见的手”。特别是，我国还是一个社会主义国家，社会主义国家的性质，社会主义公有制经济为主体的地位，以及社会主义社会实行统一计划的客观可能性与集中资源力量办大事的优越性等，决定了更要加强国家的宏观调控和政府调节的力量。市场在资源配置中起基础性作用，是在国家宏观调控的前提下起这个作用的；而且在资源配置中起基础性作用，也不是一切资源都完全由市场来配置，有些关键性资源还要国家来配置。总之，我们要尊重市场，但不可迷信市场。我们也不要迷信计划，但绝不能把计划这个同样是人类发明的调节手段弃而不用。在“市场化改革”的口号下迷信市场成风，计划大有成为禁区的势态下，强调一下社会主义市场经济也要加强国家对经济干预管理和计划调节的作用，我认为，是对改革的冷静思考。

计划与规划。国家的宏观调控主要包括：计划调控、财税

调控、金融调控等内容，最近在我国还加上“土地调控”，其实“土地调控”也属于计划调控。这些调控都应是自觉性的、集中决策的事先调节，都是有计划性。这与市场调节不同，市场调节是自发性的，分散决策的事后调节，这种滞后调节所带来的某些消极后果，必须要用自觉的、集中决策的、事先的宏观调控和计划调节来校正，要由政府行为来校正。所以，邓小平说计划和市场都是手段，资本主义和社会主义都可以用。为什么社会主义市场经济就不能用自觉的、集中决策的、事先的计划手段，来校正市场经济的某些缺陷和不足?

当然，社会主义市场经济下的计划调节，主要不是指令性计划，而是指导性、战略性计划。十一五计划改叫规划，但规划也是计划，是指导性、战略性的计划。社会主义市场经济下的计划，虽然主要是指导性、战略性计划，但它必须有导向的作用，有指导的作用。这样的计划，除了政策导向的规定外，还要有必要的指标、项目和必须完成的指令性任务，如中长期规划中的巨大工程的规划，尖端科技突破的规划，环境治理规划，等等，短期计划里的反周期的投资计划，熨平周期的各种调控措施（很多财政税收金融货币等政策措施属此类）都必须带有指令性或约束性。所以，指令性计划也不能完全排除。现在计划工作中有把计划、规划写成一本政策汇编的苗头，很少规定必须完成的和可以严格检查问责的指标和任务，很多东西可以执行可以不执行。这样的计划工作，有改进的必要。

公平分量有多重*

——关于公平和效率关系的访谈

（2006年10月3日）

编者按：

公平与效率，是一个古老而又常新的命题。如同爱情是文学作品永恒的主题一样，公平与效率也始终是人们关注的经济领域的焦点。除了学界的交锋外，更有来自草根阶层的不同声音。

在全面建设小康社会的关键时期，在落实科学发展观、构建和谐社会的进程中，在改革攻坚阶段，究竟应该树立什么样的公平与效率观，不仅是一个重要的理论问题，更是一个重大的现实问题。

为帮助广大读者深刻理解公平和效率的关系问题，本刊记者赴北京专访了中国社会科学院特邀顾问、经济学家刘国光教授。

记者：刘教授您好，感谢您在百忙之中接受《上海支部生活·党课专刊》的采访。我们知道，长期以来，您一直坚持用马克思主义的立场、观点和方法致力于经济领域理论和现实问题的研究，非常引人注目。今天想请您就广大读者关心的话题——效率和公平的关系——谈谈您个人的看法。首先想请教您一个问题，随着改革的不断深入，可以说，我们对公平与效率之间关系的认识也有一个逐步深化的过程，对此，应如何正确理解？

刘国光：对于公平和效率的关系，我们要历史、全面地看

* 载于《上海支部生活》2006年第3期，2006年10月3日。记者：侯肖林。

待。改革开放前，我国是一个实行“平均主义”的国家，大锅饭的分配体制，使效率大受影响。

20多年前实行市场取向的改革后，逐渐讲求效率，拉开收入差距，“让一部分人先富起来”，从农村到城市，经济活跃起来，非常见效。于是，经过10多年，就把“兼顾效率与公平”作为经验总结，写进了党的十四大的决议。

但是从十四届三中全会开始，在效率与公平关系问题的提法上有一个新的变化。就是把以前的“兼顾效率与公平”，改变为“效率优先、兼顾公平”，使这两者关系，由效率、公平处于同等重要地位，改变为效率处于“优先”的第一位，公平处于“兼顾”的第二位，这是一个很重要的变化。

记者：作为一个社会主义国家，我国向来主张社会公平和公正，为什么当时要把公平放在“兼顾”的地位？

刘国光：这与我国经济长期落后、难以迅速提高人民生活水平、解决众多社会矛盾有密切关系；也与我国在20世纪90年代到21世纪初面临的国内外形势的深刻变化、带来的巨大机遇和挑战有密切关系。这种形势迫使我们积极进取，尽一切努力增大我国的国民财富和国家综合实力，所以邓小平视察南方讲话时要求我们“思想更解放一点，改革开放的胆子更大一点，建设的步子更快一点，千万不可丧失时机”，强调“发展是硬道理，是解决中国所有问题的关键”。这样就把增加国民财富总量和国家经济实力的问题突出地提出来，效率成为第一位的问题。

另一方面，制约我国提高效率的主要因素，是过去计划经济时代遗留下来的平均主义的影响。为了更快地提高效率，增加国民财富总量，就必须进一步“打破平均主义，合理拉开差距，坚持鼓励一部分地区、一部分人通过诚实劳动和合法经营先富起来的政策”。因此，党的十四届三中全会关于效率与公平关系的新提法，是适合我国当时实际情况和发展需要的，是完全正确的。

记者：社会公平是构建社会主义和谐社会的一个重要问题。十四届三中全会“效率优先，兼顾公平”提法的涵义其实是很明确的，在效率优先的同时，也注意维护社会公平。

刘国光：对，在这一时期，中央一再强调，“先富要带动和帮助后富”，“要注意防止两极分化”，丝毫没有忽视社会公平的问题。但是在实践过程中，特别是随着中国经济的发展，中国社会阶层结构逐渐发生变化，少数人借“优先”和“兼顾”之差异，有意无意地贬低、轻视社会公平和社会公正，单纯为一切聚敛财富的过程辩护，导致贫富差距越拉越大，这就不符合改革的精神了。

记者：中央提出了科学发展观，强调协调发展，强调以人为本。这是不是表明从指导思想上对公平与效率的关系已做了新的调整？也就是说，在新的情况下，应重新构建公平与效率关系的结构，向公平倾斜？

刘国光：对。十六届五中全会文件有许多新的精神值得特别关注，其中一项就是更加注重社会公平，而不再提“效率优先，兼顾公平”。如果我们留心的话会发现，在十六届四中全会的文件中，已经不出现“效率优先，兼顾公平”的提法了。五中全会继续淡出此题，表明了中央贯彻科学发展观、重视构建和谐社会的决心。这一举措深受广大群众的欢迎。

记者：为什么现在应进一步重视社会公平问题呢？

刘国光：经过20多年的改革与发展，我国经济总量、国家综合经济实力大大增强。现在已经完成GDP第一个翻番和第二个翻番，正处于第三个翻番阶段，在我国居民生活总体上已经达到小康水平的基础上向全面实现小康水平过渡，已经有一定的物质基础和能力，逐步解决多年来累积形成的贫富差距；就是说，解决邓小平提出的问题，进一步重视公平问题的时机条件，已经基本成熟。

中国改革之初，各阶层人民受改革之惠，生活改善，没有分化出明显的利益集团，普遍积极支持改革。九十年代以后，不同利益人群逐渐形成，有的在改革中受益较大，有的受益较少，有的甚至受损，对改革支持的积极性也有所变化。各阶层居民对改革都有自己的诉求。比如得益较多的利益集团中有人说：改革必须付出代价。同时也就有另一种对应的声音说：为什么付出代价的就是我们，不是你们？对立的情绪由此可见一斑。国企改革过程中一度出现“瓜分风”，引起社会震荡，引起国资委负责官员的“心情沉重”。

毋庸讳言，从目前的情况看，中国社会结构已经逐渐形成占有财富、权力和知识为特征的强势群体，和以贫困农民、城市农民工、城市失业者与下岗人员等为主的弱势群体。强势群体在公共政策的制定和实施中有很强的影响力，在社会舆论和话语权中也很有影响力，而弱势群体则缺乏相应的组织形式表达他们的利益要求，除了用上访等形式申诉其遇到的不公外，很难在媒体上发出自己的声音。这种社会缺陷亟待弥补，如果任其发展下去，则只能扩大社会鸿沟，而不利于建设和谐社会。强势群体特别是其权势集团的代言人，公然鼓吹“腐败是改革的润滑剂”，甚至还有人反对对高收入者多征税，说这是“劫富济贫”，这一说法理所当然地遭到一些正直学者和公正舆论的反驳。

记者：您曾经说，经济理论界和媒体，由于学习体会中央精神不够，囿于习惯，仍不时有宣传“效率优先，兼顾公平”的论述出现。为了深入领会中央关于收入分配问题的指导精神，有必要厘清“效率优先，兼顾公平”并不符合当前形势要求的理由，能具体谈谈您的看法吗？

刘国光：“效率优先、兼顾公平”意味着把经济效率放在第一位，把社会公平放在第二位，兼顾一下。这怎么也同“更加重视社会公平”不搭界。这个提法只适用于社会主义初级阶段的一段时期，不适用于初级阶段整个时期。另外，邓小平同志讲“在本世纪末（即2000年）达到小康水平的时候就要突出地提出和解决这个（贫富差距）问题。”如“公平”放在兼顾即第二的地位，就不可能突出地提出和解决社会公平问题。这与小平同志的指示相悖。

现在收入分配差距过大，社会不公平造成许多矛盾紧张与社会不和谐现象，潜伏隐患，不时爆发。如继续把社会公平放在“兼顾”的第二位，与我党构建和谐社会的宗旨不符。按国际公认分配公平指标，中国基尼系数已达0.45以上，超过国际警戒线；超过资本发达国家，如英国、美国、法国（基尼系数0.3~0.4）和资本福利国家，如挪威、瑞典（基尼系数0.2~0.3），我国收入分配差距不仅大于资本主义发达国家，而且是新中国成立以来贫富差距最大的时期。如果再拖下去，把公平放在“兼顾”的第二位，如何与“社会主义国家”的称号相匹配？

记者：那么，“效率优先”是不是就不可以讲了？

刘国光：“效率优先”不是不可以讲，但应放到应该讲的地方去讲，而不是放在收入分配领域。效率、效益、质量一系列概念是与速度、投入、数量一系列概念相对应的。我们党提出转变增长方式（即发展方式）的方针，要求把质量、效益、效率作为经济增长（发展）的最主要因素，而把投入、数量和速度放在适当重要地位。对生产领导来说，可以讲“效率优先”“兼顾速度”，把质量、效益放在第一位，而不能主要靠增加投入、增加数量来实现经济增长。这符合“发展是硬道理”的正确论断。因为不是任何发展都是硬道理，不讲效益、不讲质量的发展就不是硬道理，而且照这样粗放地发展下去，其后果很令人担忧。邓小平说“只要是讲效益，讲质量，就没有什么可以担心的”。所以，把“效率优先”放在发展生产的领域去讲，就合适了。

在分配领域，效率与公平人们原先设想的是“交易”的关系，即在一定范围内扩大收入分配差距有利于提高效率，缩小收入分配差距不利于提高效率，所以有优先兼顾之说。但是后来大家研究，两者之间不单是“交易”的关系，而且应当是辩证的矛盾统一的关系：收入分配越平均，人们的积极性越削弱，效率自然会低；适当拉开收入差距，只要分配程序规则公正，就会有助于提高效率；不提高效率，蛋糕做不大，难以实现持久的更多的公平措施，解决社会增多的矛盾，但是如果不讲公平，收入差距拉得过大，特别是分配程序规则不公，也会导致效率的下降，甚至影响社会稳定。这是马克思主义的观点。收入分配差距过大或过小都不利于提高效率。所以就不存在哪个优先哪个兼顾的问题，要辩证统一地考虑。

记者：还有一种说法认为，初次分配可以讲“效率优先”，再分配再讲注重公平。是不是说初次分配中的社会公平问题就不重要？

刘国光：绝不能这样认为。垄断行业和非垄断行业的畸高畸低的个人收入差距，不是初次分配问题？有些部门、企业高管人员与普通职工的畸高畸低收入差距，不是初次分配问题？一些外资（内资）工厂，把工人（特别是民工）工资压得那么低，而且多年不怎么涨，过量剥削剩余价值，不是初次分配的问题？还有说不清道不明的许多不合理、不合法、不规范的黑色收入和灰色收入，不是初次分配中产生的？初次分配秩序混乱，初次分配中的社会不公问题难道不需要重视、处理、解决？还要等到财税等再分配杠杆来调节，这在中国是远远不够的，是解决不了分配不公问题的。

所以，在收入分配领域不用再提“效率优先，兼顾公平”，也不要再提“初次分配注重效率，再分配注重公平”，而要强调更加注重社会公平，正如十六届五中全会文件所强调的。这符合改革的大势所趋和人心所向，也有利于调动大多数人的改革积极性。

记者：也有另一种忧虑，认为现在强调社会公平，会不会回到传统体制固有的平均主义？

刘国光：进一步重视社会公平，在效率与公平关系上加大公平的分量，这样做，并不是要回到传统体制固有的平均主义老路上去。

中国改革发展到现在这一步，很少人想回到大锅饭的旧体制。随着市场经济理念和运行规则深入人心，经由诚实劳动和合法经营取得的高收入和扩大的收入差距，已为广大群众所理解、认同和接受。引发不满的是体制外的灰色收入、法制外的黑色收入以及体制内由法律不健全、政策不完善造成的非规范收入。人们希望的无非是调整和纠正这些不公平现象，并改进运用再分配杠杆适当调剂贫富差距，而绝不是想触动那些合理合法的高收入。因此，强调社会公平谈不上会重新唤起传统体制固有的平均主义，使改革开放以来达成的共识受到冲击。实际生活中，目前平均主义的残余，已限制在一些国有机构、产业部门中越来越少的部分，而且国有部门单位之间也出现相当大的收入鸿沟。残余的平均主义要继续清理，但目前矛盾的主要方面已不是平均主义，而在分配天平的另一端，需要适当地校正。

应当指出的是，党的十四大提出建立社会主义市场经济新体制，是一个完整的概念，现在有些被割裂了。好像这些年来，强调市场经济多了一些，强调社会主义少了一些。而在说及社会主义时，则强调它“发展生产力”的本质即提高效率方面多一些，而强调它“共同富裕”的本质即重视社会公平方面少了一些。在中国目前这样一个法制需要进一步完善的环境下建立的市场经济，如果不讲社会主义，如果忽视共同富裕的方向，那建立起来的市场经济必然是人们所称的坏的市场经济、权贵市场经济、两极分化的市场经济。邓小平告诫我们：改革造成两极分化，改革就失败了！我们要避免这个结果，我们一定能够避免这个结果，那只有一个办法，就是要更加重视社会公平的问题！希望我们大家共同努力，为构建社会主义和谐社会而贡献自己的力量！

始终坚持正确的改革方向
推进社会主义和谐社会建设*

——在中国社会科学院学部主席团2006年12月7日主办的学习十六届六中全会决定研讨会上的讲话

（2006年12月7日）

党的十六届六中全会做出《关于构建社会主义和谐社会若干重大问题的决定》（以下简称《决定》），这是我国改革开放进入新时期、新阶段的总体战略部署。把社会和谐明确为中国特色社会主义的本质属性，有利于更好地建设中国特色社会主义，更好地实现广大人民的利益。如何推进社会主义和谐社会建设呢？我认为十分重要的一项原则是必须始终坚持正确的改革方向。这个方向是邓小平同志开拓的社会主义自我完善的改革方向，是坚持四项基本原则的改革方向，也是十六届六中全会《决定》提出构建社会主义和谐社会必须坚持的六项原则中的一项。只有坚持这个改革方向，才能保证我们国家繁荣富强，人民共同富裕，才能实现社会主义和谐社会的构想。

中国进行改革开放已经28年了。因为年头不少，成就多多，积累的矛盾问题也就不少。由于中国进入改革发展的关键时期，经济体制深刻变革，社会结构深刻变动，利益格局深刻调整，思

* 载于《中华魂》2007年第4期。

想观念深刻变化，引发了如何看待甚至“反思”改革的问题。我认为，其中的主要因素一是改革中利益关系起了变化，二是意识形态关系发生了变化。

改革初期，人们普遍受到改革之惠，所以出现了邓小平所称“全民赞成、全党赞成”的局面。90年代以来，随着改革进程的深化，中国社会利益关系格局起了变化。一些人富起来了，少数人暴富，许多人生活有了改善，相当一部分人则改善不多，相当一部分人的利益受到损害，一部分人沦为贫困弱势群体。这种社会集团的分化和利益格局的变化，不能不反映到人们对改革问题的态度上来。不反映倒是很奇怪的。意识形态的变化集中体现为两种改革观的较量。邓小平的改革观是社会主义的改革观，是我们要坚持的。但是确确实实还有一种非社会主义的或者资产阶级自由化的改革观，则是我们必须反对的。以新自由主义为主要内容的资产阶级自由化思潮，比如什么追逐私利的经济人假设的人性论，什么唯一符合市场经济要求的私有制永恒论，什么泛市场化的市场原教旨主义，什么政府只能执行守夜人职责的政府职能最小化论等，正在向我国社会经济文化各个领域渗透，对我国经济发展与改革的实践施加影响。正如胡锦涛同志所说，“意识形态领域不平静，各种非马克思主义思潮有所滋长，思想理论领域里的噪音时有出现。”这些噪音杂音是与社会和谐格格不入的。对于有些人“打着拥护改革开放的旗帜，想把中国引导搞资本主义”（《邓小平文选》第3卷第229页）的说法和做法必须采取切实可行的应对措施，有效引导社会思潮和社会舆论，否则就会削弱党执政的思想基础，甚至危及党的执政地位。所以，必须始终坚持正确的改革方向，才能保证我们顺利实现社会主义和谐社会的建设。

一些人把中国改革叫“市场化改革”，如果是“市场化”作为改革的“简称”，这勉强可以接受，但要注意这种提法有很大的毛病。如果不是作为简称，而是把它作为中国改革的全称，把中国改革定义为“市场化改革”，那显然是错误的。我们改革的目标，是邓小平说的社会主义制度的自我完善，包括政治改革、经济改革、社会改革、教育改革、医疗改革、政府改革等，不能都叫作“市场化改革”，而是社会主义制度在各领域的自我完善。就是在经济领域，也不完全是“市场化改革”，而是“建立社会主义市场经济体制”，是在国家宏观调控下让市场起资源配置的基础性作用，并不是简单的“市场化改革”所能概括的。我们搞的是社会主义市场经济。社会主义这几个字是不能没有的，是画龙点睛，点明我们市场经济的性质。至于什么是社会主义？经过拨乱反正，重新认识，虽然内涵细节有待展开，但性质方向确实是明白无误的。这就是邓小平所精辟概括的社会主义的本质和社会主义的根本原则，以及他所设计的中国特色社会主义。邓小平一再强调，社会主义有两条根本原则，第一条是公有制为主体，多种经济共同发展；第二条是共同富裕，不搞两极分化。没有这两条，就没有社会主义，也就没有中国特色社会主义，也就谈不上实现社会和谐了。

市场必须“在国家宏观调控下”起资源配置的基础性作用也是非常重要的。市场对激励企业竞争，推动经济发展，特别是对优化资源配置所起的促进作用必须予以重视，要坚定不移地进行市场取向的改革。但市场经济在宏观经济综合平衡上，在竞争与垄断的关系上，在资源和环境保护上，在社会分配公平上，以及在其他方面，也有很多的缺陷和不足，不能不要国家的干预、管理、宏观调控来加以纠正、约束和补充，所谓用“看得见的手”补充“看不见的手”。特别不能忽视的是，我国是一个社会主义国家，社会主义国家的性质，社会主义公有制经济的主体地位，以及社会主义社会实行统一计划的客观可能性与集中资源力量办大事的优越性等，决定了要加强国家的宏观调控和政府调节。我

们要尊重市场，但却不可迷信市场。我们也不要迷信计划，但也不能把计划这个同样是人类发明的调节手段弃而不用。十四大前中央领导同志解释选用“社会主义市场经济”的提法而省去“有计划”三个字时，说：“社会主义经济从一开始就是有计划的，这在人们的脑子里和认识上一直是清楚的，不会因为提法中不出现‘有计划’三个字就发生了是不是取消计划性的问题。”在“市场化改革”的口号下迷信市场成风，计划大有成为禁区的态势下，强调一下社会主义市场经济也要加强国家对经济干预管理和计划调节的作用是十分必要的。这并不是如同某些人歪曲的“要回到传统计划经济模式”。当然，社会主义市场经济下的计划调节，主要不是指令性计划，而是指导性、战略性、预测性计划，但它同时必须有导向的作用，有指导和约束的作用。

从总体上看，我国的改革坚持了社会主义方向，而且取得了举世无双的伟大成功。但与此同时改革也出现许多问题。有很多原因造成这些问题，而改革方向受到一些干扰也是一个重要原因。中央提出科学发展观与建设社会主义和谐社会方针，就是力求排除这些干扰，就是为了更好地坚持改革的正确方向即社会主义方向。中国的改革是社会主义自我完善的改革，是以建立社会主义市场经济体制为目标的改革，绝对不是什么都化为市场的简单的“市场化改革”。我们的宪法、党章，党的中央文件，都没有说过我国要实行“市场化改革”。文件中讲到改革开放，总是同坚持四项基本原则联系起来；总是在“市场经济”前面，加上“社会主义”的前置词；而且“社会主义”一词的内容，总是强调以“公有制为主体”。一些片面鼓吹市场化改革口号的人，几乎或者干脆不提这些关键词，或者为了装饰门面提一下“社会主义”，但把社会主义置于可有可无的地位；或者给“社会主义”以任意歪曲的解释。比如，他们以重新阐释社会主义或以探讨社会主义模式为名，把社会主义国家所有制诬陷为俾斯麦或者希特勒的国家社会主义；主张以私有经济代替公有经济为主体，突出西欧某些资本主义国家的民主社会主义模式；认为公有制为主体的所有制结构不值得讨论，否定中国特色的社会主义模式，等等；完全背离了宪法、党章和中央文件的精神。为了更好地把握改革方向，无论是理论界和教育界，还是宣传部门和经济部门的实际工作者，都应保持清醒的认识，始终与党中央的提法保持一致。

坚持正确的社会主义的改革方向是我们构建社会主义和谐社会的根本前提。围绕上述目标的改革，我们不仅反对笼统地把改革称之为“市场化改革”的提法，而且要通过发挥国家发展规划和政府宏观调控的有效机制，切实纠正一些侵犯人民群众根本利益的做法。我们的改革必须把人民的利益放在第一位，始终如一地坚持人民的立场。坚持以人为本，始终把最广大人民的根本利益作为党和国家一切工作的出发点和落脚点，通过进一步深化改革，处理好各种利益关系，使广大社会成员能够普遍分享改革发展成果，维护好广大人民群众的根本利益。

关于当前思想理论领域一些问题的对话*

（2007年6月）

一、全面准确地理解和贯彻党的基本路线

杨承训：首先是坚持党在社会主义初级阶段的基本路线问题。邓小平多次说过“一个中心、两个基本点”的基本路线要管100年，动摇不得。党的十六届六中全会重申“坚持党的基本路线、基本纲领、基本经验”，这是完全正确的。可是，不少人把基本路线淡化了，有些人是片面地只讲一点。我觉得，坚持党的基本路线是一个根本问题。

刘国光：是的，党的基本路线是一个纲，科学发展观和构建社会主义和谐社会都是基本路线在新时期的理论升华和展开，是基本路线基础上的创新。现在的问题是如何全面准确地理解和贯彻基本路线。

“全面”，就要把“一个中心、两个基本点”作为一个有机整体来理解，不能割裂。坚持以经济建设为中心，是发展的核心问题，或称为现阶段中国共产党执政的第一要务，而要发展就得坚持和完善社会主义基本制度，这又是两个基本点的含义。从经济学上说，就是现代化生产力与社会主义生产关系及其上层建筑

* 原载《高校理论战线》2007年第6期。

的有机统一。发展生产力是决定因素，邓小平强调的是“发展社会主义社会的生产力”，以胡锦涛同志为总书记的党中央提出的科学发展观，实质上是社会主义的发展观，生产力发展离不开生产关系这个大系统。改革是为发展提供动力，属于生产关系及上层建筑领域的事，其目的也是“有利于发展社会主义社会的生产力”。这又涉及改革的方向问题，要求坚持四项基本原则，即坚持社会主义道路、坚持人民民主专政、坚持共产党的领导、坚持马克思主义为指导，要在坚持四项基本原则的框架内深化改革、扩大开放。所以，“一个中心、两个基本点”是一个有机整体。

“准确”，就是正确把握基本路线的科学内涵，不能加以曲解。以经济建设为中心，不能理解为只要能赚钱就是发展，或者仅仅追求GDP的增长就是发展，而是以人为本、全面协调可持续的科学发展。坚持四项基本原则本来就有明确的含义，属于经济和政治的方向问题，关键是全面坚持，一个也不能少。改革是社会主义的自我完善，不能离开这个大方向；开放是保持主权和增强自力更生能力的开放，不能让外国资本主义控制我们。

杨承训：现在看来，全面准确地理解和坚持基本路线既是实践问题也是理论问题，它是建设中国特色社会主义的根本路线，与基本纲领（特别是坚持基本经济制度）、基本经验（十六大总结的十条经验）是相吻合的。应当用“坚持基本路线一百年不动摇”的信念来扫清各种错误思潮，把握正确方向。

二、改革的正确方向是什么

杨承训：近几年您反复讲坚持改革的正确方向。的确，这个问题很重要，世界上有多种多样的改革，戈尔巴乔夫、叶利钦也满口讲“改革”，国内理论界也有一些人打着改革的旗号贩卖自己的私货。请您着重谈一谈这个问题。

刘国光：改革进行了30年，取得了巨大的成绩，主要原因是党坚持了正确的改革方向。当前改革进入深水区，遇到了深层次的矛盾和问题。这些矛盾和问题，有些是在探索中缺乏经验造成的，有些是对改革的曲解、干扰造成的。对于前者，需要总结经验教训，找准前进道路；对于后者，要睁开火眼金睛，加以识别，认真排除。这样才能保证改革大业成功。当然，这个问题不是一次讲讲就行了，需要反复讲，因为有人只提坚持自己的改革方向，却不提坚持改革的正确方向，并把别人推到“反对改革”的方面去。好像既然改革是时代大势所趋，那就可以不管什么方向不方向，只要是称为“改革”就好。这种笼统讲的用意既有浅薄的一面，也有不善的一面。不善的一面是把反对在改革中搞歪理邪说的人说成“反对改革”，企图鱼目混珠、以邪压正。

我们知道，改革方向的问题有讲究。戈尔巴乔夫、叶利钦都说坚持改革，他们坚持的方向是什么？大家都很清楚。戈尔巴乔夫提出了“人道的民主的社会主义”，叶利钦提出了自由民主主义。改革的结果是把苏联的社会主义颠覆了、端锅了，把一个社会主义国家搞成四分五裂的资本主义国家。当然，我不是说苏联的体制没有问题，怎么正确地改革那是另一个问题。在中国，有些人希望我们走苏联东欧转型的道路，除了这些人，没有人赞成我们重蹈苏联“改革”导致亡党亡国的覆辙。所以，我们一定要强调坚持正确的改革方向，而不能笼统地讲“坚持改革方向”。

中国改革的正确方向是什么？这不是可以任意杜撰的，也不是突然提出来的，必须有所根据。如果没有根据，人民群众怎么会跟我们走？我们应当根据宪法、党章以及党中央的有关文件精神来确定改革的正确方向。这样，可以把改革的正确方向归结为以下几点。

（1）改革必须是社会主义的自我完善，必须坚持四项基本原则。

（2）社会主义的本质是解放生产力、发展生产力、消灭剥削、消除两极分化，最终达到共同富裕。“消灭剥削”“消除两极分化”是社会主义区别于资本主义的本质，很重要，不能不讲。

（3）宪法规定：国家在社会主义初级阶段，坚持公有制为主体、多种所有制经济共同发展的基本经济制度，坚持按劳分配为主体、多种分配方式并存的分配制度。

（4）在经济运行机制方面，建立社会主义市场经济体制。这也就是在国家宏观调控下市场在资源配置中起基础性作用。邓小平指出：“我们必须从理论上搞懂，资本主义与社会主义的区分不在于是计划还是市场这样的问题。社会主义也有市场经济，资本主义也有计划控制……计划和市场都得要。”江泽民同志也指出，社会主义市场经济并不是取消计划性，社会主义计划和市场两个手段都要用。

（5）政府的职能在社会主义初级阶段要以经济建设为中心。经济职能转向社会职能，以提供公共服务为重点，这是重要问题；但不能像有些人讲的完全退出经济建设职能，仅仅提供公共产品。这是与公有经济为主体相适应的。

以上五条可能不完全，但大体上可以回答什么是正确的改革方向。正是因为我们党和政府坚持走这条道路，改革才没有偏离正确方向。这是改革的主线。正是坚持了这条主线，改革才取得了伟大成就。

杨承训：照您的分析，正确的改革方向很清楚。但有人说，连邓小平也说，什么是社会主义，我们没有完全搞清楚，那怎么会出现清楚的正确改革方向？

刘国光：邓小平是说过没有完全搞清楚这句话，这是在改革的初期说的。经过十一届六中全会对历史问题的决议，经过十二大到十四大，经过邓小平南方谈话和一系列有关社会主义的论

述，应该说，我们对什么是社会主义和什么是初级阶段的社会主义，大体有了一个清楚的认识。这是运用马克思主义基本原理对中外历史经验进行总结得出来的结论，体现在党在社会主义初级阶段的基本路线和基本纲领、基本经验上，体现在我们在前面所讲的正确改革方向的几条上。不能说到现在我们还不知道什么是社会主义，社会主义对我们还是一团雾。如果是那样，我们靠什么来进行这场伟大的改革，这些年不是瞎摸了吗？不是的。我们已经弄清楚了社会主义的大方向，总的轮廓也有了，有待充实的是细节。

应该说，中国特色社会主义是十一届三中全会以来形成的新东西，不能像有些人所说的那样，说我们现在还在搞“斯大林模式”“毛泽东模式”“传统社会主义模式”。新的初级阶段的社会主义模式或“中国特色的社会主义模式”，也吸收了“传统社会主义”中好的东西，同时排除了不好的东西。不能把“传统社会主义”一笔勾销，不能把毛泽东时代一笔勾销。毛泽东时代有不少缺点错误，但这个时代为中国铸造出的丰功伟绩，是谁也否定不了的。

三、必须排除错误思潮对改革的干扰

杨承训：现在有些学者也口口声声讲改革，但就是不讲坚持改革的正确方向。江泽民同志曾经讲过，存在着两种改革观：一种是社会主义自我完善的改革，一种是资产阶级自由化的“改革”。邓小平在1989年5月就讲过：“某些人所谓的改革，应该换个名字，叫作自由化，即资本主义化。他们‘改革’的中心是资本主义化。我们讲的改革与他们不同，这个问题还要继续争论的。”事实上，这个争论还在继续。

刘国光：与我们党坚持的改革主线同时存在的还有另一种

改革主张，就是资产阶级自由化的“改革”。邓小平在1986年9月28日就说过：“反对自由化，不仅这次要讲，还要讲十年二十年。”1987年3月8日，邓小平讲：“在实现四个现代化的整个过程中，至少在本世纪剩下的十几年，再加上下个世纪的头五十年，都存在反对资产阶级自由化的问题。”1989年5月31日，邓小平讲：“反对资产阶级自由化，坚持四项基本原则，这不能动摇。”可见，邓小平预见到21世纪头50年资产阶级自由化在中国的顽固性，认为不可轻视。邓小平的预见不是无的放矢。在经济学领域，资产阶级自由化的表现是新自由主义经济学影响上升，马克思主义经济学地位被边缘化。我在2005年7月就讲到过这一点。

新自由主义经济理论对市场经济一般问题的研究方法及观点，有不少我们可以借鉴学习，不能盲目排斥。但要注意它的意识形态理论的核心观点。20世纪90年代以后，由于种种原因，自由化的核心理论观点，如“经济人”假设、追逐私利的人性论、私有制永恒论、市场原教旨主义、政府职能最小化（“守夜人”）理论等，在我国经济界、理论界广泛传播，对我国经济改革和经济发展施加了相当大的影响。这是不争的事实。这种影响造成改革的某些局部扭曲，引起一部分民众一些怨言和非议，这也是不争的事实。

中国改革的正确思想和新自由主义思想的碰撞是所谓“改革第三次大争论”的起端。自由化的“改革”理论打着拥护“改革”的旗帜，想把中国引到搞资本主义，也就是“私有化”“市场化”的道路上去。他们的意图是以私有化、市场化抹掉社会主义方向，把中国纳入由公有经济为主体转化为私有经济为主体的“转轨国家”行列。

一些同志不知“转轨国家”一词的内涵。有些人把中国改革和东欧剧变等量齐观，如最近有人说“苏联解体、东欧剧变，中

国走上改革开放的道路”，都属于“民主社会主义”的胜利，不知道中国的改革是社会主义的自我完善，是坚持社会主义的，而苏东转轨是转到资本主义那里去了。他们把中国、苏联、波兰、匈牙利等都叫作“转轨国家”。目前，已经有人给“转轨国家”下了“准确定义”：“国有制为主导转为市场为主导、私人经济为主导的历史性转变的国家。”这是波兰学者科勒德科2006年10月6日在北京大学中国经济研究中心讲话里讲的，该研究中心2006年第59期《简报》刊发了讲话的主要内容。因此，我们不能稀里糊涂地人云亦云，把中国也说成“转轨国家”，即以公有制为主体转到以私有制为主体的国家。

我历来对“转轨国家”的提法有保留意见。几年前《转轨》杂志在北京开会时，我就讲过“转轨国家”的提法不妥当。假如把“转轨”限制在国家行政计划指令为主转向市场调节为主，还说得过去。但中国的“转轨”还要保持一定的政府调控，保证计划性。江泽民同志十四大前在中央党校发表的讲话中，在解释选用“社会主义市场经济”的提法而省去“有计划”三个字时说，“社会主义经济从一开始就是有计划的，这在人们的脑子里和认识上一直是清楚的，不会因为提法中不出现‘有计划’三个字就发生了是不是取消计划性的问题。”邓小平也说过，计划和市场都是手段，都要用。现在一讲计划，就有人扣你帽子，就说你想回到计划经济体制去，说你反对改革。我们说社会主义市场经济是在国家宏观调控下让市场在资源配置中起基础性作用，不能变成“市场原教旨主义”，不能一切都市场化，把中国改革笼统地叫作市场化改革。

四、警惕挂着“社会主义”招牌的错误思潮

杨承训：您提出要坚持社会主义方向的改革，反对不讲社会

主义方向的改革以后，各种假借“社会主义”之名的“改革”主张纷纷出场，鱼目混珠，您注意到这个现象没有？

刘国光：是的。我也发现所谓“第三次大争论”的内容，在争论的过程中发生了一些戏剧性的变化。有些资产阶级自由化顽固分子基于私有经济大发展的事实，欢呼所有制改革已经成功，经济改革已经基本告一段落，呼吁进入民主化的宪政改革，“新西山会议”便是一例。另一些人辩解说他们不是不要社会主义的改革，但是他们对社会主义的理解不同，认为社会主义的模式不同。这就应了我在过去文章中讲的，有些人只讲市场化改革，不讲社会主义；有些人假惺惺地讲一下“社会主义”；有些人任意歪曲社会主义。现在，不讲社会主义的少了，任意解释社会主义的东西多起来了。比如“人民社会主义”“宪政社会主义”“幸福社会主义”等。由于社会主义在人们心目中有崇高地位，逼得反对它的人也不得不披上“社会主义”的外衣。

有一份刊物几次引用瑞典前首相帕尔梅的话说，现在社会主义的定义有160多种，想让我们在这方面达成共识，太难了。最近还是这份刊物，又推崇英国学者费里浦斯算过有260多种社会主义，瑞典艾尔法说有1500多种社会主义的说法。他们试图以此引导我们来混战一场。其实，马克思、恩格斯早就在《共产党宣言》中讲过有不同的社会主义：封建的社会主义，小资产阶级的社会主义，资产阶级的社会主义等，并对这些“社会主义”一一加以批判，做了科学的分析。只有科学社会主义才能代表工人阶级，指导劳动人民获得解放。不是随便哪一种社会主义都可以选择。今天的中国已经做出了选择，即中国特色社会主义。邓小平和我们党所确立的正确的改革方向，是我们党几十年经验教训的总结，是我们的正确选择。这就是我们的标准。怎么还要另外选择？有些人不顾宪法、党章的规定，不顾党的基本路线、基本纲领，不要四项基本原则，他们这样做，胡搅

蛮缠，实在是太离谱了。

现在有人喜欢提出各种不同的社会主义模式供人选择。这些花样繁多的模式，总的思想脉络离不开新自由主义和民主社会主义那一套，骨子里都是在同正确的改革方向对着干，同四项基本原则对着干。下面我们稍稍解剖一些例子。

“社会主义新模式”。据发明者说，这个新模式是由四个要素整合起来的，即①多种所有制形式并存的混合经济；②市场经济；③按劳分配与按生产要素分配相结合；④社会主义民主政治。这四个要素能构成社会主义吗？

①“多种所有制形式并存的混合经济”，这里没有讲对社会主义初级阶段最重要的公有制为主体，只有混合经济，抽掉了社会主义的经济基础。②“市场经济”，这里没有讲国家宏观调控下的社会主义市场经济，这样的市场经济就没有前提了，也不知道是什么性质了。③“按劳分配与按要素分配相结合”，这里没有讲按劳分配为主体，只讲结合。我同意你的观点，是所有制关系决定分配关系。按劳分配为主体是与公有制为主体配对的。如果不讲公有制经济为主体，当然也不会有按劳分配为主体，那就只好按资分配和按劳动力的市场价格分配，引向两极分化。④社会主义民主政治。社会主义民主政治只能建立在以公有制为主体的经济基础之上。作者也说民主政治的核心是坚持党的领导。坚持共产党的领导当然是坚持社会主义最重要的因素之一，但共产党领导的如果不是以公有制为主体而是以私有制为主体的经济，不是按劳分配为主体而是按要素分配的经济，恐怕这个共产党本身就要变质变色。大多数劳动人民不希望这一点，我相信中国共产党也绝不会走上这条路。总之，四要素构成的“社会主义新模式”是资本主义自由化的模式而不是科学社会主义模式。

“人民社会主义模式”。人民社会主义模式之所以引人注意，是因为它是由国家体制改革的重要研究机构的领导人提出来的。他说“人民社会主义”具有五个特征：①以民为主；②市场经济；③共同富裕；④民主政治；⑤中华文化。以上五个特征有些用词是抄自中国特色社会主义，但总体上掩盖不住反社会主义的实质。社会主义的实质和特征是什么？马克思主义的经典著作、《中华人民共和国宪法》中早已有规定，中国改革的创始人和总设计师邓小平早已有阐述，我们都很熟悉。建立公有制、消灭剥削是社会主义的根本特征。在社会主义初级阶段为了大力发展生产力，应该实行以公有制为主体、多种所有制经济共同发展的经济制度，实行以按劳分配为主体、多种分配形式并存的分配制度，实行国家宏观调控下有计划性的社会主义市场经济，还要实行人民民主专政。但是在所谓“人民社会主义”的五个特征那里，公有制为主体没有了，宏观调控下的社会主义市场经济没有了，工人阶级领导的以工农联盟为基础的人民民主专政没有了，马克思主义的指导思想也没有了，用中华文化来代替马克思主义在意识形态领域的指导地位。发明者一忽儿把社会主义国家的国有经济与俾斯麦的烟草公司、铁路国有化，希特勒的国家社会主义混为一谈，说什么国有经济的比重不是社会主义的标志，一忽儿又不得不提一下公有制为主体的基本经济制度，言不由衷，逻辑混乱，前后不一贯。这也是“打左灯向右拐”的必然现象吧。

总之，“人民社会主义”模式五个特征里，坚持四项基本原则都没有了，还叫什么社会主义？一堆不着边际的辞藻，任何资产阶级政党都能接受。

五、从“新自由主义”到“社会民主主义”

杨承训：最近谢韬在《炎黄春秋》上公开发表一篇文章说，“只有民主社会主义才能救中国”，并且歪曲和篡改了恩格斯的原意，竟然说恩格斯也放弃了科学社会主义。这种思潮值得特别

注意。

刘国光：在挑起“社会主义模式”的论战前，那些赤裸裸地不讲社会主义、只要“市场化改革”的思潮，不需多少学问就可以嗅出它的“新自由主义”的味道。在“新自由主义”成为过街老鼠以后，某些人一窝蜂地投向“社会主义”，讨论起“社会主义模式”来，明白人就嗅出其“民主社会主义”的味道。你从某些刊物连篇累牍地介绍和吹捧“民主社会主义”，介绍和吹捧瑞典经验，就可以看出来他们要在中国改革中打出这个旗号了。果然不错，谢韬先生承担了这一“光荣使命”，勇敢地在《炎黄春秋》推出了《民主社会主义与中国前途》，“打了一个漂亮的擦边球”（港报语），想要改变我们党的指导思想，在我们党和国家的性质和发展道路上改弦更张。

他从外国端来的一套构成民主社会主义模式的东西，除了“福利保障制度”这一点，因为别的模式没有突出提出来，我们后面将有所论述外，其余“民主宪政”“混合所有制”“社会市场经济”，与他的国内同行推出的先行模式大体一样，没有什么新鲜的东西，我们也不再论述。只是在歪曲解释恩格斯1893年同法国《费加罗报》记者谈话，胡诌《资本论》第三卷推翻了《资本论》第一卷，以此论证伯恩斯坦修正主义是马克思主义“正宗”上面，他与国内先行同行相比，有独到之处。但是这些“论据”，最近已被研究马克思主义的专家们的一系列考证所击碎，我也用不着重复了。他把“民主”二字放在“社会主义”的前面，作为“民主社会主义模式”向我们党推荐的时候，难道不知道西方社会民主党人反复把他们自己思想体系的名称，在“社会民主主义”和“民主社会主义”之间改来改去？东欧剧变以后，又把20世纪50年代起改称的“民主社会主义”颠倒回来，改成“社会民主主义”，以回避在东欧剧变中已被资产阶级妖魔化了的“社会主义”对自己的牵连。他们不再把“社会主义”视为奋斗追求的目标制度，放弃从资本主义过渡到社会主义的要求，而满足于现存资本主义制度的点滴改良。在社会党人自己已经不用“民主社会主义”概念而改用“社会民主主义”概念的情况下，谢韬还把他们的那一套称为“民主社会主义模式”推荐给中国共产党，要求实行，岂不令人笑掉大牙？

不可否认，社会民主主义在瑞典等少数国家的社会福利保障方面，确实创造了不少好东西，这也是他们借鉴社会主义国家福利制度好经验的结果。这些国家创造的一些做法，回过头来也值得我们借鉴学习。但是社会民主主义的历史作用，在于它帮助资产阶级缓和了资本主义社会的矛盾（并没有消除矛盾），在于很好地保证了垄断资本的所有制和金融寡头的统治，即资本对劳动的专政。正如它的代表人物曾经承认的，社会民主主义不过是“资本主义病床旁边的医生和护士”。据中国社会科学院的一项研究（徐崇温的研究）表明，在瑞典，95%的生产资料掌握在100个大家族手中，17个资本集团支配着国民经济命脉，仅占人口总数0.2%的人口控制着全部股票的2/3，仅占人口总数5%的富翁约占全部财富的1/2以上，以致在社会民主党政府提出“雇员投资基金方案”时，遭到大大小小雇主的激烈反对，使得试图对生产资料私有制有所触动的“基金社会主义”流于失败。

六、评所谓“执政者打左灯、向右拐”

杨承训：谢韬宣称，“十一届三中全会以来实行改革开放的一系列政策”“都属于民主社会主义”。又说江泽民和胡锦涛迈出了新的步伐，“标志着中国走上了民主社会主义的道路”。他还说：现在我国的“执政者采取‘打左灯、向右拐’的策略”。这些话用心叵测。好像是想把中国共产党逼到非表态不可的地步。

刘国光：把十一届三中全会以来实行的改革开放政策说成是“民主社会主义”，不值一驳。就拿他自己举的例子，“废止单一的公有制，实行多种所有制的共同发展”来说，这项政策还有关键性的“公有制为主体”的“社会主义基本经济制度”的限制，怎么能说这项政策是民主社会主义的政策？谢先生讲“为了避免修正主义之嫌，我们称之为中国特色的社会主义道路”，这一句话连同他讲的现在我国“执政者只能采取‘打左灯、向右拐’的策略”，倒是把他的真实意思凸显出来了。按他的说法，现在称为“中国特色社会主义”，是“打左灯”，是虚的；实际执行的是“民主社会主义”，是“向右拐”，是实的。

这是非常阴险的说法。我以前认为，中国的右派喜欢讲“打左灯、往右拐”，大概是出于他们有些人做贼心虚的阴暗心理，就像“新西山会议”上有人讲的，“现在不好明说，说不得”，“亮不出来”，“只能遮遮掩掩，躲躲闪闪，畏畏缩缩”地说出来，是这样的心理在作怪，只好“打左灯、向右拐”。为什么呢？因为在毛泽东为首的中国共产党人和中国人民经过长期浴血奋战而建立起来的中华人民共和国，有共产党关于党的工人阶级先锋队性质的规定，有《中华人民共和国宪法》关于国体和基本经济制度的规定，有邓小平关于四项基本原则的多次言之凿凿的申明，有中国人民捍卫宪法保卫社会主义的决心和警惕的眼光，这些是想要改变中国政权性质的资本主义势力不可逾越的障碍。他们要干这样的事情，就不得不心神不宁，理亏心虚，左顾右盼，采取“打左灯、向右拐”的策略。

我先前以为，只有极少数心怀不轨的人，才有这样的心理和行为。但是现在经过谢韬先生的指点，才晓得原来在他们眼里，中国“执政者”也是这样。我想，第一，这是谢先生无中生有，是对我们党政领导的污蔑。我们的各级党政领导，大多是坚定的马克思主义者，特别是中央领导，是坚持四项基本原则的，怎么会“打左灯、向右拐”，表面上一套，实际上又一套呢？第二，谢先生知道，在我们体制内部，有一小部分理论糊涂者、思想变节者，特别是利益攸关者，同情、响应和照着谢先生的社会民主主义方案，用“打左灯、向右拐”的办法神不知鬼不觉地去干。客气一点儿说，谢先生在这里说漏了嘴。谢先生也是我们体制内的人。当然，他不是执政者。可是在执政者队伍中间，有没有这样的人呢？从谢先生的语气看，他很有把握地肯定是有。我们也知道，毛泽东、邓小平一再告诫我们，问题出在共产党内。苏联覆灭的教训，更证实了这一点。所以，我们一定要警惕，要防范出现这样的人物和事情，要按中国共产党章程，清理这样的人物和事情。

谢先生的挑战，逼着我们党回答他提出的问题。是不是像他所说的，改革开放一系列政策都属于“民主社会主义”？江泽民、胡锦涛的举措标志着中国走上了“民主社会主义”道路？有些同志建议权威方面应当做出回答。我倒觉得，以我党权威之尊严，犯不着理会这样一个变更了信仰的共产党员提出来的不像样子的主张。但是可以放手让马克思主义者在主流媒体上对这种企图改变党和国家性质的错误思潮，进行彻底的批判，以防它搅乱人们的思想，误导改革的方向。这是至少应该做的。

七、意识形态领域既要容许“多样化”，更要强调“主旋律”

杨承训：看来，当前意识形态领域很不平静。这与建立和谐社会并不矛盾。我们要通过解决不和谐达到和谐。对于错误的思潮，你认为应该怎样正确对待？

刘国光：现在意识形态领域不是有“多样化、主旋律”的说法吗？社会利益多元化后，非马克思主义、反社会主义思潮的出现，是不可避免的。但是要有一个度、一个边。不能让这些错误思潮把人们的思想搞得乱七八糟、六神无主，不能让这些错误思潮把改革与发展的方向引入歧途，像戈尔巴乔夫导致灾难后果的“多元化”“公开性”那样。所以，在实行多样化的同时，一定要强调“主旋律”，强调切实地而不是官样文章地宣传马克思主义，强调宣传科学社会主义，强调宣传坚持四项基本原则和改革开放的中国特色社会主义。要给宣传正确思想、批判错误思想的人以更多的说话机会，或者话语权。批判与反批判从来就是追求科学真理的必由之路，各种思潮的和平共处并不有利于和谐社会的建构，这一点并不像某些同志所幻想的那样。当然，要防止利用争鸣来制造社会不和谐的杂音。

但是现在舆论界的情况不完全是这样。许多很好的马克思主义文章，批判反马克思主义和反社会主义的文章，不能在主流媒体上发表。而新自由主义的东西，民主社会主义的东西，倒是畅通无阻。近两年我写的一些力求坚持与中央保持一致（我这样看，有关领导部门也这样看）的文章，某些媒体，包括我们自己党政机关办的媒体，不愿发也不敢发，生怕沾上“反对改革”的边。我感谢另外一些媒体和网络的信任，使我有了说话的地方。这是我几十年来从来没有过的经历。这个现象十分奇怪。不是我一个人有此感受，好多正直的作者都有这种感受。所以，我再利用这个机会，呼吁要加强主旋律的一面，让马克思主义、科学社会主义，真正占领舆论阵地，真正成为意识形态领域的主流思想、指导思想。

杨承训：最后，还有一个问题，“民主社会主义”思潮在中国的猖狂发作，是不是同干部队伍学习马列主义不够有关?

刘国光：是有关系。谢韬先生从反面教育我们，必须认真学习马列主义、毛泽东思想、邓小平理论和“三个代表”重要思想等，特别是要读重要的经典著作，才不至于上理论骗子的当。多年来我们注意抓干部的各种专业学习，但却很少组织党和国家各级干部认真学习马列主义著作，特别是多年不组织干部学习重要的马列原著。而我们记得，毛泽东时期对此抓得很紧。学原著，有助于了解马克思主义最基本的东西是什么、不是什么，有助于我们识别真假马克思主义，不让理论骗子有空可钻。这对于领导干部来说，尤其重要。

杨承训：刘先生今天讲得很深刻。我想起邓小平晚年的告诫："坚持社会主义，防止和平演变。"要出问题首先出在内部。直到1993年9月，他还特别强调不能改变基本路线，"就是要坚持，不能改变这条路线，特别是不能使之不知不觉地动摇，变为事实"。作为代表人民利益的马克思主义者，我们必须毫不动摇地坚持基本路线，排除一切错误思潮的干扰，坚持和阐发党的创新理论。

关于分配与所有制关系若干问题的思考*

（2007年）

关注生产关系和分配关系，是邓小平改革理论的重要部分。应正确评估当前中国贫富差距扩大的趋势，认识到这种现象出现的最根本原因在于所有制结构的变化。在实际经济生活中和思想理论层面，确实存在干扰“公有制经济为主体”的“私有化”倾向。所谓“公有经济低效论”是个伪命题。“国退民进”的认识与做法不容忽视。增强国有经济的控制力，应从国企的数量、布局与结构、改革决策的制衡监督与公共参与等方面做进一步的研究。在现阶段，我们要继续毫不动摇地发展私有经济，发挥其积极作用，同时必须毫不动摇地坚持发展公有制经济，坚持其主体地位。这样，才能够保证我国社会主义基本经济制度的巩固发展，永远立于不败之地。

一、邓小平关注分配问题

邓小平的社会主义改革理论中，人们注意到他对分配问题的关注。如在论述社会主义本质时，他先从生产力方面讲了社会主义是解放生产力和发展生产力，然后又从生产关系方面讲了消灭

* 原载《中国社会科学内刊》2007年第6期。

剥削，消除两极分化，最终达到共同富裕。生产关系落脚在消除两极分化，达到共同富裕，这是属于分配领域的问题，要通过社会收入和财富的分配才能体现出来的。

邓小平又多次讲过，社会主义“有两个根本原则”、“两个非常重要的方面”。一个是“公有制为主体，多种经济共同发展”，一个是“共同富裕，不搞两极分化”。第二个“重要方面”或“根本原则”讲的属于分配领域，同“本质论”所讲的“消除两极分化，达到共同富裕”完全一致。

邓小平对社会主义的本质、根本原则，作了精神一贯的许多表述。他讲的东西可以说是社会主义的构成要素，如解放生产力，发展生产力，公有制为主体，消除两极分化，等等。就是说，没有这些东西，就构成不了社会主义。但在这些要素中，他又特别强调生产关系和分配关系的要素。比如说，社会主义改革的任务当然是要发展生产力，但是如果单单是发展生产力，而不注意社会主义生产关系的建设和改进，那么社会主义改革也是难以成功的。他的非常经典的一句话，“如果我们的政策导致两极分化，我们就失败了”[①]，很鲜明地说明了这一点。GDP哪怕增长得再多再快，也不能改变这个结论。这证明分配关系这一要素，在邓小平的社会主义改革理论中，占有何等重要的地位。

邓小平假设的“改革失败”，不是指一般改革的失败，而是讲社会主义改革的失败，或者改革的社会主义方向的失败。因为社会主义是必然要有消除两极分化、达到共同富裕的要素的。很可能生产力一时大大发展了，国家经济实力大大增强了，GDP也相当长时期地上去了，可是生产出来的财富却集中在极少数人手里，“可以使中国百分之几的人富裕起来，但是绝对解决不了百分之九十几的人生活富裕的问题”[②]，大多数人不能分享改革发

① 《邓小平文选》第三卷，人民出版社1993年版，第111页。

② 同上书，第64页。

展的好处。这样一种改革的结果也可以说是一种改革的成功，可是这绝不是社会主义改革的成功，而是资本主义改革的成功。

很明显，共同富裕，消除两极分化，是社会主义最简单、最明白的目的。这是社会主义区别于资本主义，社会主义改革区别于资本主义改革的最根本的东西。

“解放生产力、发展生产力”，也是社会主义的构成要素。社会主义绝不等于贫穷，绝不能满足于不发达，这是常识。任何一个消除生产力发展桎梏的新的社会生产方式，包括资本主义生产方式，在一定时期，都有“解放生产力、发展生产力”的作用。但不是任何一种社会生产方式都能够解决“消除两极分化、达到共同富裕”的问题。只有社会主义生产方式才能做到这一点。中国由于生产力落后，经济不发达，在社会主义初级阶段提出解放和发展生产力也是社会主义本质要求，这是顺理成章、非常正确的，但这不是社会主义的终极目的。社会主义的终极目的是人的发展，在经济领域的目的是人们共同富裕。邓小平的社会主义“本质论”中，特别强调“共同富裕”这一要素，他说，“社会主义最大的优越性就是共同富裕，这是体现社会主义本质的一个东西”[①]，就说明了这一点。所以在理解邓小平社会主义本质论的内容时，绝不可以仅仅重视发展生产力这一方面，而不更加重视调整生产关系和分配关系这一方面。

邓小平重视社会主义分配问题，是他毕生为社会主义奋斗的心血结晶，越到晚年这方面的思绪越不断。他在临终前不久对弟弟邓恳说，“十二亿人口怎样实现富裕，富裕起来以后财富怎样分配，这都是大问题。题目已经出来了，解决这个问题比解决发展起来的问题还困难。分配的问题大得很。我们讲要防止两极分

① 《邓小平文选》第三卷，人民出版社1993版，第364页。

化，实际上两极分化自然出现”[①]。这些有丰富内涵的警句，实在需要我们认真思考研究。

当然，邓小平不只是重视社会主义分配关系即消除两极分化问题，他更为重视与分配有关的整个社会主义生产关系，特别是所有制关系问题。在他看来，避免两极分化的前提是坚持公有制为主体，他说：“只要我国经济中公有制占主体地位，就可以避免两极分化。”[②]又说，“基本的生产资料归国家所有，归集体所有，就是说归公有”，“到国民生产总值人均几千美元的时候，我们也不会产生新的资产阶级”[③]，也是这个意思。所有制关系决定分配关系。这是马克思主义政治经济学理论中极其深刻的一条原理，有着极重要的理论意义和政策意义。我们有很多同志往往没有注意这一条马克思主义的重要政治经济学原理，本文后面还要论及这条原理。我想在这里提醒一下，让我们大家都来注意这一条真理，学习这一条真理。

二、正确评估中国贫富差距扩大的形势

改革开放以来，在分配领域，我们党遵循小平的正确思想，克服了过去在实行按劳分配原则中曾经有的平均主义倾向（过去也不能说完全是平均主义，按劳的差别还是有的，但是平均主义倾向相当严重），实行让一部分人、一部分地区先富起来，带动大家共同富裕的方针。经过将近30年的改革实践，社会阶层分化，收入差距大大拉开，但还没有来得及实现先富带后富，实现共同富裕的目标。这对于经济的大发展，暂时是有利的；同时也

① 《邓小平年谱（1975—1997）》（下），中央文献出版社2004年版，第1364页。

② 《邓小平文选》第三卷，人民出版社1993年版，第149页。

③ 同上书，第90—91页。

带来了深刻的社会矛盾，引起公众的焦虑和学者的争论。

争论的焦点问题之一，是中国现在贫富差距是否已经扩大到"两极分化"的程度。这个问题，邓小平为了提醒、警告，曾经作为假设，一再提出过；并没有预言这种假设一定会变为现实。因为邓小平把这个假设提到突出的政治高度，所以问题就非常敏感，争论也非常激烈。往往各执一端，谁也说服不了谁。

对当前中国社会贫富悬殊是否达到"两极分化"，主要有两种意见。肯定的一方忧国忧民，列举一些事实和数字，应用国际上通用的指标，如基尼系数、五等分或十等分分配比较法等，来加以论证，并用社会上一些人穷奢极欲地消费，另一些人生计困难的事实来验证说明：两极分化已被小平同志言中，希望尽快地改变这种状况。否定的一方则认为，现在虽然富者愈来愈富，但贫者并不是愈来愈穷，而是水涨船高，大家都改善了生活，否认国际上通用的指标适用于中国，断言基尼系数的提高是市场经济发展不可改变的必然趋势，认为提"两极分化"是故意炒作，反对改革。

很显然，以上两种观点代表了社会上两种不同利益集团的看法。一种是代表资本、财富和某些社会精英的看法；一种是代表工农为主体的一般群众。我不能完全免俗，完全摆脱社会不同利益集团的影响，但是我主观上力求试着超脱一些。所以，我对于中国现在是否已经"两极分化"的问题，一向持慎重态度。

四年以前（2003年），我在《研究宏观经济形势要关注收入分配问题》一文中指出："目前我国居民基尼系数大约在0.45。……基尼系数还处于倒U形曲线的上升阶段，随着市场经济体制的深化，客观上还有继续上升的趋向。所以，我们不能一下子强行提出降低基尼系数，实行公平分配的主张，而只能逐步加重公平的分量，先减轻基尼系数扩大的幅度，再适度降低基尼系数本身，逐步实现从'效率优先，兼顾公平'向'效率与公平并重’过渡。”[①] 2005年4月，我在《进一步重视社会公平问题》一文中说：“收入差距扩大到承受极限，很可能与达到两极分化相联系。我们现在显然不能说已经达到两极分化（这是邓小平说改革失败的标志），也不能说达到承受极限。基尼系数客观上还在上升阶段，如不采取措施则有迅速向两极分化和向承受极限接近的危险。”[②]

我现在基本上还是持这个谨慎态度。为什么要持这样比较中性（贫富差距还未达到不能承受程度的两极分化），又有一定的倾向性的观点（要认真及时解决，否则有接近两极分化、承受极限的危险），而不采取前述两种极端的观点呢？我有以下一些考虑。

两极分化是马克思在《资本论》中阐述过的资本主义积累的一般规律所制约着的一种社会现象，即一极是财富的积累，一极是贫困的积累。财富的积累是一个无限扩大的过程，而贫困的积累则经过“绝对的贫困”到“相对的贫困”的转化。绝对贫困基于资本与劳动的分离，劳动能力是工人唯一能够出售的东西，资本天然地会为了利润最大化而利用自身的优势和工人之间的竞争，拼命压低工资和劳动条件，这一过程与产业后备军、劳动人口的相对过剩相连，工人阶级的贫困同他们所受到的劳动折磨成正比，这就是“绝对的贫困”的积累。但是，随着生产率的提高，工人阶级斗争的发展，以及资产阶级政府被迫举办的福利措施，工人的绝对工资福利水平会提高，但劳动与资本的分配比例关系，仍然继续朝着有利于资本、财富积累的方向进行，使劳动阶级由“绝对贫困”转入“相对贫困”，财富积累和贫困积累两极分化现象仍然持续下去。一项研究用大量的材料表明，在私有化、市场化、民主化和全球化中，无论在实行议会制的发达国

① 《刘国光文集》第十卷，中国社会科学出版社2006年版，第510页。

② 同上书，第588页。

家，还是实行议会体制的发展中国家，两极分化加剧的现象目不暇接。

当然，中国的情况与实行议会制度的发达国家和发展中国家不一样。但相比劳动人民从绝对贫困的改善，到相对贫困的发展，则是有启发的。一些同志在论证中国已出现两极分化的现象时，没有足够地注意到1978年至2006年，中国农村绝对贫困人口数量从2.5亿下降到2148万，减少了2.28亿人，农村绝对贫困人口的发生率，由30%降到2.3%。这是我国社会生产力发展和政府扶贫政策实施的结果，对中国贫富差距扩大的缓解，起了一定的作用。当然不能由此推断中国贫富差距已经缩小，因为随着经济的发展，贫困的标准也在提高。我们的生活水平提高了，按照我们的标准计算的贫困人口是几千万，而按照世界标准计算是2个亿。所以按我们标准计算的绝对贫困人口数量虽然减少，但它并不意味着相对贫富差距不在继续扩大。有一种观点认为，经济发展中收入分配是水涨船高的关系，断言中国只有大富小富之分，没有可能出现两极分化的趋势[①]。这种说法违背了随着生产力的发展等因素，劳动人口从绝对贫困转向（在市场经济和雇佣劳动的条件下）相对贫困的两极分化趋势依然在继续进行的客观规律。特别是中国，由于在改革过程中，诸如教改、医改、房改、国企改等政策中某些失误，以及土地征用、房屋拆迁等使居民利益受损等影响，导致了某些新的贫困阶层的出现，更加剧了“贫者愈贫，富者愈富”（审计署审计长李金华语）的程度。当然政府正在采取措施解决这些问题，这也是不能忽视的。

我想再强调一下，说我国收入分配有向两极分化演进的趋势，并不意味着现在收入分配的整个格局已经是“两极分化”了。能不能拿基尼系数来判断我国是否已经达到两极分化的境

① 载《经济观察报》2007年3月18日。

地？有些人基于某种原因，说基尼系数不适用于中国，说目前谈论基尼系数意义不大。这未免同他们一贯宣扬的与国际接轨的言论不相符合。

基尼系数作为衡量贫富差距的工具，是一个中性指标，第二次世界大战后世界各国都在使用。我国基尼系数由1964年的0.184，1978年的0.2，上升到1980年的0.26，1990年越过0.4。上升速度之快，令人惊讶，这是不能回避的。从水平上说，我国基尼系数已超过许多发达的资本主义国家，但还没有达到社会动荡比较强烈的拉丁美洲一些发展中国家的水平。这很能说明一些问题。比如说，发达的资本主义国家，大多属于前殖民帝国，现在又具有跨国公司优势，从全世界吸取剩余价值，一部分用于国内劳动阶级的福利，借以缓解社会矛盾。这对于这些国家基尼系数的下降，甚至降到比我国还低，不能不说是一个原因。当然我们也应该反思，我们一个社会主义国家的基尼系数，怎么可以出现超过发达的资本主义国家的情况？

另一方面，我确实同意有些专家所说，影响基尼系数的结构性因素甚为复杂，不能简单地套用基尼系数的某些国际规范于我国。比如说按国际标准，0.4是社会失衡的临界点，超过0.4，就要进入警戒状态，这一条我看就不能随便套用。

我在2003年《研究宏观经济形势要关注收入分配问题》一文中说："基尼系数0.4作为监控贫富差距的警戒线，是对许多国家实践经验的概括，有一定的普遍意义。但各国的情况千差万别，社会公平理念和居民承受能力不尽相同。拿我国来说，基尼系数涵盖城乡居民，而城乡之间的收入差距扩大幅度明显是大于城镇内部和农村内部差距扩大的幅度。1978年到2000年城镇内部居民收入差距的基尼系数由0.16上升到0.32，农村内部由0.21上升到0.35，基尼系数低于国际警戒线。但城乡居民收入差距幅度甚大，基尼系数由1980年的0.341，上升到2000年的0.417，高于国

际警戒线。我国城乡居民收入差距悬殊，现时为3.1：1，若考虑城乡福利补贴等差异，则差距进一步扩大到5：1到6：1。由此看来，我国城乡居民是两个根本不同的收入群体和消费阶层……历史形成的我国城乡居民收入巨大差距的客观事实，使农村居民一时难以攀比城市生活，其承受能力有一定的弹性，所以我国的收入分配警戒线，不妨比国际警戒线更高一些。”[①]（城乡差距影响基尼系数一事，早已成为中国经济学界的共识。网上近传，某经济学家将此论作为自己的发明，申请诺贝尔奖。如果属实，真是大笑话。）

基于此类结构性因素对全国基尼系数影响的考虑，我在2005年《进一步重视社会公平问题》一文中还表达了这样的观点：我们现在显然不能说已经达到两极分化，也不能说达到承受极限，我国人民对基尼系数在客观上继续上升还有一定的承受能力。当然这不意味着我们不要重视贫富差距的扩大问题，并对其采取遏制措施。我接着说了基尼系数在迅速上升的情况下，如不采取有力措施，则有迅速向两极分化和承受极限接近的危险。所以，那种认为基尼系数上升是市场经济发展过程中的必然现象，需要长时期对付、等待才能解决的观点，也是不妥的。

按照邓小平的估计，从支持一部分人、一部分地区先富起来，转向先富带动后富以实现共富，这两个“大局”的变化，即着手解决贫富差距问题，是在20世纪和21世纪之交[②]。这个估计可能过于乐观了一点。但是经过将近30年的改革与发展，现在我们国家的经济实力和财政力量已经成长到可以加速解决贫富差距问题的阶段。何以“让一部分人先富起来”可以很快实现，而“先富带动后富实现共富”则需要很长很长时间的等待呢？这在我们社会主义的国家更是说不过去的。这显然是对财富积累

① 《刘国光文集》第七卷，中国社会科学出版社2006年版，第505—506页。
② 《邓小平文选》第三卷，人民出版社1993年版，第374页。

一极偏袒的言论，其后果将导致社会矛盾的激化，也是可以预见的。

除了以上的考虑以外，我之所以对两极分化问题持上述比较中性而又有一定倾向的观点，还有一个考虑，就是对领导我们进行改革开放的中国共产党政治路线的坚定信心。改革开放以来出现的收入差距扩大和贫富分化的现象，一方面是采取一部分人先富起来的正确政策的结果，但是还没有来得及解决带动大部分人共享改革成果问题，这属于正确政策的掌握经验不足问题；同时也有社会上种种错误思潮（后面再叙）干扰的影响。我们党中央始终保持改革的社会主义方向，在发展社会生产，搞活市场流通，完善宏观调控，改善人民生活等方面，取得的许多成就，有目共睹。在这样的总形势下，即使分配等方面的改革出了点问题，怎么可以说小平同志的假设已经言中，改革已经失败了呢？这是不符合实际情况的，也是不公平的。我们看到党对人民负责的郑重精神，特别是十六大以来，本着对人民群众切身利益的关怀，提出以人为本的科学发展观和构建社会主义和谐社会的思想，做了“让改革成果为全体人民分享”的政治承诺。针对日益发展的社会矛盾，淡出“效率优先、兼顾公平”的原则，突出“更加重视社会公平”的方针。利用财税改革和转移支付手段，着手解决分配不公问题。采取积极措施，解决诸如医疗服务、教育收费、居民住房、土地征收、房屋拆迁等涉及群众利益的突出问题。2006年5月，党中央还召开了专门会议，研究收入分配制度改革。我想，党中央这一系列重大举措，只要认真地、有效地落实，将会缓解我国贫富差距扩大的倾向，扭转两极分化的趋向。

分配关系的调整和社会公平的促进，千头万绪。不仅要党和政府牵头，也要各方面的配合。包括精神的、舆论的配合。所以过于强调在两极分化问题上问责，并不有利于问题的解决。但指

明发展的趋向，则是研究者职责所在。我之所以在这个问题上持比较中性又积极的态度，理由就在于此。

三、贫富差距扩大的最根本原因在于所有制结构的变化

在本文第一部分末尾，曾论述邓小平关于分配问题的一个重要论点，就是在他看来，避免两极分化的前提，是“坚持公有制为主体”。他说，“只要我国经济中公有制占主体地位，就可以避免两极分化”。这体现了马克思主义政治经济学理论中极重要的一条原理，即生产关系（特别是所有制关系）决定分配关系。为了阐明这个道理，还得从贫富差距扩大的原因究竟在哪里，哪个是最主要的原因说起。

为什么会产生贫富差距扩大的现象？有很多不同的解释。

有人说，贫富差距扩大是“市场化改革”必然要付出的代价。这个说法不错，因为市场化本身就是崇尚竞争和优胜劣汰规则的过程，这一过程不断造成收入差距拉大，这有利于提高效率、发展经济，是市场经济积极的一面。但随着市场经济的发展，特别是资本积累规律的作用，贫富鸿沟的出现和两极分化的形成是不可避免的，这是市场的铁的法则，除非有政府的有效干预来缓和这个趋势，这种趋势本身在市场经济条件下是谁也阻挡不了的。

又有人说，贫富差距的扩大“是市场化改革不到位，市场经济不成熟造成的”。这种说法就有问题了。

是不是市场经济成熟了，收入差距就可以缩小呢？事实不是这样的。随着市场经济的发展，财富集中于一小部分人的趋势越来越明显。前面引文中说，在发达的市场经济国家，两极分化的现象“目不暇接”。联合国发表的《2006年人类发展报告》说，

"最新数据显示，全球贫富差别仍在扩大。无论在国与国之间还是在一个国家内部都是如此"。20世纪70年代以来，市场机制与私人产权方面做得太多，造成英、美、日等重要市场经济国家财富集中度在提高，贫富差距在扩大，社会公平状况下行，20世纪后期实行福利制度的发达市场经济国家，财富和收入分配方面也呈退步趋势。所有这一切，都不能说明市场经济越发达越成熟，贫富差距扩大和两极分化的问题就可以自然得到解决。所谓"市场化改革"到位，就能解决这个问题，只能是纸上谈兵而已。

很多学者比较具体地分析我国贫富差距拉大的原因，角度不同，口径不一，难以归类。下面列举一些，略加议论。

城乡二元结构论；

地区不平衡论；

行业差别论（包括一些行业垄断）；

腐败与钱权交易、不正之风论；

政策不均、公共产品供应不足论；

再分配环节（财政税收，社会保障福利）调节力度不够论，等等。

上面列举的造成分配不公的因素并不完全。这些因素对我国贫富差距的扩大，都有"贡献"。可以看出，各项原因之间，有互相交叉的关系。

城乡差别，是中国贫富差别的一项重要原因。如前所述，城乡各自基尼系数是0.3到0.4，而包括城乡在内的总基尼系数在0.45以上。现在政府虽然通过新农村政策支农惠农，城乡差别扩大之势有所缓和，但尚未完全改变。

地区差别，在很大程度上与城乡差别有关。东部地区主要靠城市繁荣，西部地区多为广大农村。区域平衡政策也在缓和差距扩大，但地区差别扩大过程亦未停止。

行业差别，主要是某些行业凭自然垄断或以行政垄断，造

成行业间收入分配不公。过去在计划经济时期，中国也有行业垄断，但垄断行业高工资和行业腐败的现象并不显著。改革开放以来，一些垄断行业受市场利益观念的侵蚀，特别是1994年税制改革后，税后利润归企业所有，使用缺乏监督，才造成一些垄断企业高工资、高奖励、高福利的现象，所以，这不是垄断本身造成的。这种情况要从垄断企业收入分配的改革，加强对企业收入分配的监督来解决，当然垄断行业个人收入过高，激起非垄断行业人们不满，亟须解决，但这个问题对分配全局影响不一定很大。有人故意转移人们对收入分配不公最主要根源（后面再说）的注意，想借人们反垄断的情绪，把国有经济对少数重要命脉部门的必要控制加以排除，实现私有化。我们要提高警惕，防止这种图谋。

腐败、钱权交易和不正之风。这是人民群众对收入分配不公的公愤集中焦点，需要在法律领域和整顿社会道德风尚中大刀阔斧地解决的问题。此项非法不合理收入在官方统计和公布的基尼系数中，难以计入。在黑色、灰色收入中的绝对数量有时达到上亿、几十亿的款额，但在国民收入中占比有限，影响也不一定很大。有人把这个问题放到收入分配中小题大做，认为是分配差距形成的又一主要原因，也是想以此转移人们对造成收入分配不公真正原因的漠视，这也是要加以明辨的。虽然如此，我们在研究收入分配不公时，还是要十分关切反腐败问题。

政策不均与公共产品供应不足。政策不均与前面的一些问题有交叉，会影响城乡、地区和行业的差别，是我们改进政府工作的一个重点。加强公共服务，改善公共产品供应，政府职能由经济建设型为主转到经济建设与社会服务同时并重，是我们全力以赴的政府职能改革的方向。要强调公共服务，但不能像新自由主义那样主张政府退出经济领域，不要以经济建设为中心。国家从事经济建设，最终还是有利于充分供应和公平分配公共产品的。

再分配。我们知道再分配是调节分配关系的重要环节。再分配调节的落后和不周，是分配不公的一个重要原因。过去一贯的说法，是初次分配解决效率问题，再分配解决公平问题，所以把实现社会公平问题主要放到再分配领域，特别是利用财税转移支付等再分配工具上来。但是再分配所调节的只能涉及国民收入分配中的小部分，而主要部分还在国民收入初次分配领域。许多分配不公问题产生于初次分配领域，诸如企业分配中资本所得偏高，劳动所得偏低；高管人员所得偏高，一般雇员所得偏低；垄断行业所得偏高，一般行业所得偏低等，都是初次分配领域发生的问题。所以初次分配领域也要重视社会公平问题，这是过去往往被人们所忽略的。

初次分配中影响收入分配最大最核心的问题，是劳动与资本的关系。这就涉及社会的基本生产关系或财产关系问题了。近几年来，有关分配问题的讨论中，已经有不少马克思主义经济学者论述了这个问题[①]。财产占有的差别，往往是收入差别的最重大的影响要素。有些人看不到这点，却津津乐道人的才能贡献有大有小，贡献大的人应该多拿，贡献小的人应该少拿，好像收入多少仅仅是由于才能、知识、贡献决定的。马克思主义不否定个人能力等因素对收入高低的影响（复杂劳动），《哥达纲领批判》在讲按劳分配时也考虑这个因素。但是即使是西方经济学的主流派人士，也承认决定收入分配的主要因素是财产关系，认为私有财产的不平等才是收入不平等的主要原因。新古典综合学派萨缪尔森说过，“收入的差别最主要是由拥有财富的多寡造成的……和财产差别相比，个人能力的差别是微不足道的”，又说，财产所有权是收入差别的第一位原因，往下依次是个人能力、教育、

① 丁冰：《中国两极分化的原因分析及解决出路》，2006年8月6日在乌有之乡书社的讲演；杨承训：《从所有制关系探寻分配不公之源》，《海派经济学》2004年第11辑。

训练、机会和健康①。

我们认为，西方经济学大师的这个说法，是公允的、科学的。如用马克思主义政治经济学语言，可以说得更加透彻。根据马克思主义理论，分配决定于生产，任何消费品的分配，都是生产条件分配的后果，生产条件的分配本身，表明了生产方式、生产关系的性质，不同的生产关系决定了不同的分配关系、分配方式。与资本主义私有制的生产方式相适应的分配方式，是按要素分配（主要是按资本分配和按劳动力的市场价格分配），而与社会主义公有制生产方式相适应的分配方式则是按劳分配。

这是就两个不同的社会生产方式来说的分配关系。那么在社会主义初级阶段的分配方式又如何呢？我国宪法根据马克思主义理论和十五大报告，规定社会主义初级阶段是以公有制为主体、多种所有制经济共同发展的基本经济制度，分配方式是坚持按劳分配为主体，多种分配方式并存的体制。

我国社会主义初级阶段的发展，在改革开放伊始，还是清一色的公有制经济，非公有制经济几乎从零开始，前期的发展速度必然是非公有制经济超过公有制经济，多种经济共同发展的局面才能形成。这是有利于整个经济发展的。所以，有一段相当长的时间，非公有制经济要保持超前于公有制经济的速度，从而增加了非公有制经济在总体经济中的比重，而公有制经济则相对减少。与此同时，在分配方式上按劳分配的比重减少，按要素分配（主要是按资本和按劳动力市场价格分配）的比重就要增加。有人分析，现在我国国民收入分配已由按劳分配为主转向按要素分配为主②。我们从资本主义市场经济一般规律和我国市场经济发

① ［美］萨缪尔森：《经济学》（下），高鸿业译，商务印书馆1982年版，第231、257—258页。

② 武力、温锐：《1992年以来收入分配变化刍议》，《中国经济时报》2006年5月26日。

展的实际进程可以知道，这一分配方式的变化所带来的后果，就是随着私人产权的相对扩大，资本的收入份额也会相对扩大，劳动的收入份额则相对缩小，从而拉大贫富收入差距。绝对富裕和相对贫困的并行，秘密就在这里。

从分配领域本身着手，特别是从财税等再分配领域着手，来调整收入分配关系，缩小贫富差距，我们现在已经开始这样做。这是必要的，但是远远不够。还需要从基本生产关系，从基本经济制度来接触这一问题，才能最终地阻止贫富差距扩大和向两极分化推进的趋势，实现共同富裕。所以邓小平说："只要我国经济中公有制占主体地位，就可以避免两极分化"，又说"基本生产资料归国家所有，归集体所有，就是说归公有"，就"不会产生新资产阶级"。这是非常深刻的论断，它指明社会主义初级阶段容许私人产权的发展，容许按要素（主要是资本）分配，容许贫富差别的扩大，但这一切都要以公有制为主体。只要保持公有制的主体地位，贫富差距不会恶性发展到两极分化的程度，可以控制在合理的限度以内，最终向共同富裕的目标前进。否则，两极分化是不可避免的。所以，在社会主义初级阶段的一定时期，私有经济发展速度较快于公有经济，其在国民经济中的比重逐步提高，是必要的、有益的。但是任何事情都有其合理的度。正如江泽民指出的那样："当然，所谓比重减少一些，也应该有个限度、有个前提，就是不能影响公有制的主体地位和国有经济的主导作用。"[①]私有经济发展到一定的程度，其增长速度和其在总体经济中的比例关系就有重新考虑的必要，以使其不妨碍公有经济为主体，国有经济为主导，公私两种经济都能达到平稳健康有序发展的和谐境地。

随着改革开放的推进，我国所有制结构已经由公有制一统天

① 《江泽民文选》第三卷，人民出版社2006年版，第72页。

下发展为多种所有制共同发展的局面。所有制结构的公降私升是否已经达到影响公有制为主体的临界点？因为这涉及宪法中规定的基本经济制度，所以又是一个敏感的问题，在我国的经济理论界引起了不同的看法。

四、几种对中国所有制结构变化形势的评估

“公有制为主体，多种所有制经济共同发展是我国社会主义初级阶段的一项基本经济制度”，是党的十五大报告中确定下来的。报告明确规定，公有制的主体地位，主要体现在公有资产在社会总资产中占优势，国有经济控制国民经济命脉，对经济发展起主导作用。

报告特别指出，只要坚持公有制为主体，国家控制国民经济命脉，国有经济的控制力和竞争力得到增强，在这个前提下，国有经济比重减少一些，不影响我国社会主义性质。

这里讲的“比重减少一些，不影响我国社会主义性质”，是在公有制还占量的优势，国有经济保持控制力的前提下说的。如果公有制不能保持量的优势，情况会怎样呢？

何谓量的优势？国有经济比重和公有制经济比重减少到何样的程度，才是容许的？文件中没有规定。不同的看法由此而来。

大体上有这么几种看法：

（1）基于工商联公布2005年民营经济和外商、港澳台经济在GDP中的比重达65%，和国家统计局老专家估计2005年GDP中公私之比为39∶61，认为中国已经是私有经济起主导、主体和基础作用，公有制经济已丧失主体地位，只起补充作用。

（2）认为公有制经济比重虽然下降，但以公有制为主体的格局并没有改变，主体地位依然牢固，其依据是2004年年末全部实收资本中，公有资本仍占56%；统计局老专家估计2005年第

二、第三产业实收资本中公私资本比重为53：47，公有资本仍超过半数，居优势地位。认为国有经济在关系国计民生的重要行业仍然具有绝对优势，其国家资本占比在70%以上，继续掌握较强的控制力。

（3）认为目前所有制结构处于十字路口境地。从资产比重上看，大约公私各占一半，平起平坐（据测算，公私经济在社会总资产中所占比重，由1985年的94.09：5.91下降到2005年的48.8：50.9）。从国有经济控制经济命脉来看，在关键领域和重要基础产业中起主导作用（2005年在垄断性强的产业和重要基础产业中实收资本，国有经济占比64%左右），但在市场化程度和利润较高、竞争性比较激烈、举足轻重的制造业中，国有经济的控制力过低；在不少省市特别是沿海经济发达省份，公有制资产占比已下降到50%以下，"公有制经济的资产优势和国有经济的控制力在如此巨大的产业和地区范围的锐减削弱，使得公有制主体地位从总体上看显现出开始动摇的迹象"。

上述对于公有制主体地位①已经丧失，②仍然巩固，③开始动摇的三种看法，都是建筑在非官方统计数字的基础上。令人遗憾的是，国家发展部门和统计部门近些年来没有提供我国公私经济对比的比较完整的准确数字，所以也难以准确判断我国所有制结构的现状。

有一些经济学者和科研单位，主张公有制经济的主体地位，并不体现它在整个国民经济中占有数量上的优势，而主要体现在它的控制力上，否认国有经济控制力的前提是建筑在公有制的数量优势的基础上，因此他们不主张国家计划（规划）中列入公私经济比重的指数，国家统计部门也不必统计和公布公私经济比重的全面数字。这种看法不利于我们正确分析我国所有制结构的形势，并采取对策来保护我国社会主义基本经济制度。党中央一贯坚持公有制为主体，多种所有制经济共同发展的基本经济制

度，十六大，十六届三中、五中全会以及涉及经济问题的中央会议，一再重申这一主张。国家各部门都应该为实现这一主张努力服务。几年以来有人提出，人大应监督检查公有制为主体的社会主义基本经济制度执行情况。我认为这些建议的精神是值得考虑的。

五、干扰“公有制经济为主体”的“私有化”倾向：实践层面

人们对我国所有制结构中公有制的主体地位是否发生动摇所表达的一些看法，不仅是基于他们对经济比重及控制力的各自评估判断，也与观察中国经济改革进程中某种倾向的抬头有关。在实际经济生活中，我们确实观察到这种倾向在抬头，虽然人们一般还回避把这种倾向叫作“私有化”，但实际上回避不了。也确有人公开宣扬“私有化”而无所顾忌。

私有化倾向抬头表现在两个层面。一是实践的层面，即对我党改革政策措施加以曲解，力图往私有化方向引导，竭力推进私有化的实施。二是思想理论的层面，即打着我党解放思想的旗号，推销私有化思潮。当然这两个层面又是互为表里、互相激荡的。

若干年来我国国有、集体企业改革工作，大多数运行健康，顺利成功，对经济发展、社会进步和安定团结发挥了显著效果，但是也存在问题。党中央提出的一些改革政策措施，一些人总是千方百计地往私有化方向拧。例如，中央提出建立社会主义市场经济体制是我国经济体制改革的目标，他们就鼓吹公有制与市场经济不相容，要搞市场经济就必须实行私有化；中央提出“产权清晰、权责明确、政企分开、管理科学”的现代企业制度，他们就说公有制产权不清晰，产权虚置，只有落实到自然人（即私有

化）产权才能明晰；中央提出可以利用股份制作为公有制的一种实现形式，以扩大公有资本的支配地位，增强公有经济的主体地位，有人就通过股份制将国企化为私企；中央提出要提倡和鼓励劳动者的劳动联合和劳动者的资本联合的股份合作制，他们就竭力主张用经营者持大股，个人集中控股的办法，将股份合作制的集体性质变为私人企业；中央提出国有经济战线过长，要做战略调整，以增强国有经济的主导作用，他们就把“有进有退”的战略调整篡改为“国退民进”，“让国有经济退出竞争性领域”；中央提出“抓大放小”的方针，要求采取各种形式放开搞活国有中小企业，他们就把出卖企业当作几乎唯一的形式，实行一卖了之，掀起一股贱卖白送国企的歪风。

这股歪风刮得很不正常，因为“我们的国企改革是在没有充足理论、足够经验下进行的，带有一窝蜂性质。当高层想了解改制进行到如何时，一些地方的国企已经卖得差不多了”、“等到国有资产转让的种种规则出台之后，可能地方上的国有资产已经所剩无几”①、“有些地方把中央关于企业改制产权转让的方针政策异化得面目全非。企业领导自卖自买的有之，巧取豪夺的有之，空手套白狼的有之，从而造成国有资产大量流失，职工权益遭到剥夺。”②

当然国企改革出现的上述现象，主要是少数人侵吞国资的问题，完全是非法的，或不规范的行为。中央和有关部门不断在总结经验，推进立法，完善政策，下大力气纠正偏差，力图使改革沿着规范的轨道前进。所以，有些同志把鲸吞国有资产说成是“盛宴”，如果以此概括国有企业改革的全貌，那显然是不正确的。但是这种事情在当时也不是一例两例，而是相当流行。案例本身有不少真是一场免费的盛宴，这样说也不为过。有人在“新

① 《三联生活周刊》2003年12月11日。

② 新华网2005年7月31日。

华网”写文章问道，“全国违法违规运作的改制企业到底有多少，谁能说得清”？共和国历史将来是要说清楚这一章的，当然账是否能够算清，要靠执法者和执政者的努力和能耐了。

一方面是突然一夜冒出一批万贯家财的队伍，另一方面如某大经济学家所言，为达到改革目的必须牺牲一代人，这一代人就是3000万老工人，这样一场恶性演出，为一个香港有良知的学者所注意。其实郎咸平教授了解和揭露中国的实际情况，并不如大陆学者知道得多。但郎先生抓住了要害问题，如私有化、MBO等。据报道，网民给郎教授以九成的支持率[①]，即90%以上的网民赞成郎教授的基本观点，反对否定公有制的主体地位和私有化，这从一个方面反映了人民群众反对走资本主义道路的改革，赞成走社会主义道路的改革。

这是实践的层面，人为地激化了公私结构改变和化公为私的过程。民间和高层都在反思这一过程。民间发出了“不准再卖”的呼声，高层也在努力将过程纳入合乎法规的规范化轨道。

六、“私有化”倾向的干扰：思想理论层面

在理论层面上，几年来私有化思潮泛滥，更是五花八门。这里只能点评一下。在中国这样一个宪法规定公有制为主体的社会主义国家，居然容许有人公开打出“人间正道私有化”的旗号，在新华书店公开长期发行其著作《国企改革绕不开私有化》，宣扬国企改革的“核心在于国有制改为私有制”。可以说中国的言论出版自由已经达到空前未有的程度。

在这种气氛下，有人公开鼓吹民（私）营经济应在国民经济中占主体地位。他说“今后中国经济的走向应该是投资以民间资

① 《经济日报》2005年8月3日。

本为主，经济形式以民（私）营为主”。

有一位人士不加掩饰地说，要“排除旧的意识形态的挡道”，推行私有化。他说，“民办、民营、民有、私营、非国有、非公有等，无非是为了从不同角度阐明私有化问题”。“在私有化问题上出现莫名其妙的文字游戏，是由于旧的意识形态在挡道”。同时另一位人士则宣称“公有制为主体是对社会主义的理解停留在斯大林式的传统社会主义水平”，把党章和宪法关于公有制为主体的规定视为“保留着传统社会主义观念的痕迹”，完全否定了建立公有制、消灭剥削是社会主义的本质特征和根本原则。

与这些观点略有不同的是，某些人士虽然抱着私有化的主张，并且在私下讲，私有化已成定局，可是他们在宣扬私有化主张、方案时，却遮遮掩掩，在公开场合他们对自己所主张的任何一种私有化形式都要习惯性地说一句“这绝不是私有化”，“这是公有制经济的实现形式”。某大经济学家把私人控股的股份公司，非公有经济控股的一般公众股份公司，都说成是“‘新’公有制的实现形式”。还有人发明“间接公有制”，说什么可以利用财税再分配的办法，把“直接私有制”改成“间接公有制”，以取代“直接公有制”的地位；还说资本主义国家如美国，正在利用这一办法，“走向社会主义”。明明是私有制的资本主义，还装饰成“社会主义”，自欺欺人，也太玄乎了。

有一种议论，是以预言家的口吻出现的。这位预言家表面比较谦虚，认为现在还不好说是民（私）营经济为主体，但随着形势发展，私营经济一定会变为主体。这见于由某著名经济学家领衔的、挂靠在某党校的一个刊物上的奇文，其中说：“过去我们说民营经济是国有经济的有益的补充，但现在我们逐渐发现，顺着真正市场经济的思路发展，总有一天我们会反过来说，国有经济是民营经济的一个有益的补充”，咄咄逼人的私有化主张，口

气不小，听起来像是向13亿中国人民示威：你们终有一天守不住公有制为主体的阵地！也像说给我们的执政者听：看你怎么办！

还有一种私有化主张，打着对社会主义本质属性和社会主义模式选择理论研究的旗帜。早在十五大前夕，就有人抛出社会主义的基本特征是“社会公正加市场经济”的公式。这是一个连社会民主主义和资产阶级都能接受的模糊定义，否定建立公有制、消灭剥削是社会主义本质特征和根本原则之一。有人最近说，长时期以来，人们认为社会主义特征是公有制、按劳分配是不对的，现在要以“共同富裕，社会和谐，公平正义”来认识社会主义的本质属性。当然，共同富裕、社会和谐等非常重要，但是撇开所有制关系，撇开公有制和消灭剥削，这些美辞都是缺乏基础的，构成不了社会主义。倡导这一理论的人士在推荐“人民社会主义模式”的五个特征中，也绝口不提公有制为主体。有位同志在引用小平同志的社会主义本质论时，不提“消灭剥削”四个字，只讲“小平说，社会主义本质就是解放生产力，发展生产力，消除两极分化，最后达到共同富裕”。大家知道，建立公有制，是为了“消灭剥削”，所以小平同志多次把“公有制为主体”列为社会主义主要原则之一。这位同志不提“公有制”“消灭剥削”这些重要字眼，以改后的小平论述来界定社会主义所有制，认为不管公有制还是私有制，都是社会主义所有制！他太不注重理论问题的严肃性了。

最后，还有一种反对公有制、鼓吹私有化的理论，直接打着马克思主义的旗号，那就是歪曲马克思“重建个人所有制”的提法。过去也有人不断误解马克思这一提法，也多次为正确的马克思主义解读所廓清。最近谢韬等在《炎黄春秋》（2007年第6期）把马克思所说的“在生产资料共同占有的基础上重建个人所有制”，说成“是一种以个人私有为基础的均富状态”，即“自然人拥有生产资料，人人有份”，把生产资料的私有制视为马克思的主张。其实恩格斯在《反杜林论》中早就对马克思这一提法做了解释：以生产资料的社会所有制为基础的个人所有制的恢复，“对任何一个懂德语的人来说，这也就是说，社会所有制涉及土地和其他生产资料，个人所有制涉及产品，那就是涉及消费品。”①谢韬等睁眼不看这些，在理论上胡搅蛮缠，其目的是把矛头直接指向改革开放以来几代领导人努力开创的中国特色社会主义，把它诬称为以重建个人所有制为主要内容的社会民主主义道路，把“重建个人所有制”说成是“中国改革开放的总路线和总政策”，其私有化的意图昭然若揭，也无须本文细评了。

从这里可以看出来私有化思潮泛滥，已经猖狂到何种地步。我们是有思想言论自由的，提倡百家争鸣、多样化，但是不能像戈尔巴乔夫、雅可夫列夫那样，搞“多元化”“公开化”，把老百姓的思想搞乱，把改革开放的方向引错。应该是清理一下的时候了。

七、“公有经济低效论”是个伪命题

企图把中国改革引向私有化方向的人士，有许多牵强附会的“论据”。其中最重要的是“公有经济低效论”。

“公有经济低效论”站不住脚，已经有许多文章、著作加以论述。例如，左大培《不许再卖》一书，以严密的逻辑和充分的事实，对“国有企业所有者虚置论”“国有企业监督成本过高”等观点做了深入细致、有理有据的驳斥，至今未见到“私有化”论者像样的反驳。后者还是一口咬定“公有经济低效”，好像这用不着证明；以此作为定论，好像也不打算同你认真辩论了。

因为分析公私经济效率，驳斥公有经济低效的论著甚多，本

① 《马克思恩格斯选集》第3卷，人民出版社1995年版，第473页。

文不打算详论这个问题，只想点出几条，供大家思考一下，是不是这样。

（1）公有经济在宏观的社会经济效益上的表现，如经济增长、就业保障、社会福利等方面，比私有经济优越，是无可置疑的。以公有经济为主的国家与以私有经济为主的国家相比，在经济增长速度对比上，比较长时期（虽然不是一切时期）地前者超过后者，把落后的国家建设成为奠定了工业化基础或工业化的国家，战胜了强大的法西斯侵略者等，都可证明。

（2）在微观经济方面，众所周知，企业规模超过一定限度，所有者与经营者就有分离的必要，企业家就要分化为老板（公司股东）和职业经理人。公有经济与私营经济一样可以用委托代理方式，解决激励与约束机制的问题，并且经验证明，公有经济不一定需要比私人股份公司多得多的资本经营层次。美国著名经济学家斯蒂格利茨通过实证研究表明，无论统计数据，还是具体事例，都不能证明政府部门效率比私营部门低。许多国家如法、意、新加坡等，至今拥有不少经营效率不低的国有企业（垄断、竞争部门都有）就是证明。我国国有企业近几年来业绩显著改进，也不乏例证。

（3）有些人把改革开放后，特别是上世纪90年代中后期，国有企业经营不善，亏损面不断扩大，效益大面积滑坡的事实，拿来说事，津津乐道公有经济效率低下，故意不提这一时期出现这些现象有许多特殊原因。例如，拨改贷开始埋下企业资金不足的隐患或陷入债务深坑；富余人员过多，各种社会负担沉重；税负大大超过私营和外资企业等。国企为保障社会经济稳定而付出了巨额的改革成本，成为一个沉重的负担，这些特殊原因造成企业效益下滑，是一个暂时的现象，经过一定的政策措施是可以解决的。这与所有制没有关系。私有化论者不提这些，而拿它们来论证“国企低效，因此要变国有为私有”更是不伦不类。

（4）更不能容忍的是，一些人把国有企业某些领导层的贪污腐化导致效益下滑、国有资产大量流失的行为，普遍化为国有企业的“特征”，说什么我国的国有企业是“官僚权贵资本主义”。南方的一家大报上甚至说，要使国有资产流失成为私人财权，才能消灭这种“权贵资本主义”。这显然是对我国整个国有经济的歪曲和污蔑。第一，不符合我国国企员工和相当一部分国企领导是尽忠职守、廉洁奉公的事实。国企内权贵阶层的出现，在我国难以忽视，但他们是钱权交易、官商勾结、市场经济黑幕的产物，绝非国有经济固有的现象。第二，发出这种国企是“权贵资本主义”的声音的人，怎么不问问，过去计划经济时期，为什么腐败现象虽然也有，却很少很少，而现在多起来了呢？一个原因是过去我国国企经营管理可能比现在严格，例如，20世纪60年代我国曾总结出《鞍钢宪法》等一整套企业管理经验，80年代我国派人出国考察企管经验，发现日、美、欧洲也吸收了我国《鞍钢宪法》的经验，当时又把这个经验带回祖国[①]。另一个原因是社会上过去虽然有不正之风，但总的风气较好，人们还不完全为私利所左右，还是比较注意为公为集体，不像现在新自由主义影响下“人不为己天诛地灭”“私利人”“经济人”意识满天飞。所以有些国企老总禁不起考验，一些国企管理层怀有“私有化预期”，把本来可以经营得很好的企业，搞得半死不活，然后迫使政府允许改制，贱价卖给自己，达到私有化的目的。还有一些党政领导人，与国企某些管理层形成联盟，双方共同从国企私有化中获取巨额利益。由于“人性自私”“经济人假设”理论的影响，实际上存在着不少以改革为名，损害国家和人民利益的现象。例如“管理人收购”这一闹剧，就是“人性自私论”和“经济人假设”这些理论的庸俗化普及所支撑的。

① 《鞍钢宪法》，人民网强国论坛2007年8月3日。

（5）关于“公有制低效论”的辩论，经过两军对垒，激烈争战，现在变为两军对峙，各说各的，互不买账。这当然不是说，公说公有理，婆说婆有理，大家都有理，总有一方代表客观真理，另一方是邪说歪理。抛开这点不说，两种观点实际上也代表两种集团的利益，一种是代表资本、财富、腐败官僚、无良学者的集团利益，另一种代表工农人民大众的集团利益。这两种观点因为利益不同，互相不可能说服，是理所当然的。我们的宣传部门、理论部门、执政部门，应该有一个判断，支持什么，不支持什么，这才是关键。

八、论所谓“国退民进”

从战略上调整国有经济布局，通过有进有退，有所为有所不为，增强国有经济的控制力，发挥其主导作用，以巩固公有制的主体地位，这是十五大、十五届四中全会的决策。如前所说，党中央做出了“有进有退”、调整战略布局的决定后，就有人把这个主张解释为“国退民进”，国有经济从竞争性领域退出，让民营（私营）经济来代替。尽管这种观点受到舆论批评和官方的纠正，但它还是不断地出现，十分顽强，以致到了2006年3月1日，某研究机构主任还在北京的一家大报上刊登文章，宣称“这一轮国企改革对绝大多数国有企业而言，意味着必须实现战略退出，将企业改制成为非国有企业”，并断言，这种做法“不可逆转和势在必然”。经过读者投信质询，该报总编室也承认这篇文章“有的观点不妥当，编辑工作把关不严造成失误”。可是这位主任早先不止一次地宣扬“国退民进”的主张。他在中新社转述《大公报》的报道（2005年5月2日）中就认为国退民进是市场经济的必然过程，说“市场经济的发展必然伴随着国企的大面积退出”①。2005年8月7日，他在黑龙江佳木斯一次会议上说，“所谓国有企业改革就是国有企业改成为非国有企业”。

那么国有企业从什么领域退出呢？这位主任做了非常清楚的回答，就是要从竞争性领域退出。新华网2003年1月16日透露，他强调，“国企与非国企不存在竞争关系，当遇到竞争，国企应该学会退出”，“国企无法解决比非国企更有效率的竞争力问题”，所以国企要学会退出。

国有经济应不应该从竞争性领域退出？在我国95%的工业行业都是竞争性较强的行业，在这样的市场结构下让国企退出竞争性行业，几乎等于取消工业中的国有企业。竞争性领域中存在不少战略性国企和关系国计民生的重要国企，难道都要退光？竞争性领域中国企如果有竞争力能够赢利，为什么一定要让私营老板去赚钱？“国企竞争力不如私企”，连西方一些正直的学者也不赞成这一新自由主义的偏见。有竞争力的国企在竞争性领域中将赢利上交国家，发展生产和社会福利事业，对于社会财富分配中的公平与公正也是有利的。

国有企业、国有资本不应从竞争性领域中完全退出，不但很多学界人士这样主张，中央政策也是很明朗的。十五大报告就规定，“在其他领域（主要指竞争性领域）可以通过资产重组和结构调整，以加强重点，提高国有经济的整体素质”。十六届三中全会也讲到，在增强国有经济控制力以外的其他行业和领域（主要也是竞争性领域），国有企业通过重组和调整，在市场经济中“优胜劣汰”。并没有规定国有经济一定要退出的意思，而是说可以在竞争性领域参加市场竞争，“提高素质”“优胜劣汰”“加强重点”。

以上讲的是在竞争性领域不能笼统地讲“国退”，在这些行

① 中新网2005年8月2日。

业，国有企业也有“进”的问题。那么现在转过来说“民进”。私有企业是市场竞争的天然主体，竞争性领域让私企自由进入，是理所当然的。但是关系国民经济命脉的重要行业和关键领域，十五大规定了必须由国有经济占支配地位，是否也允许私人资本“进入”呢？国务院2005年关于鼓励支持非公经济发展的文件，允许非公经济进入垄断行业和领域，包括电力、电信、铁路、民航、石油等行业，矿产资源开发、公用事业、基础设施，以及国防科技工业建设等领域。这些都为非公有经济进入关系国民经济命脉的重要行业和关键领域网开了一面。

对此，有民间人士持不同意见。认为非公经济进入控制国民经济命脉的许多领域，有违中共十五大规定“国有经济控制国民经济命脉”的方针，将会动摇、改变国有经济在国民经济中的主导地位和公有制的主体地位。并且向有关方面提出了自己的看法，希望扭转有关规定。

我认为，关于国民经济命脉的重要行业和关键领域，如果从吸收社会资本、扩大公有资本的支配范围，壮大国有经济的控制力，促进投资主体的多元化这一角度来说，还是符合十五大精神，符合我国国企改革的方向的，因此可以有选择地允许私人资本参股进入；但不可以把这个领域让给私人资本独资开发或控股经营，影响国有经济对这些部门的控制地位，在允许非公资本参与投资经营的企事业，要加强监管。目前中国私人资本实力还不够雄厚，即使私人资本长大，国家也只能吸收而不必主要依靠私人资本来发展这些部门。特别是这些重要行业和关键领域，一般收益丰厚，多属垄断性级差租收入性质，按照中外学理，这种级差租性质的收入，理应归公。所以对进入这些行业领域的私人股份的红息，应加限制，使私人资本能够得到一般竞争性行业的赢利。这也符合民主革命先行者孙中山先生“节制资本”主张的要义。中国共产党在社会主义初级阶段参考孙先生的正确思想，对

"私人资本制不能操纵国计民生"的主张，进行灵活处置，也是可以理解的。限制私人资本在关系国计民生部门取得超额垄断利润，是符合孙先生主张的精神的。

2005年政府进一步明确了对非公有经济准入范围放开的政策以后，有些官员和经济学人又从另一方面错误地解读政策动向，要求在重要的和关键的领域内国有经济与私人资本平起平坐，否认国有经济的主导作用，有的甚至建议国有资本限期撤出公共服务领域之外的全部产业领域。这种观点在上年开始制定进一步促进非公经济发展的政策时就已经出现，而且主要集中在中央和政府的权威学校和高级研究机构的某些部门，不过在2005年上半年表现得更为突出，并且在一些主流媒体和论坛上一再公开表达。在这种背景下，政府高层部门负责人士先后出面明确表示：①垄断行业和领域今后要以国有经济为主体，这是由我国经济制度的性质决定的；②不能把国有经济布局和结构调整理解为国有经济从一切竞争性领域退出；③绝不能把国有经济布局和结构调整理解为中央"进"地方"退"，各地必须培育和发展一批有地方优势与特色、实力雄厚、竞争力强的国有企业。

即使在政府负责人一再表态的情况下，还是有声音从体制内批评在重要领域让国企"做大做强"的选择，公开主张国资从产业领域全退，甚至有文章希望科斯的中国改革六字经"共产党加产权"成为今天中共急进的"时代壮举"。因此，尽管高层决策人士表态明朗，纠正了一些人所讲垄断行业允许准入，不讲主从关系的认识，也批评了一些官员和经济学人要国有资本从产业领域全面退出的观点，但是"全面坚持十六届三中全会决议关于公有制为主体，国有制为主导，发展非公有制的问题，在认识上和

工作中并没有完全解决”[①]，一些官员和经济学人要国资从产业领域退出的观点，仍然在工作层面影响改革，不容忽视。

比如，《中国宏观经济分析》披露了有关部门关于国资转让和减持比例的方案[②]，从这个方案的政策目标看，它通过国家持股比例下限的低设，使大量关键和非关键领域国有上市公司的国有股权被稀释。有评论认为，这个方案透露出国资要在关键性领域明显减少，竞争性领域基本退出。这种大量减持国资的主张不妥，其后续效应（即波及国有非上市公司和地方其他国有企业的效应）更需警惕。还指出，近几年来国有工业状况，无论是垄断行业还是竞争性行业，持续逐步好转，在企业数量下降情况下，资产、产值，尤其是利润税收贡献都大幅上扬，表明坚持社会主义方向的所有制改革和国企改革是有希望的。在此背景下继续国资的大规模退出，是否恰当，需要考虑。当然，国资布局和国企组织，还有不少不合理之处，需要通过资产的进出流动，继续进行适当的调整。

九、国有经济的控制力应该包括哪些范围

2006年12月18日国资委发布《关于推进国有资本调整和国有企业重组的指导意见》，其要点之一是推动国有资本向重要行业和关键领域集中，增强国有经济的控制力，发挥主导作用。重要行业和关键领域包括：涉及国家安全的行业，重大基础设施，重要矿产资源，提供重要公共产品和服务的行业，以及支柱产业和高新技术产业中的骨干企业。对于不属于重要行业和关键领域的国有资本，按照有进有退、合理流动的原则，实行依法转让。

① 侯云春：《股份制助民企做强做大》，《中华工商时报》2005年7月11日。

② 《中国宏观经济分析》2005年第11期。

对于这项部署，有两个方面的评论。一方面，认为不论是国有资本要保持绝对控股的军工等七大行业，还是国有资本要保持较强控制力的装备制造等九大行业，大都遍布非竞争性领域和竞争性领域，并不都是只有国有企业才能有资格从事的行业。它们属于竞争性行业，由国资来控制缺乏合理性。在这些行业，国企筑起垄断门槛，有违市场公平竞争原则；并称“增强国有经济的控制力没有法律依据”，说政府无权不经过代议机构的批准擅自指定自己的垄断领域。但是我们要说，加强国有经济的控制力，国有经济在关系国民经济命脉的重要行业和关键领域必须占有支配地位，在社会主义市场经济中起主导作用，这是我国的根本大法——宪法所规定了的，这是根本的法律依据。再说，在竞争性领域，允许国有企业以其竞争力取得控制地位，并不见得不符合市场竞争原则。

另一方面的评论是，对于不属于重要行业和关键领域的国资要“实行依法转让”，即退出，会引发非公有资本广泛并购和控股众多的原国企，后果堪虞。夏小林在《中华工商时报》撰文指出，“国资委资料显示，2005年在约26.8万亿国企总资产中，中央企业占41.4%，而国企中还有3/4是在竞争性行业。按照某种意见，如果不考虑国资在维系社会公平方面的重要作用，中央企业之外58.6%的国企资产和3/4在竞争性行业的国企，是不是其相当大的一部分都要在‘不属于重要行业与关键领域’标准下，‘实行依法转让’呢？如果‘转让’使中国产业的总资产中，私人资产的比重超过和压倒国有资产，中国少数私人的财富急剧暴涨，这将会形成一种什么样的财富分配状况和收入分配状况呢？”[①]

夏小林关于国有经济控制力包括的范围的意见是值得注意研究的。他把国有经济的社会责任分为两种，一是帮助政府调控

① 夏小林：《非国有投资减缓，后效仍需观察》，《中华工商时报》2007年1月31日。

经济，二是保证社会正义和公平的经济基础。前一个作用普遍适用于社会主义国家和现代资本市场经济国家，而后一个作用则是社会主义国家独有的。他说，“按照西方主流经济学的观点，在一定条件下国有经济有助于政府调控经济，但是OECD国家的私有化证明，即使在垄断性的基础产业为主要对象进行了私有化，国有经济到了10%以下的比重以后，政府照样可以运用各种货币政策、财政政策、产业政策和商业手段等有效地调控经济。但是社会正义和公平，却是高度私有化的经济和以私有化为主的混合经济解决不了的老大难问题”。“在中国坚持社会主义市场经济的改革方向中，增强国有资本的控制力，发挥其主导作用，理应包括保障、实现和发展社会公平的内容和标准。对那些对于政府调控经济不重要但是对于保障社会正义和公平非常重要的竞争性领域的国有资产，也应该认为是‘重要’的和‘关键’的领域的国有资产，要力争搞好，防止出现国资大量流失那种改革失控，随意实行大规模‘转让’的偏向”①。所以，在一般所说“重要”“关键”的标准之外，根据保证社会公平的标准，可以认为，即使在竞争性领域，保留和发展有竞争力的国有及控股企业，这属于增强国有经济控制力“底线”的范围，也是“正当的选择”。

基于国有经济负有保证社会正义和公平的经济基础的社会责任，国家要保障在公益服务、基础设施、重要产业的有效投资，并不排除为解决就业问题在劳动密集领域进行多种形式的投资和运营。在保障垄断性领域国有企业健康发展的同时，还要保障在竞争性领域国有企业的发展，发挥它们在稳定和增加就业、保障社会福利和提供公共服务上的作用，增强再分配和转移支付的经济实力。绝不能像新自由主义所主张的那样，让国家退出经济。我国这样一个社会主义大国，国有经济的数量底线，不能以资本主义国家私有化的“国际经验”为依据。确定国有经济的比重，理应包括保障、实现、发展社会公平和社会稳定的内容，所以国家对国有经济控制力的范围，有进一步研究的必要。

关于如何增强国有经济控制力，综合各方面的意见，还有几点想法，简要述之。

（1）国企要收缩战线，但不是越少越好。在改革初始阶段，由于国企覆盖面过广，战线过长，收缩国企的数量，集中力量办好有素质的国企，开放民间经济的活动天地，这是必要的。但并不是说国企办得越少越好。这些年有些官员、学者，片面倾向于少办国企，主张“尽可能避免新办国有企业，让‘国家轻松一点，就是管那些少得不能再少的国有企业’，‘我们留下为数不多的国有企业将是活得非常潇洒的，不像今天这样愁眉苦脸，忧心忡忡’”。围绕所有制结构政策，体制内外频频发出声音，“或者将中国所有制结构的取向定在用15~30年时间来让自然人产权（私有产权）成为市场经济的主体上，或者把参照系数定在欧、美市场经济中国有成分在7%~10%的模式上（国资研究室主任指出西方发达国家国企仅占全民经济5%的份额），或者在叶利钦时期俄罗斯、东欧国家取消社会主义目标后的所有制模式上”。这些将国有经济比重尽量压低的欲望，大大超出了江泽民所讲的限度，就是不能影响公有制的主体地位和国有经济的主导作用。国资委从2003年成立以来，央企数量已由196家减少到157家。据透露，下一轮整合方案中，央企数量将至少缩减1/3。国资委的目标是到2010年将央企调整和重组到80~100家，其中30~50家具有国际竞争力。令人不解的问题是，中国这样一个社会主义大国，这么多的人口，这么大规模的经济，到底应该掌握多少国企，其中中央应该掌握多少央企？俄罗斯已经转型为资本主义国家了，普京总统无疑也是效忠于私有制的，但他在2004年8月宣布，确定1063家俄罗斯大型国企为总统掌握的国有战略企业，政府无权对这些战略企业实行私有化。同样是中央掌握的大

型国有企业，为什么私有化的俄罗斯保留的是社会主义中国的好多倍？此中除了不可比的因素外，是否反映了我国某些官员国企办得越少越好，追求“轻松潇洒一些”的倾向？还有某些个别官员不好明说的倾向？

（2）中央和地方都要掌握一批强势国企。有关部门负责人指出，不能把国有经济布局和结构调整理解为中央“进”地方“退”，各地必须保留和发展一批具有地方优势和特色、实力雄厚、竞争力强的国有大企业，使之成为本地区国民经济的支柱。中国是一个大国，许多省、直辖市的土地与人口，超过欧洲一个国家。有人建议在省市自治区一级建立一地一个或数个或数地联合建立一个类似淡马锡模式的控股公司，来整合地方国企。这个建议是可行的。新加坡那样国土面积小、人口少的国家都能做到，为什么我们做不到？前些时候国企改制地方出的问题比较多，也可以通过新的“改制”梳理一下。

（3）国有经济改革决策要受各级人大的制衡监督。这个意见人们多次提出，并有专门的建议案。国有经济改革涉及全体人民利益，不能总在工会实际管不了，人大又不严加审议和监督，由行政机构少数人确定国有企业留多少、不留多少的情况下来进行。由他们来决策国资的买卖，极易造成决策失误和国资流失。以保护私权为主要使命的《物权法》已经通过了。而研究开始在《物权法》之前，以保护“公权”为使命的《国资法》，研究了多年，人们仍在翘首企望，希望早日出台，让各级人大能够像英国、俄罗斯、波兰、日本等类型的市场经济国家的议会那样，有权审议国有资产产权变动的方案。

（4）扩大国有产权改革的公共参与。国有资产产权改革不单纯是一个高层的理论问题，而且是关系各方面利益的公共政策问题。所以这个问题的讨论与决策，不但要有官员、学者、精英参加，而且要有广大公众参与。某国资研究机构有人认为，这是不应当由公众来讨论的潜规则问题，郎咸平掀起的讨论是“引爆了公众不满国资流失和社会不公的情绪，是反对改革”。讲这种话的精英，是把大众当作阿斗。对于国资产权改革，公众有知情权、发言权、监督权，少数精英把持是非常危险的。据报道，汪道涵临终时与人谈话说，“我的忧虑不在国外，是在国内”“精英，社会精英”。其背景就是他对苏共及其领导干部变质的长期观察和研究。“苏联主要是亡在它自己的党政领导干部和社会精英身上。这些干部和精英利用他们手上的权力和社会政治影响，谋取私利，成了攫取和占有社会财富的特权阶层，他们不但对完善改进社会主义制度没有积极性，而且极力地加以扭曲。公有制度改变才能使他们的既得利益合法化。这只要看看各独立共和国当权的那些干部和社会名流大约有百分之八十都是当年苏联的党政官员和社会精英，事情便清楚了。”[1]

十、发展私营经济的正道

谈基本经济制度，不能不谈私有经济，私有经济是非公有制经济的一部分。其与公有制主体经济的共同发展，构成我国社会主义初级阶段的基本经济制度。非公有经济在促进我国经济发展，增加就业，增加财政收入，满足社会各方面需要方面，不仅在当前，而且在整个社会主义初级阶段很长的历史时期内，都有不可缺少的重要积极作用，因此我们必须鼓励、支持和引导非公有制经济发展，而不能忽视它、歧视它、排斥它。所以，党和政府对非公有制包括私有制经济非常重视，对它们的评价，从十三大、十四大的“公有制经济的补充”，到九届人大二次会议称为“社会主义市场经济的重要组成部分”，十六大还提出了“两个

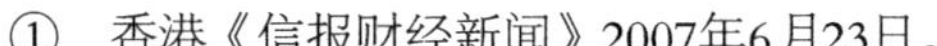

① 香港《信报财经新闻》2007年6月23日。

毫不动摇”，足见中央充分肯定非公有制包括私有制经济的重要作用。

我国非公有制经济有两个组成部分，一部分是个体经济。个体经济占有少量生产资料，依靠个人辛勤劳动，服务社会，而不剥削他人，属于个体劳动性质的经济。这部分经济目前在我国经济中占的比重不大，将来也不可能很大，据工商局说，最近有一些年份，我国实有个体工商户还有所减少。但是现在已经恢复正增长。另一部分是私营经济和外资经济。自改革开放以来，广大私营企业主受党中央“让一部分人先富起来”号召的鼓舞，先后投身商海，奋勇创业拼搏，用心血耕耘多年，为国家经济发展、社会稳定和丰富人们的物质生活做出了重要贡献，应当受到社会公正的评价。当前私营企业主要面临的突出问题，是融资困难较大，税收尤其是非税收负担较重。此类问题亟待有关部门切实解决。

私有经济与个体经济是有区别的。私营企业主与现在所称新社会阶层中的管理技术人员、自由职业人员等其他成分也不一样。大家都是“社会主义事业建设者”，但个体劳动者、管理技术人员、自由职业人员等，一般是不剥削他人劳动的劳动者，而私营企业主雇佣劳工生产经营，他们与雇工之间存在剥削与被剥削的关系。因为私营企业的生产经营是为社会主义现代化建设服务，所以这种剥削关系也受到我国法律的保护。私有经济在促进生产力发展的同时，又有占有剩余价值的剥削性质，这种由剥削制度所制约的私有制本性目的所必然带来的社会矛盾，无时无刻不在政治、经济、社会、文化、思想道德上，人与人的关系上表现出来。私有制在社会主义初级阶段下表现的两重性，是客观上必然存在的，只能正视，不能回避。应该把私有经济的性质与作用分开来讲。只要是私人占有生产资料，雇佣和剥削劳动者，它的性质就不是社会主义的。至于它的作用，要放到具体历史条件下考察，当它处于社会主义初级阶段，适合生产力发展的需要时，它就起积极作用，以至构成社会主义市场经济的一个重要组成部分。由于它不具有社会主义的性质，因此不能说它也是社会主义经济的组成部分。

有人说“非公有制经济人士已不是过去的民族资产阶级”了。不错，非公有制经济中的个体劳动者，从来不属于资产阶级。但雇工剥削的私营企业主按其性质应该归属到哪一类呢？恐怕除资产阶级以外，没有地方可以归属。当然，同时，按其作用，还可以把他归入“社会主义建设者”“新社会阶层”这些不同层次的概念。这是非常实事求是的科学分析，容不得半点虚假。

对于社会主义初级阶段的私有经济，应当从两个方面来正确对待。一方面是不应轻视，不应歧视；另一方面，不应捧抬，不应护短。现在对私营企业轻视歧视的现象的确是有，特别是前面提到的融资问题和负担问题。例如我国大银行对中小企业（主要是私营），除了“重大轻小”“嫌贫爱富”外，还存在“重公轻私”的所有制歧视。所谓企业“三项支出”（交费、摊派、公关招待费用）负担加重，某些部门少数官员对企业勒索骚扰，成为企业不得不应付的“潜规则”；当然这里边也有企业借此减轻正规税费之苦衷。而在“吹捧”“护短”方面，人民网2006年4月19日有人撰文说，不少地方党政官员将我们党的支持民营企业的政策，错误地执行成“捧—求—哄”，给私营企业主吹喇叭、抬轿子、送党票……不一而足。媒体报道，东南某省会城市，在百姓看病存在困难的情况下，拨出专项资金，选定民营企业家享受公费健康体检和疗养休假，“充分体现了党和政府对民营企业家的关爱”。有关部门高层人士为少数企业主确实存在的“原罪”行为开脱，并打不追究的保票。某些理论家则把非公有经济是“社会主义市场经济的重要组成部分”，偷换为“社会主义经济

的重要组成部分”，认为“民营经济”（即私营经济）“已经成为”或者“应当成为”社会主义经济的主体，以取代公有制经济的主体地位。这明显地越过了宪法关于基本经济制度规定的界线。

对私有经济，既不应当轻视、歧视，又不应当吹捧护短，那么应当怎样正确对待，才符合坚持社会主义基本经济制度的要求呢？毫无疑问，我们要继续毫不动摇地发展私有经济，发挥其机制灵活，有利于促进社会生产力的正面作用，克服其剥削性产生的不利于社会经济发展的负面作用。如有些私营企业主偷逃税收，压低工资和劳动条件，制造假冒伪劣产品，破坏自然资源环境，借机侵害国有资产，以及其他欺诈行为，都要通过教育监督，克服清除。我想广大私营企业主，本着“社会主义建设者”的职责和良心，也一定会赞成这样做，这对私有经济的发展只有好处，没有坏处。

在鼓励、支持私有经济发展的同时，还要正确引导其发展方向，规定能发展什么，不能发展什么。比如竞争性领域，要允许私有经济自由进入，尽量撤除限制其进入的藩篱。特别是允许外资进入的，也应当开放内资进入。而对关系国民经济命脉的重要部门和关键领域，就不能允许私有经济自由进入，只能有条件、有限制地进入，不能让其操纵这些部门和行业，影响国有经济的控制力。私有经济在竞争性领域有广阔的投资天地，在关系国民经济命脉的一些重要部门现在也可以参股投资，分享丰厚的盈利，应当知足了。作为“社会主义建设者”群体和“新社会阶层”，私营企业主大概不会觊觎社会主义经济的“主体地位”。但是确有某些社会精英明里暗里把他们往这方面推。要教育他们不要跟着这些精英跑。

总之，我们要毫不动摇地发展包括私有经济在内的非公有经济，但这必须与毫不动摇地坚持发展公有制经济并进，并且这种并进要在坚持公有制经济为主体、国有经济为主导的前提下进行，真正实行两个毫不动摇，而不是只实行一个毫不动摇。这样做，才能够保证我国社会主义基本经济制度的巩固发展，永远立于不败之地。

（本文旨在论述，调整收入分配关系，缩小贫富差距，不仅要从分配领域本身着手，特别是从财政税收转移支付等再分配领域着手；还要从基本生产关系，即所有制关系，从坚持基本经济制度来处理这一问题，才能最终地阻止向两极分化推进的趋势。文章分析了我国目前所有制结构面临的情势，指出当前要在事实上坚持公有制为主体，坚持社会主义基本经济制度的必要性、紧迫性。

文章报送中央领导同志后，《求是》杂志社红旗文稿编辑部来函称："根据中宣部的安排，您送给中央领导同志的文章《关于分配与所有制关系若干问题的思考》，将在我刊发表。"该刊2007年第24期发表时做了一点删节。这里发表的是《中国社会科学内刊》2007年第6期刊载的全文。原载《中国社会科学内刊》2007年第6期。）

应正确评估中国贫富差距扩大的形势*

（2007年10月9日）

改革开放以来，在分配领域，我们党遵循小平同志的正确思想，克服了过去在实行按劳分配原则中曾经有的平均主义倾向（过去也不能说完全是平均主义，按劳的差别还是有的，但是平均主义倾向相当严重），实行让一部分人、一部分地区先富起来，带动大家共同富裕的方针。经过将近30年的改革实践，社会阶层分化，收入差距大大拉开，但还没有来得及进行先富带后富，实现共同富裕的目标。这对于经济的大发展，暂时是有利的。同时带来深刻的社会矛盾，引起公众的焦虑和学者的争论。

对当前的贫富差距形势存在两种截然相反的看法

争论的焦点问题之一，是中国现在贫富差距是否已经扩大到“两极分化”的程度。主要有两种意见。肯定的一方忧国忧民，列举一些事实和数字，应用国际上通用的指标，如基尼系数、五等分或十等分分配比较法等，来加以论证，并用社会上一方面穷奢极欲的消费，另一方面生计困难生活对比的事实来验证说明：

* 原载《北京日报理论周刊》2007年10月9日。

两极分化已被小平同志言中，希望尽快地改变这种状况。否定的一方则认为，现在虽然富者愈来愈富，但贫者并不是愈来愈穷，而是水涨船高，大家都改善了生活，否认国际上通用的指标适用于中国，断言基尼系数的提高是市场经济发展不可改变的必然趋势，认为提“两极分化”是故意炒作，反对改革。

对于中国现在是否已经出现“两极分化”问题，我一向持慎重态度

四年以前（2003年），我在《研究宏观经济形势要关注收入分配问题》一文中指出：“目前我国居民基尼系数大约在0.45。……基尼系数还处于倒U形曲线的上升阶段，随着市场经济体制的深化，客观上还有继续上升的趋向。所以，我们不能一下子强行提出降低基尼系数，实行公平分配的主张，而只能逐步加重公平的分量，先减轻基尼系数扩大的幅度，再适度降低基尼系数本身，逐步实现从‘效率优先，兼顾公平’向‘效率与公平并重’过渡”。

2005年4月，我在《进一步重视社会公平问题》一文中说：“收入差距扩大到承受极限，很可能与达到两极分化相联系。我们现在显然不能说已经达到两极分化，也不能说达到承受极限。基尼系数客观上还在上升阶段，如不采取措施则有迅速向两极分化和向承受极限接近的危险”。

为何不能认同前述两种极端看法

我现在基本上还是持这个谨慎态度。为什么要持这样比较中性的看法（贫富差距还未达到不能承受程度的两极分化），又有一定的倾向性的观点（要认真及时解决否则有接近两极分化、承受极限的危险），而不采取前述两种极端的观点呢？我有以下一些考虑。

两极分化是马克思在《资本论》中阐述资本主义积累的一般规律所制约着的一种社会现象，即一极是财富的积累，一极是贫困的积累。财富的积累是一个无限扩大的过程，而贫困的积累则经过“绝对的贫困”到“相对的贫困”的转化。绝对贫困基于资本与劳动的分离，劳动能力是工人唯一能够出售的东西，资本天然会为了利润最大化而利用自身的优势和工人之间的竞争，拼命压低工资和劳动条件，这一过程与产业后备军、劳动人口的相对过剩相连，工人阶级的贫困同他们所受到的劳动折磨成正比，这就是“绝对的贫困”的积累。但是，随着生产率的提高，工人阶级斗争的发展，以及资产阶级政府被迫举办的福利措施，工人的绝对工资福利水平会提高，但劳动与资本的分配比例关系，仍然继续朝着有利于资本、财富积累的方向进行，使劳动阶级由“绝对贫困”转入“相对贫困”，财富积累和贫困积累两极分化现象仍然持续下去。一项研究用大量的材料表明，“在私有化、市场化、民主化和全球化中，无论在实行议会制的发达国家，还是实行议会体制的发展中国家，两极分化加剧的现象目不暇接”。

当然，中国的情况与实行议会制度的发达国家和发展中国家不一样。但类比劳动人民从绝对贫困的改善，到相对贫困的发展，则是有启发的。一些同志在论证中国已出现两极分化的现象时，没有足够地注意到1978年至2006年，中国农村绝对贫困人口数量从2.5亿下降到2148万，减少了2.28亿人，农村绝对贫困人口的发生率，由30%降到2.3%。这是我国社会生产力发展和政府扶贫政策实施的结果，对中国贫富差距扩大的缓解，起了一定的作用。当然不能由此推断中国贫富差距因此缩小，因为随着经济的发展，贫困的标准也在提高。我们的生活水平提高了，按照我们的标准计算的贫困人口是几千万，而按照世界标准计算是2个亿。所以按我们标准计算的绝对贫困人口数量虽然减少，但它并不意味着相对贫富差距不在继续扩大。有一种观点认为，经济发展中收入分配是水涨船高的关系，断言中国只有大富小富之分，没有可能出现两极分化的趋势。这种说法违背了随着生产力的发展等因素，劳动人口从绝对贫困转向（在市场经济和雇佣劳动的条件下）相对贫困的两极分化趋势，依然在继续进行的客观规律。特别是中国，由于在改革过程中，诸如教改、医改、房改、国企改等政策中某些失误，以及土地征用、房屋拆迁等使居民利益受损等影响，导致了某些新的贫困阶层的出现，更加剧了“贫者愈贫，富者愈富”（审计总署长李金华语）的过程。当然政府正在采取措施解决这些问题，这也是不能忽视的。

究竟能不能拿基尼系数来判断我国是否已经达到两极分化的境地

我们再强调一下，说我国收入分配有向两极分化演进的趋势，并不意味现在收入分配的整个格局已经是“两极分化”了。能不能拿基尼系数来判断我国是否已经达到两极分化的境地？有些人基于某种原因，说基尼系数不适用于中国，说目前谈论基尼系数意义不大。究竟该怎么看呢？

基尼系数作为衡量贫富差距的工具，是一个中性指标，“二战”后世界各国都在使用。我国基尼系数由1964年的0.184，1978年的0.2，上升到1980年的0.26，1990年越过0.4。上升速度之快，令人惊讶，这是不能回避的。从水平上说，我国基尼系数已超过许多发达的资本主义国家，但还没有达到社会动荡比较强烈的拉丁美洲一些发展中国家的水平。这些情况很能说明一些问题。比如说，发达的资本主义国家，大多属于前殖民帝国，现在又具有跨国公司优势，从全世界吸取剩余价值，一部分用于国内劳动阶级的福利，借以缓解社会矛盾。这对于这些国家基尼系数的下降，甚至比我国还低，不能不说是一个原因。当然我们也应该反思，我们一个社会主义国家的基尼系数，怎么可以出现超过发达的资本主义国家？

另一方面，我确实同意有些专家所说，影响基尼系数的结构性因素甚为复杂，不能简单地套用基尼系数的某些国际规范于我国。比如说按国际标准，0.4是社会失衡的临界点，超过0.4，就要进入警戒状态，这一条我看就不能随便套用。

我在2003年《研究宏观经济形势要关注收入分配问题》一文中说："基尼系数0.4作为监控贫富差距的警戒线，是对许多国家实践经验的概括，有一定的普遍意义。但各国的情况千差万别，社会公平理念和居民承受能力不尽相同。拿我国来说，基尼系数涵盖城乡居民，而城乡之间的收入差距扩大幅度明显是大于城镇内部和农村内部差距扩大的幅度。1978年到2000年城镇内部居民收入差距的基尼系数由0.16上升到0.32，农村内部由0.21上升到0.35，基尼系数小于国际警戒线。但城乡居民收入差距幅度甚大，基尼系数由1980年的0.341，上升到2000年的0.417，高于国际警戒线。我国城乡居民收入差距悬殊，现时为3.1：1，若考虑城乡福利补贴等差异，则差距进一步扩大到5：1~6：1。由此看来，我国城乡居民是两个根本不同的收入群体和消费阶层。……历史形成的我国城乡居民收入巨大差距的客观事实，使农村居民一时难以攀比城市生活，其承受能力有一定的弹性，所以我国的收入分配警戒线，不妨比国际警戒线更高一些。"

基于此类结构性因素对全国基尼系数影响的考虑，我在2005年《进一步重视社会公平问题》一文中还表达了我们现在显然不能说已经达到两极分化，也不能说达到承受极限，我国人民对基尼系数在客观上继续上升还有一定的承受能力。当然这不意味我们不要重视贫富差距的扩大问题，并对其采取遏制措施。我接着说了基尼系数在迅速上升的情况下，如不采取有力措施，则有迅速向两极分化和承受极限接近的危险。所以那种认为，基尼系数上升是市场经济发展过程中的必然现象，需要长时期对付等待才能解决的观点，也是不妥的。

经过将近30年的改革与发展，现在我们国家的经济实力和财政力量已经成长到可以加速解决贫富差距问题的阶段

按照邓小平同志的估计，从支持一部分人、一部分地区先富起来，转向先富带动后富以实现共富，这两个“大局”的变化，即着手解决贫富差距问题，大约是在20世纪和21世纪之交。这个估计可能过于乐观了一点。但是经过将近30年的改革与发展，现在我们国家的经济实力和财政力量已经成长到可以加速解决贫富差距问题的阶段。何以“让一部分人先富起来”，可以很快实现；而“先富带动后富实现共富”，则需要很长很长时间的等待呢？这在我们社会主义的国家更是说不过去的。其后果将导致社会矛盾的激化，也是可以预见的。

除了以上的考虑以外，我之所以对两极分化问题持上述比较中性而又有一定倾向的观点，还有一个考虑。就是对领导我们进行改革开放的中国共产党政治路线的坚定信心。改革开放以来出现的收入差距扩大和贫富分化的现象，一方面是采取一部分人先富起来的正确政策的结果，但是还没有来得及解决带动大部分人共享改革成果，这属于正确政策的掌握经验不足问题；同时也有社会上种种错误思潮干扰的影响。我们党中央始终保持改革的社会主义方向，在发展社会生产，搞活市场流通，完善宏观调控，改善人民生活等方面，取得许多成就，有目共睹。在这样的总形势下，即使分配等方面的改革出了点问题，怎么可以说小平同志的假设已经言中，改革已经失败了呢？这是不符合实际情况的，也是不公平的。我们看到党对人民负责的郑重精神，特别是十六大以来，本着对人民群众切身利益的关怀，提出以人为本的科学发展观和构建和谐社会的思想，做了“让改革成果为全体人民分享”的政治承诺。针对日益发展的社会矛盾，淡出“效率优先、兼顾公平”的原则，突出“更加重视社会公平”的方针。利用财税改革和转移支付手段，着手解决分配不公问题。采取积极措施，解决诸如医疗服务、教育收费、居民住房、土地征收、房屋拆迁等涉及群众利益的突出问题。2006年5月，党中央还召开了专门会议，研究收入分配制度改革。我想，党中央这一系列重大举措，只要认真地、有效地落实，将会缓解我国贫富差距的扩大，扭转向两极分化接近的趋向。分配关系的调整和社会公平的促进，千头万绪。不仅要党和政府牵头，也要各方面的配合。包括精神的、舆论的配合。所以过于强调在两极分化问题上问责，并不有利于问题的解决。但指明发展的趋向，则是研究者职责所在。我之所以在这个问题上持比较中性又积极的态度，理由在此。

坚持党的基本路线不动摇*

（2007年10月18日）

刘国光近日发表《坚持党的基本路线不动摇》一文，主要内容如下：

全面准确地理解和贯彻基本路线

邓小平多次说过"一个中心、两个基本点"的基本路线要管100年，动摇不得。党的十六届六中全会重申"坚持基本路线、基本纲领、基本经验"，这是完全正确的。党的基本路线是一个纲，科学发展观和构建社会主义和谐社会都是基本路线在新时期的理论升华和展开，是基本路线基础上的创新。现在的问题是如何全面准确地理解和贯彻基本路线。

"全面"，就要把"一个中心、两个基本点"作为一个有机整体来理解，不能割裂。坚持经济建设为中心，是发展的核心问题，或称为共产党执政的第一要务，而要发展就得坚持和完善社会主义基本制度，这又是两个基本点的含义。从经济学上说，就是现代化生产力与社会主义生产关系及其上层建筑的有机统一。发展生产力是决定因素，邓小平强调的是"发展社会主义社会的生产力"，以胡锦涛同志为总书记的党中央提出的科学发展观，

---

* 原载《马克思主义理论研究和建设工程参考资料》第366期，2007年10月18日。

实质上是社会主义的发展观，生产力发展离不开生产关系这个大系统。改革是为发展提供动力，属于生产关系及上层建筑领域的事，其目的也是“有利于社会主义社会的生产力发展”。这又涉及改革的方向问题，要求坚持四项基本原则，即坚持社会主义道路、坚持人民民主专政、坚持共产党的领导、坚持马克思主义为指导，要在坚持四项基本原则的框架内深化改革、扩大开放。所以，“一个中心、两个基本点”是一个有机整体。

“准确”，就是正确把握基本路线的科学内涵，不能加以曲解。以经济建设为中心，不能理解为只要能赚钱就是发展，或者仅仅追求GDP的增长就是发展，而是以人为本、全面协调可持续的科学发展。坚持四项基本原则本来就有明确的含义，属于经济和政治的方向问题，关键是全面坚持，一个也不能少。改革是社会主义自我完善，不能离开这个大方向；开放是保持主权和增强自力更生能力的开放，不是让外国资本主义控制我们。

毫不动摇地坚持改革的正确方向

全面准确地理解和坚持基本路线既是实践问题也是理论问题，它是中国特色社会主义根本路线，与基本纲领（特别是基本经济制度）、基本经验（十六大总结的十条经验）是相吻合的。现在，应当用“坚持基本路线一百年不动摇”的信念来扫清各种错误思潮，把握正确方向。

改革进行了30年，取得了巨大的成绩，主要原因是党坚持正确的改革方向。当前的改革进入深水区，遇到深层次的矛盾和问题。这些矛盾和问题，有些是在探索中缺乏经验造成的，有些是对改革的曲解、干扰造成的。对于前者，经验不足，需要总结经验教训，端正前进道路；对于后者，要睁开火眼金睛，加以识别，认真排除。这样才能保证改革大业成功。当然，这个问题不是一次讲讲就行了，需要反复讲，因为有人只提坚持自己的改革方向，却不提坚持改革的正确方向，并把别人推到“反对改革”的方面去。好像改革既然是时代大势所趋，可以不管什么方向不方向，只要是“改革”就好。这种笼统讲的用意既有浅薄的一面，也有不善的一面。不善的是把改革中反对搞歪理邪道的人说成“反对改革”，以达到鱼目混珠、以邪压正的企图。所以，我们一定强调要坚持正确的改革方向，而不能笼统地讲“坚持改革方向”。

中国改革的正确方向是什么？这不是可以任意杜撰的，也不是突然提出来的，必须有所根据。没有根据，信口开河，怎么能让人跟你走？我们应当根据《宪法》《党章》以及党中央的有关文件精神来确定改革的正确方向。这样，可以把改革的正确方向归结为以下几点：

（1）改革必须是社会主义的自我完善，必须坚持四项基本原则。

（2）社会主义的本质是解放生产力，发展生产力，消灭剥削，消除两极分化，最终达到共同富裕。“消灭剥削”“消除两极分化”是区别于资本主义的本质，很重要，不能不讲。

（3）根据《宪法》规定：国家在社会主义初级阶段，坚持公有制为主体、多种成分共同发展的基本经济制度，坚持按劳分配为主体、多种分配方式并存的分配制度。

（4）在经济运行机制上，建立社会主义市场经济体制。这也就是国家宏观调控下市场在资源配置中起基础性作用。邓小平同志指出：“我们必须从理论上搞懂，资本主义与社会主义的区分不在于是计划还是市场这样的问题。社会主义也有市场经济，资本主义也有计划控制。计划和市场都得要。”江泽民同志也指出，社会主义市场经济并不是取消计划性，社会主义计划和市场两个手段都要用。

（5）政府的职能在社会主义初级阶段还要以经济建设为中

心。经济职能转向社会职能，提供公共服务为重点，这是重要问题。但不能像有些人讲的完全退出经济建设职能，仅仅提供公共产品。这是与公有经济为主体相呼应的。

以上五条可能不完全，但大体上可以回答什么是正确的改革方向。正是我们党和政府坚持这条道路，由此改革才能不偏离正确方向。这是改革的主线。正是坚持了这条主线，改革才取得了伟大成就。

江泽民同志曾经讲过，存在着两种改革观，一种是社会主义自我完善的改革，一种是资产阶级自由化的“改革”。自由化的“改革”理论打着拥护“改革”的旗帜，想把中国引到搞资本主义，也就是私有化、市场化的路上去。他们的意图是以私有化、市场化抹掉社会主义方向，把中国纳入由公有经济为主体转化为私有经济为主体的“转轨国家”行列。

一些同志不知“转轨国家”一词的内涵。有些人把中国改革和苏东剧变等量齐观，如最近有人说“苏联解体、东欧剧变，中国走上改革开放的道路”，都属于“民主社会主义”的胜利。不知中国的改革是社会主义的自我完善，是坚持社会主义的；而苏东转轨是转到资本主义那里去了。他们把中国、苏联、波兰、匈牙利等都叫作“转轨国家”。目前，已经有人给“转轨国家”下了“准确定义”：“国有制为主导转为市场为主导、私人经济为主导的历史性转变的国家。”这是波兰学者科勒德科2006年10月6日在北京大学中国经济研究中心讲话里讲的。我们不能稀里糊涂地人云亦云，把中国也说成“转轨国家”，即把以公有制为主体转到以私有制为主体的国家。

坚持中国特色社会主义毫不动摇

现在，不讲社会主义的少了，任意解释社会主义的东西多起来了。比如“人民社会主义”“宪政社会主义”“幸福社会主义”等。由于社会主义在人们心目中有崇高地位，逼得反对它的人也不得不披上“社会主义”的外衣。其实，马克思、恩格斯早就在《共产党宣言》中讲过有不同的社会主义：封建的社会主义、小资产阶级的社会主义、资产阶级的社会主义等，并对这些“社会主义”一一加以批判，做了科学的分析。只有科学社会主义才能代表工人阶级，指导劳动人民获得解放。不是随便哪一种社会主义都可以选择。今天的中国已经做出了选择，即中国特色社会主义。邓小平和我们党所采取的正确的改革方向，是我们党几十年经验教训的总结，是我们的正确选择。这就是我们的标准。怎么还要另外的选择？现在有人喜欢提出各种不同的社会主义模式供人选择，花样繁多的模式，总的思想脉络离不开新自由主义和民主社会主义那一套。

社会主义的实质和特征是什么？马克思主义的经典著作、《中华人民共和国宪法》中早已有规定，中国改革的创始人和总设计师早已有阐述。我们都很熟知。建立公有制，消灭剥削是社会主义的根本特征。在社会主义初级阶段为了大力发展生产力，不得不实行以公有制为主体、多种所有制共同发展的经济制度，实行以按劳分配为主体、多种分配形式并存的分配制度，实行国家宏观调控下有计划性的社会主义市场经济，还要实行人民民主专政。

当前，社会利益多元化后，非马克思主义、反社会主义思潮的出现，是不可避免的。但是要有一个度，一个边。不能让这些错误思潮把人们的思想搞得乱七八糟、六神无主，不能让这些错误思潮把改革与发展的方向引入歧途，像戈尔巴乔夫的“多元化”“公开化”所导致的灾难后果那样。所以，在实行多样化的方针时，一定要强调“主旋律”，强调切实地而不是官样文章地宣传马克思主义，强调宣传科学的社会主义，强调宣传坚持四项基本原则和改革开放的中国特色社会主义。要给宣传正确思想，批判错误思想以更多的说话机会，或者话语权。批判与反批判从来就是追求科学真理的必由之路，各种思潮的和平共处并不有利于和谐社会的建设，如同某些同志所幻想的那样。当然，要防止利用争鸣来制造社会不和谐的杂音。要加强让马克思主义、科学的社会主义，真正占领舆论阵地，真正成为意识形态领域的主流指导思想。

关于收入分配问题的一些思考*

（2007年12月1日）

改革开放以来，在分配领域，我们党遵循小平的正确思想，克服了过去在实行按劳分配原则中曾经有的平均主义倾向，实行让一部分人、一部分地区先富起来，带动大家共同富裕的方针。经过将近30年的改革实践，社会阶层分化，收入差距大大拉开，但还没有来得及进行先富带后富，实现共同富裕的目标。这对于经济的大发展，暂时是有利的。同时带来深刻的社会矛盾，引起公众的焦虑和学者的争论。

争论的焦点问题之一，是中国现在贫富差距是否已经扩大到“两极分化”的程度。这个问题，邓小平为了提醒、警告，曾经作为假设，一再提出过：“如果我们的政策导致两极分化，我们就失败了”[①]。并没有预计到这种假设一定会变为现实。因为邓小平把这个假设提到突出的政治高度，所以问题就非常敏感，争论也非常激烈。往往各执一端，谁也说服不了谁。

当前中国社会贫富悬殊是否达到“两极分化”，主要有两种意见。肯定的一方忧国忧民，列举一些事实和数字，应用国际上通用的指标，如基尼系数、五等分或十等分分配比较法等，来加以论证，并用社会上一方面穷奢极欲的消费，另一方面生计困

* 本文系2007年12月1日在中国经济规律研究会和南京财经大学联合举办的第十七届年会的主题演讲。内容曾略调整以“十七大关于分配制改革的新亮点”为题，摘要发表于上海《社会科学报》2007年12月13日。

① 《邓小平文选》第三卷，第111页。

难生活对比的事实来验证说明：两极分化已被小平同志言中，希望尽快地改变这种状况。否定的一方则认为，现在虽然富者越来越富，但贫者并不是越来越穷，而是水涨船高，大家都改善了生活，否认国际上通用的指标适用于中国，断言基尼系数的提高是市场经济发展不可改变的必然趋势，认为提“两极分化”是故意炒作，反对改革。

很显然，以上两种观点代表了社会上两种不同利益集团的看法。一种是代表资本、财富和某些社会精英的看法。一种是代表工农为主体的一般群众。我不能完全免俗，完全摆脱社会不同利益集团的影响，但是我主观上力求试着超脱一些，所以，我对于中国现在是否已经“两极分化”问题，一向持慎重态度。

四年以前（2003年），我在《研究宏观经济形势要关注收入分配问题》一文中指出：“目前我国居民基尼系数大约在0.45。……基尼系数还处于倒U形曲线的上升阶段，随着市场经济体制的深化，客观上还有继续上升的趋向。所以，我们不能一下子强行提出降低基尼系数，实行公平分配的主张，而只能逐步加重公平的分量，先减轻基尼系数上升的幅度，再适度降低基尼系数本身，逐步实现从‘效率优先，兼顾公平’向‘效率与公平并重’过渡”①。

2005年4月，我在《进一步重视社会公平问题》一文中说：“收入差距扩大到承受极限，很可能与达到两极分化相联系。我们现在还不能说已经达到两极分化（这是邓小平说改革失败的标志），也不能说达到承受极限。基尼系数客观上还在上升阶段，如不采取措施则有迅速向两极分化和向承受极限接近的危险”②。

我现在基本上还是持这个谨慎态度。为什么要持这样比较中

① 《刘国光文集》第十卷，中国社会科学出版社2006年版，第510页。

② 《刘国光文集》第十卷，中国社会科学出版社2006年版，第588页。

性的看法（贫富差距还未达到不能承受程度的两极分化），又有一定的倾向性的观点（要认真及时解决，否则有接近两极分化、承受极限的危险），而不采取前述两种极端的观点呢？我有以下一些考虑。

两极分化是马克思在《资本论》中阐述资本主义积累的一般规律所制约着的一种社会现象，即一极是财富的积累，一极是贫困的积累。财富的积累是一个无限扩大的过程，而贫困的积累则经过"绝对的贫困"到"相对的贫困"的转化。绝对贫困基于资本与劳动的分离，劳动能力是当初工人唯一能够出售的东西，资本天然会为了利润最大化而利用自身的优势和工人之间的竞争，拼命压低工资和劳动条件，这一过程与产业后备军、劳动人口的相对过剩相连，工人阶级的贫困同他们所受到的劳动折磨成正比，这就是"绝对的贫困"的积累。但是，随着生产率的提高，工人阶级斗争的发展，以及资产阶级政府被迫举办的福利措施，工人的绝对工资福利水平会提高，但劳动与资本的分配比例关系，仍然继续朝着有利于资本、财富积累的方向进行，使劳动阶级由"绝对贫困"转入"相对贫困"，财富积累和贫困积累两极分化现象仍然持续下去。一项研究用大量的材料表明，"在私有化、市场化、民主化和全球化中，无论在实行议会制的发达国家，还是实行议会制的发展中国家，两极分化加剧的现象目不暇接"[①]。

当然，中国的情况与实行议会制度的发达国家和发展中国家不一样。但类比劳动人民从绝对贫困的改善，到相对贫困的发展，则是有启发的。一些同志在论证中国已出现两极分化的现象时，没有足够地注意到1978年至2006年，中国农村绝对贫困人口数量从2.5亿下降到2148万，减少了2.28亿人，年均脱贫700多万

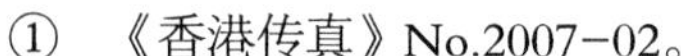

① 《香港传真》No.2007-02。

人，农村绝对贫困人口的发生率，由30%降到2.3%。这是我国社会生产力发展和政府扶贫政策实施的结果，对中国贫富差距扩大的缓解，起了一定的作用。当然不能由此推断中国贫富差距因此缩小，因为随着经济的发展，贫困的标准也在提高。我们的生活水平提高了，按照我们的标准计算的贫困人口是几千万，而按照世界标准计算是2个亿。所以按我们标准计算的绝对贫困人口数量虽然减少，但它并不意味着相对贫富差距不在继续扩大。有一种观点认为，经济发展中收入分配是水涨船高的关系，断言中国只有大富小富之分，没有可能出现两极分化的趋势[①]。这种说法违背了随着生产力的发展等因素，劳动人口从绝对贫困转向（在市场经济和雇佣劳动的条件下）相对贫困的两极分化趋势，依然在继续进行的客观规律。特别是中国，由于在改革过程中，诸如教改、医改、房改、国企改革等政策中某些失误，在不该市场化的地方搞市场化，以及土地征用、房屋拆迁等使居民利益受损等影响，导致了某些新的贫困阶层的出现，更加剧了贫者越贫，富者越富的过程。当然政府正在采取措施解决这些问题，这也是不能忽视的。

我们再强调一下，说我国收入分配有向两极分化演进的趋势，并不意味着现在收入分配的格局已经达到“两极分化”了。能不能拿基尼系数来判断我国是否已经达到两极分化的境地？有些人基于某种原因，说基尼系数不适用于中国，说目前谈论基尼系数意义不大。这未免同他们一贯宣扬的与国际接轨的言论不相符合。

基尼系数作为衡量贫富差距的工具，是一个中性指标，“二战”后世界各国都在使用。我国基尼系数由1964年的0.184，1978年的0.2，上升到1980年的0.26，1990年越过0.4，现在已接近

① 《经济观察报》2007年3月18日。

0.50，上升速度之快，世界罕见，几乎找不到一例。令人惊讶，这是不能回避的。从水平上说，我国基尼系数目前已超过许多发达的资本主义国家，但还没有达到社会动荡曾经比较强烈的拉丁美洲一些发展中国家的水平。这些情况很能说明一些问题。比如说，发达的资本主义国家，大多属于前殖民帝国，现在又具有跨国公司优势，从全世界吸取剩余价值，一部分用于国内劳动阶级的福利，借以缓解社会矛盾。这对于这些国家基尼系数的下降，甚至比我国还低，不能不说是一个原因。当然我们也应该反思，我们一个社会主义国家的基尼系数，怎么可以超过发达的资本主义国家？

另一方面，我确实同意有些专家所说，影响基尼系数的结构性因素甚为复杂，不能简单地套用基尼系数的某些国际规范于我国。比如说按国际标准，0.4是社会失衡的临界点，超过0.4，就要进入警戒状态，这一条我看就不能随便套用。

我在2003年《研究宏观经济形势要关注收入分配问题》一文中说："基尼系数0.4作为监控贫富差距的警戒线，是对许多国家实践经验的概括，有一定的普遍意义。但各国的情况千差万别，社会公平理念和居民承受能力不尽相同。拿我国来说，基尼系数涵盖城乡居民，而城乡之间的收入差距扩大幅度明显是大于城镇内部和农村内部差距扩大的幅度。1978年到2000年城镇内部居民收入差距的基尼系数由0.16上升到0.32，农村内部由0.21上升到0.35，基尼系数小于国际警戒线。但城乡居民收入差距幅度甚大，基尼系数由1980年的0.341，上升到2000年的0.417，高于国际警戒线。我国城乡居民收入差距悬殊，现时为3.1∶1，若考虑城乡福利补贴等差异，则差距进一步扩大到5∶1~6∶1。由此看来，我国城乡居民是两个根本不同的收入群体和消费阶层。……历史形成的我国城乡居民收入巨大差距的客观事实，使农村居民一时难以攀比城市生活，其承受能力有一定的弹性，所以我国的

收入分配警戒线，不妨比国际警戒线更高一些。”[①]

基于此类结构性因素对全国基尼系数影响的考虑，我在2005年《进一步重视社会公平问题》一文中还表达了我们现在显然不能说已经达到两极分化，也不能说达到承受极限，我国人民对基尼系数在客观上继续上升还有一定的承受能力。当然这不意味我们不要重视贫富差距的扩大问题，并对其采取遏制措施。我接着说了基尼系数在迅速上升的情况下，如不采取有力措施，则有迅速向两极分化和承受极限接近的危险。所以那种认为，基尼系数上升是市场经济发展过程中的必然现象，需要长时期对付等待才能解决的观点，也是不妥的。

按照邓小平的估计，从支持一部分人、一部分地区先富起来，转向先富带动后富以实现共富，这两个“大局”的变化，即着手解决贫富差距问题，大约是在20世纪和21世纪之交。“什么时候突出地提出和解决这个问题，在什么基础上提出和解决这个问题要研究。可以说，想在20世纪末达到小康水平的时候，就要突出地提出和解决这个问题”[②]。邓小平的这个估计可能过于乐观了一点。但是经过将近30年的改革与发展，现在我们国家的经济实力和财政力量已经成长到可以加速解决贫富差距问题的阶段。何以“让一部分人先富起来”，可以很快实现（几年）；而“先富带动后富实现共富”，则需要很长很长时间（几十年上百年）的等待呢？这在我们社会主义的国家更是说不过去的。这显然是对财富积累一极偏袒的言论，其后果将导致社会矛盾的激化，也是可以预见的。

除了以上的考虑以外，我之所以对两极分化问题持上述比较中性而又有一定倾向的观点，还有一个考虑，就是对领导我们

---

① 《刘国光文集》第十卷，中国社会科学出版社2006年版，第505—506页。

② 《邓小平文选》第三卷，人民出版社1993年版，第374页。

进行改革开放的中国共产党政治路线的坚定信心。改革开放以来出现的收入差距扩大和贫富分化的现象，一方面是采取一部分人先富起来的正确政策的结果，但是还没有来得及解决带动大部分人共享改革成果，这属于正确政策的掌握经验不足问题；同时也有社会上种种错误思潮的干扰的影响。我们党中央始终保持改革的社会主义方向，在发展社会生产，搞活市场流通，完善宏观调控，改善人民生活等方面，取得许多成就，有目共睹。在这样的总形势下，即使分配等方面的改革出了点问题，怎么可以说小平同志的假设已经言中，改革已经失败了呢？

我们看到党对人民负责的郑重精神，特别是中共中央十六大以来，本着对人民群众切身利益的关怀，提出以人为本的科学发展观和构建和谐社会的思想，做了“让改革成果为全体人民分享”的政治承诺。中共中央十六届四中全会以来针对日益发展的社会矛盾，淡出“效率优先、兼顾公平”的原则，突出“更加重视社会公平”的方针。利用财税改革和转移支付手段，着手解决分配不公问题。采取积极措施，解决诸如医疗服务、教育收费、居民住房、土地征收、房屋拆迁等涉及群众利益的突出问题。2006年5月，中共中央政治局还召开了专门会议，研究收入分配制度改革。

特别是中共十七大文件关于小康社会分配格局和改善民生改革收入分配制度的阐述，在解决社会公平问题上，向前迈进了一大步。

十七大关于分配问题，有一些新的提法，其中特别值得我们注意的是，关于初次分配和再分配都要处理好效率和公平的关系。[①]

中共十七大报告第一次正式提出初次分配和再分配都要处理

① 《中国共产党第十七次全国代表大会文件汇编》，第37—38页。

好效率和公平关系，也就是第一次强调初次分配也要讲公平，这是过去的中央文件里没有讲的。我们知道，中共十四届三中全会开始，把收入分配原则表述为“效率优先，兼顾公平”[①]；经过中共十五大、十六大，继续这样提；在十六大时还强调“初次分配注重效率，再分配注重公平”[②]。就是说在总体分配上公平处于兼顾的第二位情况下，初次分配还可以不讲公平，只讲效率。这个提法有毛病。我在前述《研究宏观经济形势要关注收入分配问题》一文中，提出要“逐步实现从‘效率优先，兼顾公平’向‘效率与公平并重’过渡”[③]，并将这一意见在十六届三中全会文件起草组提出。到十六届四中全会时，开始淡出“优先”“兼顾”的提法，就是说，开始不提“效率优先，兼顾公平”了。2005年在“进一步重视社会公平问题”一文中，我再次提出公平与效率并重的主张，并写了《把效率优先放到该讲的地方去》[④]一篇短文，内容在阐明把公平置于“兼顾”的次要位置不妥外，还加上初次分配也要注重公平。此文原稿呈送了中央。但在十六届五中全会（2005年）报告征求意见稿中，又忽然重新出现“效率优先、兼顾公平”，“初次分配注重效率再分配注重公平”的字样，在征求意见时受到一些同志的反对，于是十六届五中全会文件最终定稿时还是勾销了这两个提法。同时突出了“更加重视社会公平”的鲜明主张。“优先兼顾”提法的淡出，“初次分配注重效率再分配注重公平”提法的勾销和“更加重视社会公平”主张的突出，无疑是收入分配领域理论政策一大进步，党中央的这一决策，受到大家的欢迎。

到这次十七大又进一步明确提出初次分配再分配都要处理好

① 《中国经济年鉴》（1994年），中国经济管理出版社1995年版，第2页。

② 《中国经济年鉴》（2003年），中国经济管理出版社2004年版，第9页。

③ 《刘国光文集》第十卷，中国社会科学出版社2006年版，第510页。

④ 《刘国光文集》第十卷，中国社会科学出版社2006年版，第623—625页。

效率与公平的关系，要害是初次分配也要注意公平。这是一个大亮点，我说至少是十七大报告亮点之一，意义非凡。

在初次分配中也要实现公平与效率的统一，这是中央分配理念的一个重要变革，意在遏制近年收入分配状况的恶化，贫富差距扩大的趋势。

在整个国民收入分配中，再分配所调节的只能涉及小部分，而初次分配的数额要比再分配大得多，涉及面也广得多。许多分配不公问题产生于初次分配领域，诸如企业分配中资本所得偏高，劳动所得偏低；高管人员所得偏高，一般雇员所得偏低；垄断行业所得偏高，一般行业偏低；农民工所得大大低于城市人员，等等，都是初次收入分配中发生的问题。初次分配不公的大格局一旦形成，再分配无力从根本上改变，只能在此格局基础上，通过财政税收转移支付等做出局部的修补。所以在初次分配中就要处理好效率与公平的关系，更多体现公平。如果初次分配不强调公平，一味强调效率，忽视公平，初次分配形成的巨大收入差距，靠再分配手段是很难矫正的。十七大决心从初次分配阶段开始就注意处理效率与公平关系，再分配要更加注重社会公平，这对于建立合理的收入分配制度，缓解和缩小收入差距的扩大，无疑是一个福音。

实现初次分配中就重视社会公平，很自然的要求，是“提高劳动报酬在初次分配中的比重”。这也是在十七大决议中明确规定的[①]。提高劳动报酬在初次分配中的比重，具体在劳动工资制度方面，必须切实强化劳动者权益的保护，加强对劳动法、劳动合同法等相关法规的执行力度，严禁低工资和残酷剥削为手段的暴利行业和血汗工厂，让职工的工资福利能够得到切实的提高。还要进一步完善社会保障制度，逐步提高最低工资标准，着力形

① 《中国共产党第十七次全国代表大会文件汇编》，第37—38页。

成职工工资增长的长效机制，等等。

初次分配中影响收入分配比重的核心问题是劳动与资本的关系，或v和m的关系，即资本盈利高而劳动报酬低的问题。特别是在我国资本与劳动在初次分配中过于不公，加重了贫富差距扩大。这也涉及社会所有制关系或财产关系问题。在分析我国贫富差距扩大原因的时候，人们举出很多原因，如城乡差距扩大，地区不平衡加剧，行业垄断，腐败，政策不均或公共产品供应不均，再分配环节落后等。这些原因应该说都能成立。但是造成收入分配不公的最根本的原因却被一些人遗忘。经济学中的一条道理，财产占有的差别，往往是收入差别的最重大的影响要素，就连西方经济学也不否认这一点。萨谬尔逊说过“收入差别最重要是拥有财富多寡造成的，和财产差别相比的个人能力差别是微不足道的”，又说，“财产所有制是收入差别的第一位原因，往下依次是个人能力、教育、训练、机会和健康等”①。30年来我国贫富差距的扩大，除了上面举的一系列原因外，跟所有结构的变化，就是公降私和化公为私的过程，显然存在着紧密的关系。

关于我国所有制结构的变化，改革以来我们从大一统的公有制经济向多种所有制共同发展的正确方向过渡，公有制比例下降，私有制比例上升，这是一个合理的变化过程，这个过程持续了30年，是不是已经到了影响我国宪法中“公有制为主体”的规定？对此，社会上有三种截然不同的估计，一种是认为现在仍然是以公有制为主体，一种是认为公有制地位已经动摇，一种认为公有制地位已经丧失，私有制已占据主体。因为国家统计部门尚未公布出公私结构的正式全面数字，所以，难以准确判断。这里也不拟详论。

但是中国共产党的主张是明确的。党一贯主张“在社会主义

① 萨缪尔森：《经济学》下册，1952年第10版（高鸿业译），第257—258页。

初级阶段，坚持以公有制为主体，多种所有制经济共同发展的基本经济制度”，十五大，十六大，十七大，一而再，再而三地重申这一主张，强调这一主张[①]，宪法上也庄严地写上了这一条，并同时写上“坚持按劳分配为主体，多种分配方式并存的分配制度”。这显然不是说说摆样子的。“提高劳动报酬在初次分配中的比重”，就是本着按劳分配为主、按资本和其他生产要素也参与分配的原则，对初次分配的机制进行必要的改革和调整。这也符合我国宪法中关于按劳分配为主的精神。应当注意到：在宪法中，“按劳分配为主”是与“公有制为主体”相匹配的[②]。如果公有制为主体能够坚持，按劳分配为主才能实现。否则就要变按劳分配为主为按资分配为主，如有些学者评估说我国现在“已由按劳分配为主转向按要素分配为主”[③]。如果这样，就不可能提高劳动报酬在初次分配中的比重了。

所以，从分配领域本身着手，特别是从财税等再分配领域着手，来调整收入分配关系，缩小贫富差距，我们现在已经开始这样做，这是必要的，但是远远不够。我国贫富差距扩大最根本的原因在所有制结构的变化，已对公有制的主体地位发生深刻的影响。还需要从基本生产关系，从所有制关系，从基本经济制度来接触这一问题，才能最终地阻止向两级分化推进趋势。这就是邓小平同志所说的，“只要我国经济中公有制占主体地位，就可以避免两极分化”“基本生产资料为国家所有，为集体所有，就是说归公有”就“不会产生新资产阶级”。[④]

① 《中国共产党第十五次全国代表大会文件汇编》，第21页。
《中国经济年鉴》（2003年），中国经济管理出版社2004年版，第8页。
《中国共产党第十七次全国代表大会文件汇编》，第25页。
② 《中华人民共和国宪法》第一章总纲，第六条，第二款。
③ 武力、温锐文章。载于《中国经济时报》2006年5月26日。
④ 《邓小平文选》第三卷，人民出版社1993年版，第91、149页。

所以，坚持公有制为主体、多种所有制经济共同发展，这一社会主义初级阶段的基本经济制度，对缩小我国贫富差距，解决社会公平问题非常重要。所以我们解决分配问题的重点要逐渐从分配领域本身、再分配本身，逐步把重点转到巩固我们的公有制为主体。只有从巩固我们的社会主义基本经济制度入手，才能够从根本上解决、阻止两极分化，实现更加重视社会公平的目的。

对十七大报告关于经济领域若干论述的理解*

（2007年）

一、重新强调“发挥国家计划在宏观调控中的导向作用”

十七大报告关于国家计划和宏观调控问题，有这样一段话：“发挥国家发展规划、计划、产业政策在宏观调控中的导向作用，综合运用财政、货币政策，提高宏观调控水平。”这段话的意思是：重申国家计划同财政政策、货币政策一样，是重要的宏观调控手段，其中国家计划与产业政策又在宏观调控中对国民经济的发展起导向作用。这个意思多年没有提了，现在重新提出，意义十分重大。

计划与市场的关系，是一个长期的、世界性的问题。十一届三中全会以来，我们党对计划与市场的关系也有一个探索的过程，全党并不是一下子就达成建立社会主义市场经济的认识的。对社会主义市场经济下国家计划、宏观调控与市场关系的认识，也不是一帆风顺的。

1979年11月26日，邓小平同志在会见美国不列颠百科全书出版公司编委会副主席吉布尼等外宾时，就谈到过计划与市场的关

* 此文发表于《财政研究》2008年第2期。

系问题，他说："我们是以计划经济为主，也结合市场经济，但这是社会主义的市场经济。""市场经济不能说是资本主义的。市场经济在封建社会时期就有了萌芽。社会主义也可以搞市场经济。"以后，他曾几次谈过这个问题，但当时大家都不知道，这些谈话是后来才公布的。

党的十二大明确提出了计划与市场的关系问题。1982年党的第十二次全国代表大会提出，"以计划经济为主、市场调节为辅"。当时我们还是把计划经济作为社会主义的主要特征，但是已经开始吸收市场调节的作用了。后来，党的十二届三中全会提出了一个具有里程碑性质的重要论述："社会主义经济是在公有制基础上的有计划的商品经济。"之前，我们只承认商品生产和商品交换，不承认商品经济。十一届六中全会的经验总结就是这个精神。十二届三中全会提出有计划的商品经济这个概念，承认了社会主义有商品经济，正如邓小平同志所说，这在政治经济学上是一个里程碑式的贡献，是对马克思主义的一个很重要的突破。但是，这个论点提出来以后，对于有计划的商品经济，到底是以计划经济为主还是以商品经济为主，经济学界持续争论了好几年。有的人说，计划经济是社会主义的主要特征，商品经济只是附属性质；有的人则说，商品经济是社会主义的主要特征。一方偏重于计划，一方偏重于商品。因为对"有计划的商品经济"的理解不同，所以在对政策的理解和掌握上也就不太一样。

这个情况到党的十三大有了变化。1987年2月6日，十三大之前，邓小平同志在同万里等几位中央负责人谈话时提出，不要再讲以计划经济为主了。所以，党的十三大就没有再讲以计划经济为主，提出了"社会主义有计划的商品经济体制应该是计划与市场内在统一的体制"。这样计划与市场就平起平坐了。十三大还提出"国家调控市场、市场引导企业"，指出了国家、市场、企业三者的关系，把三者的重点放在了市场上面。同时十三大还提出，在经济调节方式的配比上扩大指导性计划，缩小指令性计划。经济调控从直接调控为主转向间接调控为主。直接调控就是计划调控，间接调控就是市场调控。所以，这个过程是很清楚的，计划与市场的关系，从十二大时的以计划经济为主、市场调节为辅，到十三大时就平起平坐，并且逐渐向市场经济、商品经济倾斜。

1989年以后的情况又有些变化。1989年6月9日，邓小平同志在中南海怀仁堂接见首都戒严部队军以上干部的讲话中说："以后还是计划经济与市场经济相结合。"当时邓小平同志用的是"市场经济"这个词，邓小平同志本身认为市场应该是很开放的，所以他讲的是"市场经济"，而不仅是"市场调节"。但是由于1989年以后的政治形势，当时对市场问题还有些保留，考虑到社会效果，后来在公开这个讲话时就改成了"计划经济与市场调节相结合"，没有用"市场经济"这个词语。从1989年到1992年十四大的这几年中，我们一直都用"计划经济与市场调节相结合"这个提法，这就基本回到了十二大时的提法。"计划经济与市场调节相结合"，这个提法还是没讲计划与市场以谁为主、以谁为辅，但把计划经济作为社会主义的一个经济体制，市场调节只是作为一个调节手段，所以很显然是以计划经济为重，重心又回到了计划经济方面。

由于计划经济与市场调节相结合这个提法，在理论上没有讲清到底计划与市场以谁为主、以谁为辅的问题，所以1990年、1991年那两年理论界关于是以计划为主还是以市场为主还在继续争论。主张以计划经济为主的人认为，计划经济是社会主义的根本特征，市场调节不过是一个属性。主张以市场调节为主的人认为，商品经济是社会主义的本质特征，计划经济不是特征，应该从社会主义的特征里去掉。由于理论认识上的不一致，对改革的目标模式就存在不同的意见，有的主张计划取向，有的主张市场取向。主张市场取向的人认为，原来计划经济的模式现在要转向市场，转向更多地利用市场。反对的人不赞成市场经济，认为市场经济是资本主义的东西。他们提出，联合国统计分析，把中央计划经济国家等同于社会主义国家，把市场经济国家等同于资本主义国家。争论非常激烈。

在中央的工作方面，1990年3月，七届人大三次会议提出中央要多收一点权，指令性计划要扩大一点，指导性计划和市场调节要小一点。由于1989年以前，中央权力下放得太多，权力过于分散，中央的权力削弱了，所以七届人大三次会议提出近两年的工作方向是中央多收一点儿权力回来。实际上，1989年以后，我们的工作已经转到把权力更多地收到中央来，更多地用行政权力来管理经济，市场调节方面稍微差了一点。

1990年下半年，情况又有所变化，我们从收紧到逐步放松，当时在治理整顿过程当中，要加大改革的力度，加大市场调节的分量。这样，1990年12月，江泽民同志在十三届七中全会上透露了邓小平同志的意思：不要把计划与市场的问题跟社会制度联系起来，不要认为计划是社会主义的，市场是资本主义的。杨尚昆同志在军委扩大会议上也传达了这样的观点。到1991年七届人大四次会议讨论“八五”计划时，关于三种经济调配方式，就有了一个明确的说法，重申要缩小指令性计划的范围，扩大指导性计划和市场调节的范围。这是一个很重要的变化。同1990年七届人大三次会议精神显然不同。此后，理论界的争论也发生了变化，大家逐渐倾向于不再把计划与市场跟社会制度联系起来，不再认为计划是社会主义的，市场是资本主义的，而更多地将它们看作不同的资源配置方式。之后，1992年邓小平同志南方谈话清楚地指出计划与市场不是划分社会制度的标志，计划不等于社会主义，市场不等于资本主义，资本主义也有计划，社会主义也可以有市场。这样，党内关于计划与市场关系的争论，几经反复，逐渐有了一个比较统一的认识。

党的十四大报告起草的时候，我是起草组的成员。邓小平同志南方谈话以后，我们就经济体制改革的目标模式问题归纳了各方面的意见，整理成三点，也就是1992年6月9日，江泽民同志在中央党校讲话中讲到的关于经济体制改革目标模式的三种提法：一是建立计划与市场相结合的社会主义商品经济体制；二是建立社会主义有计划的市场经济体制；三是建立社会主义的市场经济体制。关于这三种提法，江泽民同志在中央党校讲话前，找我谈了一次话。江泽民同志倾向于选择建立社会主义市场经济体制的提法。他问我的意见，我说这个提法好，赞成这个提法。我同时也提出一个意见，假如只用“建立社会主义市场经济”，不提有计划的市场经济，“有计划”这方面有可能被人忽略，“有计划”对于社会主义还是很重要的。江泽民同志说：“有计划的商品经济，也就是有计划的市场经济。社会主义经济从一开始就是有计划的，这在人们的脑子里和认识上一直是清楚的，不会因为提法中不出现‘有计划’三个字，就发生是不是取消了计划性的疑问。”后来他在中央党校的讲话里面也讲了这段话。我觉得江泽民同志讲得很好，讲的确实是对的。几十年来大家确实都是这样理解的，社会主义就包括“有计划”。

但是，后来有些人就不这么理解了。现在我们观察一下，我们的经济学界、理论界，甚至于财经界，有些人认为我们现在搞市场化改革，计划不值得一谈。“十一五计划”改成“十一五规划”，一字之差，就有人大加炒作。说我们离开计划经济更远了，同市场经济更近了，这真是一个笑话，其实“规划”也是广义“计划”的一种表述，英文都是Plan、Planing，只不过在中文里“规划”又有长远性、战略性的意义。

江泽民同志讲的是社会主义市场经济体制，在国家宏观调控下，让市场在资源配置中起基础性作用。社会主义里面包括有

计划，宏观调控就要包含计划调控，宏观调控本身就是广义的国家计划调控。不能因为字面上没有“有计划”，就不要计划了，不发挥计划的作用了。用市场化来概括我们改革的方向是有问题的，我们要建立的社会主义市场经济，不是一般的市场经济，是社会主义的市场经济，社会主义有很丰富的内容，包括江泽民同志讲的有计划的内容。我们社会主义的市场经济是我们基本经济制度下的一个有计划市场经济，不是在资本主义制度下的市场经济。

市场必须“在国家宏观调控下”起资源配置的基础性作用是非常重要的。这也是属于市场与计划关系的理论范畴。市场对激励企业竞争，推动经济发展，特别是对优化资源配置所起的促进作用必须予以重视，要坚定不移地进行市场取向的改革。但市场经济在宏观经济综合平衡上，在竞争与垄断的关系上，在资源和环境保护上，在社会分配公平上，以及在其他方面，也有很多的缺陷和不足，不能不要国家的干预、管理，包括用计划与宏观调控来加以纠正、约束和补充，所谓用“看得见的手”补充“看不见的手”。特别是要加上我国还是一个社会主义国家，社会主义国家的性质，社会主义公有制经济为主体的地位，以及社会主义社会实行统一计划的客观可能性与集中资源、力量办大事的优越性等，决定了要加强国家的宏观调控和政府调节。我们要尊重市场，但却不可迷信市场。我们也不要迷信计划，但也不能把计划这个同样是人类发明的调节手段弃而不用。邓小平就是把计划和市场都当作手段，两种社会都可以用。当前，“市场化改革”的口号下迷信市场成风，在计划大有成为禁区的态势下，强调一下社会主义市场经济也要加强国家对经济干预管理和计划调节的作用，是十分必要的。这并不是如同某些人歪曲的“要回到传统计划经济模式”。

社会主义市场经济的发展和完善，离不开国家宏观调控、计划调节的加强和完善。当然，社会主义市场经济下的计划调节，主要不是指令性计划，而是指导性、战略性、预测性计划，但它同时必须有指导和约束作用，也就是说有“导向”作用，正如这次十七大报告中指出的，要“发挥国家发展规划、计划、产业政策在宏观调控中的导向作用”“社会主义市场经济”的提法虽然没有“有计划”三个字，也不叫计划经济，但是我们还是有计划的，要用计划的。现在我们每年由国务院提出，并经全国人民代表大会批准年度计划，提出经济增长速度、投资总额、财政预算、信贷总额、外汇收支、失业率、物价上涨率和人口增长率等八大指标，还编制五年、十年中长期发展规划，规定发展目标，战略重点、方针、政策等。这些都应在宏观调控中起导向作用、指导作用、约束作用。至于我们现在编制的计划，有点像个政策汇编，很少规定可以严格检查问责的指标和任务，很多东西可以执行也可以不执行，这样的计划工作，还有改进的必要。

二、重申“坚持和完善基本经济制度”

十七大报告重申了“坚持和完善公有制为主体、多种所有制经济共同发展的基本经济制度”。这是社会主义初级阶段我国所有制结构的改革方针。目前我国所有制结构变化的形势引人注目。在这样的情况下，虽然文件只是重申，并且着笔不多，但我们认为十分重要。这里有必要回顾一下，坚持公有制为主体、多种所有制经济共同发展的基本制度是怎么提出来的，提出来的时候，解决了哪些问题。

我们知道，这个方针，正式地、完整地提出是在1997年党的十五大。十五大正好处在世纪转折的重要时期，也是我国实现第二步战略目标向第三步战略目标迈进的一个关键时期。这一时期我们要解决21世纪初最初10年的两个任务：一是要建立完善的社会主义市场经济体制；二是要保持国民经济持续、快速、健康地发展。要建立完善的社会主义市场经济体制，第一位的问题就是要确立社会主义基本经济制度，因为社会主义市场经济体制是市场经济与社会主义基本经济制度相结合的体制：没有社会主义基本经济制度，何来社会主义市场经济体制？这个问题很重要，如果不确立基本经济制度，那我们什么也谈不上。所以党的十五大正式提出公有制为主体、多种所有制经济共同发展的社会主义基本经济制度，将其作为我们社会主义市场经济的主心骨，并要在新世纪坚持下去。

当时有一些人担心国有经济的比重不断下降，会影响公有制的主体地位和国有经济的主导作用。针对这样的情况，十五大报告做了回答，提出要全面认识公有制经济的含义。公有制经济不仅包括国有经济和集体经济，还包括混合所有制经济中的国有成分和集体成分。十五大报告还特别讲了公有制的主体地位，一是公有资产在社会总资产中占优势；二是国有经济控制国民经济命脉，对经济发展起主导作用。十五大报告讲，只要坚持公有制为主体，国家控制国民经济命脉，国有经济的控制力和竞争力得到增强，在这个前提下，国有经济比重减少一些，不会影响我国的社会主义性质。十五大报告这个讲法是非常正确的，解释了人们的疑惑。因为当时我们国有经济的实力还很强，战线还很长，国有经济稍微收缩一点儿不要紧。同时在社会主义初级阶段，我们需要给非公有制经济发展留有空间和余地。

当时还有一个担心就是公有制的实现形式，那个时候股份制和股份合作制已经开始兴起，理论界和民间很担心搞股份制和股份合作制是不是搞私有化，搞到资本主义去了。党的十五大在关于公有制的实现形式方面着重解决了股份制和股份合作制的问题。十五大报告说："股份制是现代企业的一种资本组织形式，不是社会制度的形式。""资本主义可以用，社会主义也可以用。”“不能笼统地说股份制是公有还是私有，关键看控股权掌握在谁手中。国家和集体控股，具有明显的公有性，有利于扩大公有资本的支配范围，增强公有制的主体作用。”我觉得解释得很好。我们多吸收一些社会资本、多吸收一些民间资本参加到我们国有经济中来，壮大国有经济的控制力量，这不是很好吗？

在党的十五大报告起草时，关于股份合作制我们讨论了很久，最后定性为劳动者的劳动联合和资本联合为主的企业组织形式，是一种集体所有制形式。当时也有人反对股份合作制，因为那时股份合作制界定不是很严格，各种解释都有，各种情况都有，社会上一些人认为股份合作制是搞资本主义、搞私有化，那是不对的。党的十五大做了定性解释。我们搞的是社会主义股份合作制，是劳动者的劳动联合和资本联合为主的集体所有制经济，当然是可以的。因为劳动者自己参股，是劳动者自己的，所以不存在私有化的担心。股份合作制有点像恢复到高级农业合作社的形式，高级合作社实际上也是劳动联合和资本联合，当时没有股份这个概念。股份合作制不仅仅是我们农村的劳动集体，乡镇企业、城镇二轻集体、国有小企业也可以采用这种形式，都可以走这条道路，这是非常好的一条道路。我当时是非常主张股份合作制的，我说过股份合作制起码要搞20年。

这里要说清楚，劳动者的劳动联合和资本联合，与私人合伙和私人控股公司不是一回事。资本家的合伙和控股公司是雇佣劳动，让别人替他劳动，那是私有制，不是社会主义公有制。有人说资本家控股的公众公司也是一种新公有制，这是胡说八道，把这种不是劳动人民的东西都叫作是公有制，这怎么可以呢？

现在距离党的十五大已经10年了。公有制的比重下降，私有制的比重上升，是很必然的现象，因为我们社会主义初级阶段，公有制为主体、多种经济共同发展，原来私有制少，改革后几乎从零开始，私有制加快发展速度，比重会提高，公有制经济和国有经济，速度相对慢一点，比重也会降低，这是一个很客观的过程，我们不能够有非议。但是要有一个限度，正如江泽民同志说的："所谓比重减少一些，也应该有个限度、有个前提，就是不能影响公有制的主体地位和国有经济的主导作用。"

现在，理论界和民间有争论，我们所有制的比例，公降私升的比例，是不是已经到了界限了，是不是已经到了一个关头了？为什么要提出这个问题呢？因为我们国有企业"有进有退"的改革方针，后来有些人把它变成了"国退民进"，强调国有企业改革就是要退。在"国退民进"这样的情况之下，国有资产会很快流失，变成私有财产。股份制原来不是一个私有化的道路，只要我们控股就是公有制。但是假如把控股降到一定的比例，就等于企业卖掉。国有企业在重组过程中，把企业整个卖掉，或者企业由私人资本、外国资本控股的趋势是很厉害的。在这样的情况之下，我们要考虑一下，我们的公有制经济，我们的国有经济，到底占什么样的比例才合适，是不是还要继续这么搞，比例上是不是还要继续退。公有制在社会总资产中占优势的比例可能丧失，这个问题要引起注意。

中国的所有制结构，经过约30年的变化，是否已达到影响公有制为主体的程度，是大家关心的问题。目前人们根据各自的估计数据，大体有三种不同的看法。第一种认为，"公有制经济虽然比重下降，但以公有制为主体的格局并没有改变，其主体地位依然巩固，国有经济在关系国计民生的重要行业，仍然继续掌握较强的控制力"。第二种认为，"公有制经济的资产优势和国有经济的控制力在巨大的产业和地区范围锐减削弱，使得公有制的主体地位从总体上看显现出开始动摇的迹象"。第三种认为，"公有制经济已经丧失主体地位，中国经济已经是私有制起主导、主体和基础作用"。需要指出的是，认为公有制已失去主体地位的经济学者，不仅有忧虑或反对这种现象的人，也有欢迎这种现象的人。如某大学教授写文章说，他主张不要再提“公有制经济为主体”了，因为他判断“公有制经济实际上已经不在我国社会经济生活中占主体地位”。

上述有关公有制主体地位仍然巩固、开始动摇、已经丧失的判断，都是建立在非官方统计数字的基础上。由于国家发展部门和统计部门近些年没有提供我国公私经济对比的比较完整的准确数字，所以难以准确判断我国所有制结构的现状。

现在社会上有很多议论，甚至有人把意见提到全国人民代表大会，要我们国家统计机构和有关部门公布这方面的材料，到底现在各种所有制的比例是什么样的，希望人大来监督这个事情。党中央一贯坚持公有制为主体、多种所有制经济共同发展的基本经济制度，十六大，十六届三中、五中全会，涉及经济工作的中央会议，以及这次十七大一而再、再而三地重申这一主张，强调这一主张，宪法上也庄严地写上了这一条。这显然不是摆样子的。国家各个部门都应该为实现这一主张而努力，密切关注分析我国所有制结构变化的动态，为党中央正确掌握形势、采取对策、保卫我国基本经济制度提供服务。

党的十六大报告提出“两个毫不动摇”：“必须毫不动摇地巩固和发展公有制经济；必须毫不动摇地鼓励、支持和引导非公有制经济发展。”强调“两个毫不动摇”，有利于调动两个积极性，这对于发展我国的生产力是非常必要的。但是提“两个毫不动摇”，要以坚持公有制为主体为前提。如果不坚持这个前提，公有制主体地位就有可能被动摇。十六大以来，“两个毫不动摇”虽然一再并提，但时常不与坚持公有制为主体并提，实际上讲得多做得更多的是后一个毫不动摇，而较少听到前一个毫不动摇。这种情况对所有制结构朝着不利于公有制主体地位变化，起了催化的作用。同时推进了实际经济生活中的私有化倾向。

企图把中国改革引向私有化方向的人士，一方面大肆宣传

"公有经济低效论"这个不能成立的伪命题，另一方面把中央调整国有经济战略布局的"有进有退"的方针，篡改为"国退民进"的主张。在这样的氛围下，某些官员也认为，国企办得越少越好，置"公有制为主体"的底线于不顾。

本来，在改革初始阶段，由于国企覆盖面过广，战线过长，收缩国企的数量，集中力量搞好有素质的国企，开放民间经济的活动天地，这是必要的，但不是说国有经济办得越少越好。社会主义国家的国有经济负有帮助政府调控经济、保证社会正义和公平的经济基础的责任，理应在国民经济中保持足够的数量比重，发挥其主导作用。像我国这样一个社会主义大国，不能以资本主义私有经济国家的"国际经验"为依据，来确定国有经济的比重。原来，我们中央国有企业有几千家，全国的国有企业十几万家，现在，中央一级的国有企业已由2003年的196家减少到157家。下一轮整合方案，央企数量将至少缩减1/3，目标是到2010年将央企调整和重组到80至100家。令人不解的是，中国这样一个社会主义大国，这么多的人口，这么大规模的经济，政府到底应该掌握多少国企，其中中央应该掌握多少央企？

俄罗斯已经转型为资本主义国家了，普京总统无疑也是效忠于私有制的，但他在2004年8月宣布，确定1063家俄罗斯大型国企为总统掌握的国有战略企业，政府无权对这些战略企业实行私有化。同样是中央掌握的大型国有企业，为什么私有化的俄罗斯保留的是社会主义中国的好多倍？

最后讲一点关于公有制的实现形式问题。党的十五大特别讲到两种实现形式，一种股份制，一种股份合作制，但是实际上我们公有制的实现形式还很多，有社区所有制、社团集体所有制，还有基金，特别是公募基金，包括养老金，等等，不用说，还有必要的国有独资的形式。这些都是我们公有制的实现形式。党的十五大提出来搞股份制和股份合作制是正确的，但我们不要把公有制的实现形式只限于这两个。党的十五届三中全会提出了股份制是公有制的主要实现形式，十五届三中全会报告的起草我也参加了，那时没有注意到，现在回过头来看，我觉得这个提法恐怕还有考虑的必要。公有制有很多实现形式，股份制也是一种，是一种重要的实现形式，但不一定是最主要的。关于股份合作制，原来是劳动者的劳动联合和资本联合，资本联合大体上平均。后来变成了经营者持大股，那就变成卖给经营者了，有许多股份合作制企业就变质了。这些问题是在我们执行十五大决策过程中发生的一些问题。当然这些问题不能掩盖我们取得的伟大成就。

三、进一步强调收入分配要重视社会公平

这次十七大报告，关于收入分配问题，有些新的提法，其精神在于重视社会公平，解决贫富差距扩大的问题。这里我想先着重讲一下对于到现在为止，我国贫富差距扩大的形势应该怎样认识，接下来再谈谈对十七大关于收入分配改革的一些新提法怎么理解。

改革开放以来，在分配领域，我们党遵循邓小平的正确思想，克服了过去在实行按劳分配原则中曾经有的平均主义倾向，实行让一部分人、一部分地区先富起来，带动大家共同富裕的方针。经过将近30年的改革实践，社会阶层分化，收入差距大大拉开，但还没有来得及进行先富带后富，实现共同富裕的目标。这对于经济的大发展，暂时是有利的，同时也带来深刻的社会矛盾，引起公众的焦虑和学者的争论。

争论的焦点问题之一是，中国现在贫富差距是否已经扩大到“两极分化”的程度。主要有两种意见。肯定的一方忧国忧民，列举一些事实和数字，应用国际上通用的指标，如基尼系数、五等分或十等分分配比较法等来加以论证，并用社会上一方面穷奢极欲的消费，另一方面生计困难对比的事实来验证说明：两极分化已被邓小平同志言中（“如果我们的政策导致两极分化，我们就失败了”），希望尽快地改变这种状况。否定的一方则认为，现在虽然富者越来越富，但贫者并不是越来越穷，而是水涨船高，大家都改善了生活，否认国际上通用的指标适用于中国，断言基尼系数的提高是市场经济发展的不可改变的必然趋势，认为提“两极分化”是故意炒作，反对改革。

我对于中国现在是否已经“两极分化”的问题，一向持慎重态度。我在四年以前（2003年）发表的《研究宏观经济形势要关注收入分配问题》和在2005年4月发表的《进一步重视社会公平问题》两篇文章中，表达了这个谨慎态度，持比较中性的看法（贫富差距还未达到社会不能忍受的两极分化程度），又有一定倾向性的观点（要认真及时解决，否则有接近两极分化、承受极限的危险）。为什么不采取前述两种极端的观点呢？我有以下一些考虑。

两极分化是马克思在《资本论》中阐述的受资本主义积累的一般规律所制约着的一种社会现象，即一极是财富的积累，一极是贫困的积累。财富的积累是一个无限扩大的过程，而贫困的积累则经过“绝对的贫困”到“相对的贫困”的转化。绝对贫困是劳动者的绝对收入和生活水平下降。随着生产率的提高，工人阶级斗争的发展，以及资产阶级政府被迫举办的福利措施，工人的绝对工资福利水平会提高，但劳动与资本的分配比例关系，仍然继续朝着有利于资本、财富积累的方向进行，使劳动阶级由“绝对贫困”转入“相对贫困”，财富积累和贫困积累两极分化现象仍然持续下去。一项研究用大量的材料表明，“在私有化、市场化、民主化和全球化中，无论在实行议会制的发达国家，还是在实行议会体制的发展中国家，两极分化加剧的现象目不暇接”。

一些同志在论证中国已出现两极分化的现象时，没有足够地注意到1978年至2006年，中国农村绝对贫困人口数量从2.5亿人下降到2148万人，减少了2.28亿人，农村绝对贫困人口的占比，由30%降到2.3%。这是我国社会生产力发展和政府扶贫政策实施的结果，对中国贫富差距扩大的缓解，起了一定的作用。当然不能由此推断中国贫富差距因此缩小，按我们标准计算的绝对贫困人口数量虽然减少，但它并不意味着相对贫富差距不在继续扩大。有一种观点认为，经济发展中收入分配是水涨船高的关系，断言中国只有大富小富之分，没有可能出现两极分化的趋势。这种说法违背了随着生产力的发展等因素，劳动人口从绝对贫困转向（在市场经济和雇佣劳动的条件下）相对贫困的两极分化趋势，依然在继续进行的客观规律。特别是中国，由于在改革过程中，诸如教改、医改、房改、国企改革等政策中的某些失误，在不该市场化的地方搞市场化，以及土地征用、房屋拆迁等使居民利益受损等影响，导致了某些新的贫困阶层的出现，更加剧了“贫者越贫，富者越富”的过程。当然政府正在采取措施解决这些问题，这也是不能忽视的。

能不能拿基尼系数来判断我国是否已经达到两极分化的境地？基尼系数作为衡量贫富差距的工具，是一个中性指标，“二战”后世界各国都在使用。我国基尼系数由1964年的0.184，1978年的0.2，上升到1980年的0.26，1990年越过0.4。上升速度之快，世界罕见，几乎找不到第二例，令人惊讶，这是不能回避的。从水平上说，我国基尼系数已超过许多发达的资本主义国家，但还没有达到社会动荡比较强烈的拉丁美洲一些发展中国家的水平。

同时，我确实同意有些专家所说，影响基尼系数的结构性因素甚为复杂，不能简单地套用基尼系数的某些国际规范于我国。比如说按国际标准，0.4是社会失衡的临界点，超过0.4，就要进入警戒状态，这一条我看就不能随便套用。那种认为基尼系数上升是市场经济发展过程中的必然现象，需要长时间等待、对付才能解决的观点也是不妥的。

现在我们国家的经济实力和财政力量已经成长到可以加速解决贫富差距问题的阶段。何以“让一部分人先富起来”可以很快实现（几年），而“先富带动后富实现共富”则需要很长很长时间（几十年、上百年）的等待呢？这在我们社会主义国家更是说不过去的。

除了以上的考虑外，我之所以对两极分化问题持上述比较中性而又有一定倾向的观点，还有一个考虑，就是对领导我们进行改革开放的中国共产党政治路线的坚定信心。改革开放以来出现的收入差距扩大和贫富分化的现象，是采取一部分人先富起来的正确政策的结果，但是还没有来得及解决带动大部分人共享改革成果，这属于正确的政策但实践经验不足的问题；同时也有社会上种种错误思潮干扰的影响。我们党始终保持改革的社会主义方向，在发展社会生产，搞活市场流通，完善宏观调控，改善人民生活等方面，取得的许多的成就，有目共睹。在这样的总形势下，即使分配等方面的改革出了点问题，怎么可以说邓小平同志的假设已经言中，改革已经失败了呢？

我们看到党对人民负责的郑重精神，特别是十六大以来，本着对人民群众切身利益的关怀，提出了以人为本的科学发展观和构建和谐社会的思想，做了“让改革成果为全体人民分享”的政治承诺。针对日益发展的社会矛盾，淡出“效率优先、兼顾公平”的原则，突出“更加重视社会公平”的方针。利用财税改革和转移支付手段，着手解决分配不公问题。采取积极措施，解决诸如医疗服务、教育收费、居民住房、土地征用、房屋拆迁等涉及群众利益的突出问题。2006年5月，党中央还召开了专门会议，研究收入分配制度改革问题。

特别是最近十七大报告关于小康社会分配格局和改善民生、改革收入分配制度的阐述，在解决社会公平问题上，向前迈进了一大步。

十七大报告关于分配问题，有几个新提法，值得我们注意。比如说，小康社会奋斗目标要基本消除绝对贫困的现象，初次分配和再分配都要处理好效率和公平的关系，提高劳动报酬在初次分配中的比重等，都是全新的亮点，有的可以说有突破性的意义。

关于基本消除绝对贫困现象。减少绝对贫困的工作，过去在扶贫工作中已经这样做了，如前所述，已经取得很大成绩。但是，绝对贫困即使全部消除，按照市场经济规律和我国的现状，贫富差距和相对贫困还有继续发展扩大的趋势。重视社会公平问题就要同时注意遏制相对贫困的扩大趋势（压缩基尼系数增长的幅度），接着逐步缩小相对贫困本身（压缩过高的基尼系数）。这个与相对贫困斗争的目标，文件中没有明确提出来，但是文件中有着“提高低收入者收入”“调节过高收入”以及“逐步扭转收入分配差距扩大趋势”这样的提法，实际上也表达了逐步减少相对贫困的意思，这是可以肯定的。这里还有一点值得注意，就是十七大报告把“收入分配差距扩大的趋势”，不再像过去文件讲的那样说成是“部分人员”中收入差距扩大的不准确的表述。因为收入分配差距（以基尼系数为代表）从来就是就全社会的分配而言的，而不是就部分人群来说的问题，这也是一个进步。

十七大报告第一次正式提出初次分配和再分配都要处理好效率和公平的关系，也就是第一次强调初次分配也要讲公平，这是过去没有讲的。我们知道，党的十四届三中全会开始，把收入分配原则表述为“效率优先，兼顾公平”，经过十五大、十六大，继续这样提，在十六大时还发展为“初次分配注重效率，再分配注重公平”。就是说在总体分配上公平处于兼顾的第二位情况下，初次分配还要不讲公平，只讲效率。这个提法有毛病，到十六届四中全会时，适应新情况新要求，才开始淡出“优

先”“兼顾”的提法。也就是说，开始不提“效率优先，兼顾公平”了。把公平问题放到兼顾的第二位，以及把公平问题推到初次分配之后，让再分配来解决，这个提法在一段时间、一定范围起了促进效率的作用，但不利于解决社会公平问题。所以，到十六届五中全会（2005年）报告征求意见稿中又重新出现“效率优先，兼顾公平”“初次分配注重效率，再分配注重公平”的字样，在征求意见时受到一些同志的反对，于是十六届五中全会文件最终定稿时还是勾销了这两个提法。同时突出了“更加重视社会公平”的鲜明主张。“优先”“兼顾”提法的淡出和更加“重视社会公平”主张的突出，无疑是收入分配领域理论政策的一大进步，党中央的这一决策大家都很欢迎，但是一部分“精英”人士反对，不知是什么心理。

到这次十七大又进一步明确提出初次分配和再分配都要处理好效率与公平的关系，要害是初次分配也要注意公平。这是一大亮点，我说至少是十七大报告亮点之一，意义非凡。

在初次分配中也要实现公平与效率的统一，这是中央分配理念的一个重要变革，意在遏制近年收入分配状况恶化、贫富差距扩大的趋势。

在整个国民收入分配中，再分配所调节的只能涉及小部分，而初次分配的数额要比再分配大得多，涉及面也广得多。许多分配不公平问题产生于初次分配领域，诸如企业分配中资本所得偏高、劳动所得偏低，高管人员所得偏高、一般雇员所得偏低，垄断行业所得偏高一般行业偏低，农民工所得大大低于城市人员等，都是初次收入分配中发生的问题。初次分配不公的大格局一旦形成，再分配无力从根本上改变，只能在此格局基础上，通过财政、税收、转移支付等做局部的修补。所以在初次分配中就要处理好效率与公平的关系，靠再分配手段是很难矫正的。就是实行福利主义的资本主义国家也矫正不了收入差距扩大的问题（瑞典经济研究所最新研究成果显示，瑞典目前总人口的1%所拥有的财产占到瑞典全国私人所拥有财富的32%，这一比例接近美国1%富人拥有35%私人财产的比例）。十七大决心从初次分配阶段开始就注意处理效率与公平关系，再分配要更加注重社会公平，这对于建立合理的收入制度，缓解和缩小收入差距的扩大，无疑是一个福音。

十七大报告还提出“提高劳动报酬在初次分配中的比重”。这是实现初次分配中就重视社会公平的很重要的要求。提高劳动报酬在初次分配中的比重，具体在劳动工资制度方面，必须切实强化劳动者权益的保护，加强对《中华人民共和国劳动法》《中华人民共和国劳动合同法》等相关法律法规的执行力度，严禁以低工资和残酷剥削为手段的暴利行业和血汗工厂，让职工的工资福利能够得到切实的提高。还要进一步完善社会保障制度，逐步提高最低工资标准，着力形成职工工资增长的长效机制等。

初次分配中影响收入分配比重的核心问题是劳动与资本的关系，即资本对劳动的剥削问题，资本赢利高而劳动报酬低的问题，特别是在我国资本与劳动在初次分配中过于不公，加重了贫富差距扩大。从1994年到2005年，劳动者报酬所占比重从51.2%下降到41.2%，企业盈余比重则从23.4%上升为29.6%，而在发达国家，例如在美国，目前两者比重约为56.3%和12.4%。这就涉及社会所有制关系或财产关系问题了。经济学中有一个原理：财产占有的差别往往是收入差别的最重大的影响要素。马克思主义认为所有制关系或财产关系决定收入分配，不否定个人能力的因素对收入高低的影响。即使是西方主流经济学人士也承认决定收入分配的重要因素是财产关系。如美国萨谬尔逊就说过：“收入差别最重要是拥有财富多寡造成的，和财产差别相比的个人能力差别是微不足道的”，又说，“财产所有制是收入差别的第一位原因，往下依次是个人能力、教育、训练、机会和健康等。”

提高劳动报酬在初次分配中的比重，虽然不会影响财富、资本和其他生产要素报酬的绝对增长，但不可避免地要影响其在初次收入分配中的比重。这就要本着按劳分配为主、资本和其他生产要素也参与分配的原则，对初次分配的机制进行必要的改革和调整。这也符合我国宪法中关于按劳分配为主的精神。“以按劳分配为主”是与“公有制为主体”相匹配的。如果公有制为主体能够坚持，按劳分配为主才能实现。否则就要变按劳分配为主为按资本分配为主，如有些学者评估说我国现在“已由按劳分配为主转向按要素分配为主”，这样就不可能提高劳动报酬在初次分配中的比重。

所以，从分配领域本身着手，特别是从财税等再分配领域着手，来调整收入分配关系，缩小贫富差距，我们现在已经开始这样做，这是必要的，但是还远远不够。我国贫富差距扩大最根本的原因在于所有制结构的变化已对公有制的主体地位发生深刻的影响，只有从基本生产关系、基本经济制度上来解决这一问题，才能最终阻止向两极分化推进的趋势。这就是邓小平同志所说的，“只要我国经济中公有制占主体地位，就可以避免两极分化”“基本生产资料为国家所有，为集体所有，就是说归公有”就“不会产生新资产阶级”。

所以，坚持公有制为主体、多种所有制经济共同发展这一社会主义初级阶段的基本制度，对缩小我国贫富差距、解决社会公平问题非常重要。所以我们解决分配问题的重点要逐渐从分配领域本身、再分配本身，逐步把重点转到巩固我们的公有制为主体。只有从巩固我们的社会主义基本经济制度入手，才能够从根本上解决、阻止两极分化，实现更加重视社会公平的目的。

关于近期宏观调控目标的一点意见*

（2008年4月23日）

今年宏观调控首要任务是“防经济由偏快转向过热，防物价由结构性上涨变为明显的通胀”。国务院领导认为，2008年恐怕是经济最为困难的一年，一方面面临通货膨胀高企，另一方面经济增长受到内外压力和国际经济的不确定性。于是，社会上、学术界就有“保增长、还是保物价”这样的争论。许多人感觉当前最重要的是抑制物价，为此要把经济增长速度适当调整下来。但也有一部分人认为当前要紧的是防止经济下滑，保持快速增长，而抑制物价上涨则是第二位的。

有一种意见认为，耕地不足、工业化和全球化等国内外因素，导致中国有高通胀长期化的趋势。未来20年内，长期年通胀率会在8%~10%；近三五年更严重，物价年上涨率会在10%上下。因此，对通货膨胀要长期应付、处理，要慢慢来。要保持中国从全球化得来的高增长机遇的好处，必须忍受较高通胀率的痛苦代价。

这是一种典型的，保增长第一、保物价第二的观点。这种观点听起来像是20年前就出现过的“通货膨胀有益论”“要用通货膨胀来支撑经济增长”等观点的翻版。“通胀有益论”“通胀支持增长论”这种观点潜伏下来，不时以不同形式浮出水面，在经济生活中掀起波涛。

* 此文发表于《中国经济报告》2008年第3期。

还有一种意见，与这有所不同。认为现在通货膨胀仍在发展，虽然有人预测今年物价上涨将前高后低，下半年物价上涨率可能降一点，但通胀继续的趋势不会改变，全年将大于4.8%的上涨目标；而经济增长则由于美国次贷危机、年初的雪灾以及从紧的宏观调控政策的影响，已经开始回落，并且将继续下降。国内外各机构纷纷下调今年中国经济增长率的预测数字，由11%到10%，到9%。“滞胀”可能要来了的警告，不断地传到耳朵里来。好像10%、9%的增长速度，也是一种停滞衰退。为防止衰退，对付“滞涨”，有人就主张要改变目前从紧、偏紧的宏观调控政策，或者说要“灵活掌握”“不宜过紧”，实际上暗示要求放松，对宏观调控当局施加压力。

我觉得改变从紧、偏紧的宏观政策现在不是时候。我不赞成“保增长第一，保物价第二”的观点。

中国的经济增长速度，已经几年是两位数了，去年达到11.9%，这对我国资源环境承受程度来说，应该说是相当高的速度。中国科学院院士、土壤地理学家赵其国说：“GDP增速超过7.18%，就必然出现资源环境问题。而我国大多数省市的GDP增速都在13%~17%，个别地方甚至达到21%，这种盲目地追求GDP是要出大问题的，十年之内中国不能根本解决环境问题，那情况就难以收拾了。”中国宏观经济学会会长房维中同志，在《中国宏观经济学会内部报告》《中国经济报告》等处发表的文章，很能够说明问题。根据他的研究，目前我国GDP增长速度，已经大大超过我国能源、资源和环境的承受力，造成能源、资源的浪费和环境的破坏。我还要加上一句，这个速度也超过了基层人民群众的承受能力，这从去年3月以来物价急剧上涨所引发的反应上也可以看得出来。当然，中产以上和高端的群体，暂时还感受不到物价的压力。这个速度可以使当届政绩辉煌，但终究不能持续下去。所以，光想从全球化中捞到高增长的好处，而轻视必须付出的代价（包括能源、资源、环境和普通老百姓的生活负担），是不行的。

所以我觉得，所谓“保增长、保物价”之争，是一个无谓之争。无论是物价上涨率或是经济增长率，都需要调整到正常的健康的水平，这才是我们宏观调控的终极目标。2008年宏观调控的主要任务是双防，作为新一轮宏调的起点，这是必要的。但是近两三年宏观调控的目标，经济增长率和物价上涨率，各应该调整到什么程度，还要深究一下，这样好有一个明确的方向，不是走到哪里算哪里。

我认为，今后两三年宏观调控的目标，在经济增长方面，是不是把现在超过潜在增长率的实际增长率，逐步调到资源、能源、环境和基层民众大体能够承受的程度，即由去年的11.9%，逐步调到潜在增长率8%~9%。30年来我国平均经济增长率9.5%左右，增长基本上在这样的水平上下浮动。1998—2002年我国实际增长率低于平均的潜在增长率，因此我们提出把现实的增长率提高到潜在的增长率上来，推动积极的宏观调控政策，包括积极的财政政策和偏松的稳健货币政策，创造宽松的经济发展空间。2003—2006年，我国实际增长率处于潜在增长率的高端运行，因此我们采取比较中性的双稳健的宏观调控政策。从2007年开始，我国实际经济增长率超过11%，经济增长由偏快向过热趋势发展，因此我们要让现实增长率回归到潜在增长率的范围，采取从紧的和偏紧的宏观调控政策。具体调整多少才合适呢？我以为回归到潜在的增长率9%以内比较合适。9%的潜在增长率是历史经验的大体数据。这个速度，绝对不是一个低速度，但不会引起严重的通货膨胀或通货紧缩。国务院总理在十一届人大一次会议上做政府工作报告，提出今年GDP增长8%左右的目标，这只是向社会传达政府的调控意向。实现此目标的具体配套政策措施似嫌不足。在目前中央控制不了地方追求GDP情结的形势下，此一年

度速度目标自然难以实现，而我提出今后两三年内将增速逐步调整到8%~9%，是寄希望于相应配套的政策措施的。

在物价上涨率方面，防结构性上涨转为明显的通胀的口号，也要适当调整一下，因为我们超3%轻度通货膨胀率已经一年多了，从去年8月起物价上涨率已连续九、十个月超过6%，今年到现在平均通胀率超过8%。我们知道任何时期物价上涨都是结构性的，都可能有部分商品价格涨得快，部分商品价格涨得慢或者不涨，所以我们不能自欺欺人地说现在还没有通货膨胀，只有结构性物价上涨，实际上当前已经是明显的通货膨胀。不但CPI，而且PPI都上去了，PPI从上年四季度开始上扬，从10月同比上涨3.2%到今年5月份8.2%。生产资料价格的上涨传导下去，将加剧下游商品价格的上涨和加大市场对通胀的预期。我们要正视明显的通货膨胀，要着力解决这个问题。那么怎么调整，调整到什么程度？两三年内要努力把现在明显的通货膨胀，逐步调到正常的物价波动区间，即物价稳定所容许的区间，就是把物价上涨率调整到+3%以下，在+3%~−2%的区间。我以前说过，在这个区间里物价波动是不必大惊小怪的。过了这个界线就要警钟长鸣。

设定稳定物价波动区间的界标当然不是绝对的，+3%的物价上涨率可以给推动物价上涨的长期因素，如资源、环境、人力等成本因素，外部价差的国际因素，如石油、粮食、原材料等留有作用的空间。同时要看到，也有推动物价水平长期下落的因素，如技术进步、劳动生产率提高等，特别是制造业、高科技产业领域。但物价上涨过高或下落过大，都对经济发展不利，所以设有高限低限，需要宏观上的管理和调整，来熨平周期波动。

归结我的意见，就是，两三年内，宏观调控的目标，在经济增长上，由目前过快的实际增长率逐步调整到潜在增长率水平以内；在物价上涨上，把现在明显的通胀率回归到稳定物价的正常波动区间。

这两条的政策含义是十分清楚的，就是坚决不要受那些怀疑、动摇目前既定方针意见压力的影响，坚持中央既定的宏观调控政策。从紧货币政策不能动摇、不容改变，稳健财政政策也要稳中偏紧。

目前看来，从紧的货币政策执行中，数量型工具的运用比较多，如上调法定存款准备金率，对于减缓流动性过剩，控制信贷规模，起了一定作用。而价格型工具如利率，运用得相对较弱。去年，法定存款准备金率调整了10次，今年又连续调4次，达到16.5%；而利率去年只调了6次，每次调的幅度又很小，赶不上物价上涨的步伐，今年一次未调，物价继续上扬，负利率越来越大，目前一年期存款利率4.17%，约为当前CPI同比指数8%之半。根据高盛公司的研究报告，1987—1988年和1993—1999年的高通胀，都是实际存款利率变为负之后不久，通胀率就开始显著地加速上升。最近美国经济学家斯蒂芬·罗奇称，中国一年期存、贷利率都低于总体通胀率，这种情况让人不禁想起上世纪70年代美联邦储备委员会理事会主席伯恩斯和Fed实行的负利率，进一步刺激了美国通货膨胀率的上升。加息是稳定居民通货膨胀预期的有力工具。为什么对稳定居民通胀预期如此重要的利率手段（加息手段），如此之慎重呢？表面的理由主要是怕美联储降息，而我们升息，形成的利差会诱导外国短期游资流入。但据中国银行4月14日发布的《人民币市场月报》披露，外部游资追逐的，主要不是“利差”，而是资产投机利益。该报告认为，“非贸易外汇储备增长，与中美利差的相关性最弱”，“2006年时境内股市的高收益率吸引了境外资金的涌入”。所以，金融当局眼睛盯着中美“利差”，作为谨慎使用利率手段的借口，但轻视国内利率与物价上涨率之差（即负利率）会动摇居民对通胀预期的危险，是令人不解的。我以为，其原因恐怕在于各方面利益博弈的结果，“负利率”对强势利益集团（银行、大企业、大房地

产开发商、大借款者等）有利，使广大居民利益受损而造成的。居民这一弱势利益集团是很难有话语权，很难影响决策的，我想可能原因就在这里。所以说通货膨胀是最坏的税收，最坏的再分配，其中一个重要的再分配渠道就是负利率，通过负利率居民存款贬值转移到强势集团手里去了。我觉得这个问题值得研究。总之利率手段在从紧的货币政策中要受到适当的重视。

以上讲的是从紧的货币政策。至于稳健的财政政策，本来所谓的稳健政策也可偏松偏紧，目前通货膨胀形势要求我们的财政政策要稳中偏紧，不能因为财政增收超收过大（2007年一年增收1.25万亿元，达到5.13万亿元）就大手大脚，这样会对总需求推波助澜。不但楼堂馆所可以不建，出国考察可以少派，公费宴请尽量杜绝，行政开支要尽量节省，会议接待差旅公车支出要减少（政府决定中央机关公用支出今年减少5%），而且像京沪高速这样的大工程重点建设项目也应该推迟到宏观形势允许的情况下再建。当然，救灾、农业、民生、环保、国防等必要开支还得要保。在目前的情况下，只有坚持实行从紧的和偏紧的宏观调控政策，才能实现上述两大宏观调控目标。

经济运动，无论是上行或者下行，都会有一种惯性。经济下调以后，会不会滑入衰退周期？不排除有这种可能。这一方面是下一个经济周期宏观调控要考虑处理的问题，另一方面，当前周期也要有所预见，预为之计。比如可以利用稳健的财政政策中有保有压、偏宽偏紧的选择，在适当的时机网开稳健政策中保的一面，宽的一面，发挥它的扩张性的后续效果，以防止衰退或者减轻衰退的损失。

要注意经济增速下滑会引发诸多问题，如企业亏损破产、银行坏账呆账等。这在经济周期变化中是不可避免的，也是调整经济秩序所必需的，要妥为处理。最重要的是就业问题，经济增速下滑会带来就业增长减缓，失业率增加，关系到千百万人的生计，这是最要紧的事情。这个问题要从产业结构、生产结构、技术结构的调整来解决。比如要多发展一些劳动密集型的产业、企业或工段，要多用劳动力的适用技术，要多办一些中小企业和服务事业，搞一些罗斯福田纳西式的公共工程，凯恩斯举例掘土挖洞填洞的救济措施，等等。“挖洞填洞”对社会没有用处，但可解决失业问题。其实人们不会去干那种“挖洞填洞”的蠢事，现在社会上需要用人的有用的事情（如社区服务、灾区重建等）多得不知道有多少，就怕没有人去张罗组织。而中国共产党应该是最有能力去组织这些社会事业的。

用得着两句话：“客观经济规律是不可抗拒的”和“人定可以胜天”。我们要顺应经济周期的变化，因势利导、化凶为吉，使中国这条经济大航船破浪前进。

增强宏观调控的预见性和灵活性*

——访中国社会科学院原副院长、深圳市政府特邀顾问刘国光教授（2008年8月11日）

自2001年以来，中国经济进入了新的一轮增长期，2007年年初经济运行出现了“由偏快转向过热”的风险。中国的经济增长速度，已经几年是两位数了，去年达到11.9%，这对我国资源环境承受程度来说，应该说是相当高的速度。今后两三年宏观调控的目标，在经济增长方面，要把现在超过潜在增长率的实际增长率，逐步调到资源、能源、环境和基层民众大体能够承受的程度，即由去年的11.9%，逐步调到潜在增长率8%~9%。这个速度，绝对不是一个低速度，也不会引起严重的通货膨胀或通货紧缩。在物价上涨方面，两三年内要逐步调到正常的物价波动区间，即物价稳定所容许的区间，就是把物价上涨率调整到正3%以下，在+3%~−2%的区间。过了这个界线就要警钟长鸣。要坚持中央既定的宏观调控政策。要继续加强和改善宏观调控，保持宏观经济政策的连续性和稳定性，着力解决经济运行中的突出矛盾和问题，增强宏观调控的预见性、针对性、灵活性，把握好调控重点、节奏、力度。

“改革开放30年来，中国政府不断加强和改善宏观调控，深化改革开放，推进经济结构调整和发展方式转变，保持了经济平

* 《深圳特区报》2008年8月11日，深圳报业集团驻京记者：庄宇辉。

稳较快发展，避免出现大的起落，年均GDP增长率保持在9.5%左右，创造了GDP增长的世界奇迹，GDP总量跻身全球第四位，进一步缩小了和发达国家的差距，为实现全面建设小康社会的宏伟目标奠定了坚实的基础。”谈起改革开放30年来中国经济取得了平稳较快发展，著名经济学家、中国社会科学院原副院长刘国光教授不无自豪地说。

今年以来，面对国际经济环境的重大变化和国内自然灾害的突然冲击，党中央、国务院沉着应对，果断决策，一手抓抗灾救灾，一手抓经济社会发展，保持了经济平稳较快发展的势头和社会和谐稳定的局面，形势比预料的要好。但是，当前经济运行中还存在一些突出矛盾和问题。

刘国光说："我们要继续深入贯彻落实科学发展观，把保持经济平稳较快发展、控制物价过快上涨作为宏观调控的首要任务，把抑制通货膨胀放在突出位置。要保持宏观经济政策的连续性和稳定性，增强宏观调控的预见性、针对性和灵活性，努力保持经济平稳较快发展，避免出现大的起落；我们要顺应经济周期的变化，因势利导，使中国这条经济大航船破浪前进。"

每一次经济波动都伴随着宏观调控

改革开放30年来，中国经济经历了几次大的波动，为了努力保持经济平稳较快发展，避免出现大起大落，每一次经济波动都伴随着政府的宏观调控。

国家的宏观经济政策是增长优先还是稳定优先，各国历来都有争论。改革开放初期，中国不少经济学家著书立说，强调要处理好经济增长与经济稳定的关系。如由刘国光等领导的中国社会科学院经济学科片课题组提出了“稳中求进”的发展与改革思路，产生了较大影响，被中外经济学者称为“稳健改革派”。但是，也有一些经济学家主张增长优先，即使要付出一定程度的通货膨胀和财政赤字的代价也在所不惜。刘国光指出："有人还是急于求成，希望实现经济的超高速发展，结果超越客观条件，欲速则不达。"

1989年11月，党的十三届五中全会召开，全会强调我国经济工作必须始终坚持持续、稳定、协调发展的方针，全会确定了治理经济环境、整顿经济秩序的方针。

1992年邓小平"南方谈话"和党的十四大调动了各方面发展经济、开拓市场的积极性，开创了改革和发展的新局面。但是，由于一些人急于求成的思想没有克服，传统体制"投资饥渴症"的弊端尚未革除，不久即出现了房地产热、开发区热，物价飙升，经济又一次走向过热。

他说，面对这种形势，党中央果断决策，采取有力措施，加强宏观调控，于1993年6月开始实施著名的"十六条措施"，治理通货膨胀，克服经济过热。经过三年多坚定不移的努力，终于取得成功。到1996年年底，国民经济的运行成功地实现"软着陆"，既有效地抑制了通货膨胀，又保持了经济的适度快速增长。

为我国经济跨世纪发展积累宝贵经验

1997年1月，刘国光等在《人民日报》上发表了《论"软着陆"》的重要文章。刘国光说，那次"软着陆"，是一次成功的"软着陆"。之所以说"成功"，主要是因为，经济增长率逐步平稳地回落到适度区间，物价上涨率亦回落到适度水平；在显著地降低物价涨幅的同时，又保持了经济的适度快速增长。

他特别指出："这次'软着陆'的成功有重大意义。首先，避免了重蹈历史上'大起大落'和'软着陆'不成功的覆辙。它表明，我们党对社会主义市场经济体制和社会主义现代化建设规律的认识逐步在深化，领导和驾驭经济工作的水平提高了。其次，为我国今后的经济运行开辟了一条适度快速和相对平稳发展的新轨道，为我国经济的跨世纪发展积累了宝贵的经验，奠定了良好的开端。最后，既大幅度地降低物价涨幅又保持了经济的较快增长，这在“二战”后世界各国的经济发展史上也是罕见的。与西方主要国家经常陷入滞胀困境相比，改革开放的中国充分显示出其经济增长的活力。”

他认为，这次“软着陆”的成功，给予我们许多新的、重要的启示：无论是从我国的正反两个方面的经验教训出发，还是从世界各国的经验教训出发，中央政府的宏观调控应该始终坚持以抑制通货膨胀为首要任务。一方面，在整个体制转轨完成之前，都要坚持“总量平衡、适度从紧、适时微调”的方针；另一方面，要抓住稳定、宽松的经济环境，积极推进“两个根本性转变”，促进国有企业机制的转换，是抑制“大起大落”、抑制通货膨胀、搞好总量平衡和结构调整的治本之路。

把抑制通货膨胀放在宏观调控突出位置

自2001年以来，中国经济进入了新一轮增长期，2003年开始出现经济是否过热的讨论，2007年年初经济运行出现了“由偏快转向过热”的风险。党中央、国务院认为，2008年恐怕是经济最为困难的一年，一方面面临通货膨胀高企，另一方面经济增长受到内外压力和国际经济不确定性的影响。同时还认为，特大地震灾害和国际经济不利因素没有改变我国经济平稳较快发展的基本面，国民经济继续朝着宏观调控的预期方向发展。这说明中央的方针政策和部署是完全正确的，宏观调控是卓有成效的，也说明我国经济社会发展具有强劲的动力和活力，具有应对困难局面的能力。

“今年宏观调控首要任务是‘防经济由偏快转向过热，防物价由结构性上涨变为明显的通胀’。于是社会上、学术界就有‘保增长，还是保物价’这样的争论。”刘国光重点谈了对最新一轮宏观调控的看法。

有一种意见认为，耕地不足、工业化和全球化等国内外因素，导致中国有高通胀长期化的趋势。未来20年内，长期年通胀率会在8%~10%；近三五年更严重，物价年上涨率会在10%上下。因此，对通货膨胀要长期应付、处理，慢慢来。要保持中国从全球化得来的高增长机遇的好处，必须忍受较高通胀率的痛苦代价。

“这是一种典型的，保增长第一、保物价第二的观点，这种观点听起来像是20年前就出现过的‘通货膨胀有益论’‘要用通货膨胀来支撑经济增长’等观点的翻版。这种观点潜伏下来，不时以不同形式浮出水面，在经济生活中掀起波涛。”刘国光指出，还有一种意见，与这有所不同。认为现在通货膨胀仍在发展，虽然预测今年物价上涨将前高后低，下半年物价上涨率可能降一点，但通胀继续的趋势不会改变，全年将大于4.8%的上涨目标；而经济增长则由于美国次贷危机、上半年的灾害以及从紧的宏观调控政策的影响，已经有所回落。国内外各机构纷纷下调今年中国经济增长率的预测数字。“滞胀”可能要来了的警告，不断地传到耳朵里来。好像9%~10%的增长速度，也是一种停滞衰退。为防止衰退，对付‘滞涨’，有人就主张要改变目前从紧、偏紧的宏观调控政策。

“我不赞成‘保增长第一，保物价第二’的观点。”他说，中国的经济增长速度，已经几年是两位数了，去年达到11.9%，这对我国资源环境承受程度来说，已经是相当高的速度。

国务院总理温家宝目前在江苏、上海调研经济运行情况时指出，当前要重点抓好以下工作：一要切实转变经济发展方式，加快结构调整，把握好宏观调控的重点、节奏和力度，保持经济在较长时间平稳较快发展，避免出现大的起落；二要把抑制通货膨胀放在宏观调控的突出位置，多管齐下，标本兼治，努力把物价涨幅控制在经济社会发展可承受的范围内。

日前，中共中央政治局召开会议，研究了当前经济形势和经济工作。会议强调，要深入贯彻落实科学发展观，把保持经济平稳较快发展、控制物价过快上涨作为宏观调控的首要任务，把抑制通货膨胀放在突出位置。

当前CPI虽已连续两个月出现回落，但并不意味着我国防通胀压力有丝毫的减轻。刘国光说："中央的决策是正确的，无论是物价上涨率或是经济增长率，都需要调整到正常健康的水平，这才是我们宏观调控的终极目标。"

要坚持中央既定宏观调控政策

谈到今后两三年宏观调控的目标，刘国光认为，在经济增长方面，要把现在超过潜在增长率的实际增长率，逐步调到资源、能源、环境和基层民众大体能够承受的程度，即由去年的11.9%，逐步调到潜在增长率8%~9%。今年增长率降为10%左右，这是符合宏观调控的预定方向的，并不存在什么滑坡。今后两三年还要沿着这个方向继续调整。

具体调整多少才合适呢？他认为回归到潜在的增长率9%以内比较合适。这个速度，绝对不是一个低速度，也不会引起严重的通货膨胀或通货紧缩。温家宝总理在十一届人大一次会议上作《政府工作报告》时，提出今年GDP增长8%左右的目标，这只是向社会传达了政府的调控意向，但还需要相应配套的政策措施才能完成，而且完成这一任务不宜一年到位，应分步走两三年，

以避免“大落”的冲击。

在物价上涨率方面，今年不但CPI，而且PPI都上去了，生产资料价格的上涨传导下去，将加剧下游商品价格的上涨和加大市场对通胀的预期。那么怎样调整，调整到什么程度？他认为，两三年内要逐步调到正常的物价波动区间，即物价稳定所容许的区间，就是把物价上涨率调整到正3%以下，在+3%~−2%区间。过了这个界线就要警钟长鸣。

“归结我的意见，就是两三年内，宏观调控的目标，在经济增长上，由目前过快的实际增长率逐步调整到潜在增长率水平以内；在物价上涨上，把现在明显的通胀率回归到稳定物价的正常波动区间。”刘国光认为，这两条的政策含义是十分清楚的，要坚持中央既定的宏观调控政策。要继续加强和改善宏观调控，保持宏观经济政策的连续性和稳定性，着力解决经济运行中的突出矛盾和问题，增强宏观调控的预见性、针对性、灵活性，把握好调控重点、节奏、力度；深化改革开放，着力推进经济结构调整和发展方式转变，提高经济发展质量和效益。

经济运行，无论是上行或者下行，都会有一种惯性。经济下调以后，会不会滑入衰退周期？他认为，这一方面是下一个经济周期宏观调控要考虑处理的问题，另一方面，当前周期也要有所预见。比如可以利用稳健的财政政策中有保有压、偏宽偏紧的选择，在适当的时机网开稳健政策中保的一面，宽的一面，发挥它的扩张性的后续效果，以防止衰退或者减轻衰退的损失。

探索完善符合国情的宏观调控体系

在谈到今后如何进一步探索完善符合中国国情的宏观调控体系时，刘国光认为，今后相当长一段时期，我国仍将是一个新兴市场经济国家和一个处于体制转轨中的发展中国家。这就决定了我国宏观调控仍将面临较为复杂的经济背景，既要实现总量平衡目标，又要推进改革开放和结构调整升级。

他提出，要在总结改革开放以来宏观调控经验的基础上，进一步探索完善符合中国国情的宏观调控体系：一、从我国现阶段的实际出发，明确宏观调控总量目标的新内涵；二、促进总量平衡和结构调整相结合；三、形成宏观调控与微观规制良性互动的复合型宏观调控体系；四、进一步改进宏观调控方式，建立健全预调、微调机制，提高预调、微调效果；五、强化宏观调控主体职责分工，建立中央全面主导、地方配合执行的双层次调控主体模式。

深圳努力实现经济发展质量效益与速度相统一

在深圳经济特区成立28周年之际，作为深圳市政府特邀顾问的刘国光特别高兴地对本报记者说："深圳经济特区成立28年来，GDP年均增长达28%，从一个边陲小镇一跃成为经济实力在国内名列前茅的大城市，2007年深圳人均GDP在内地大城市中率先突破1万美元，实现了'速度深圳'向'和谐深圳、效益深圳'的转变，经济社会又好又快发展，正在努力争当中国特色社会主义示范市。"

他特别指出："作为经济特区，深圳要率先贯彻、坚决落实好中央的宏观调控要求，要深入贯彻落实科学发展观，按照'冷静分析、科学把握，坚定信心、积极应对，调整结构、提高效益，加强服务、营造环境'的总体要求，把保持经济平稳较快发展、控制物价过快上涨作为宏观调控的首要任务，把抑制通货膨胀放在突出位置，采取切实有效的措施，实现经济社会又好又快发展。"

他强调，深圳要认真学习贯彻温家宝总理前不久在广东视察时的重要讲话精神，进一步深化改革、扩大开放，当好新时期改革开放的排头兵。他说，首先，要通过进一步深化改革、扩大开放，在科学发展上走在全国前列。破解当前遇到的发展难题，真正实现科学发展，最根本的要靠深化改革开放，要切实转变经济发展方式，抓好国家创新型城市试点，大力发展循环经济，努力建设资源节约型、环境友好型社会；其次，要通过进一步深化改革、扩大开放，不断突破制约科学发展的思想束缚和体制机制障碍，努力形成有效的科学发展制度体系，稳步推进社会主义民主法治建设，为加快科学发展提供体制机制保障；最后，以“双转移”为契机，进一步加快产业结构调整升级步伐，努力实现经济发展质量、效益与速度相统一。

他进一步指出，深圳要以创建国家创新型城市试点为契机，把自主创新作为深圳城市发展的主导战略，突破深圳面临的一些发展瓶颈，打破空间、资源、环境、人口容量四个“难以为继”的制约，将深圳建设成为创新体系健全、创新要素集聚、创新效率高、经济社会效益好、辐射引领作用强的国家创新型城市。

他为此提出，深圳要积极营造有利于创新的社会氛围，鼓励探索，宽容失败，努力培养造就一批思想解放、勇于创新的优秀人才；要抓住创建国家创新型城市试点的良好机遇，通过与国家各部委的合作，将更多的外部资源与深圳自身的创新优势结合起来，进一步完善以市场为导向、以企业为主体的创新体系；深圳企业要抓住经济技术全球化的机遇，采用在全球范围内引进人才、引进关键技术等方式，增强以我为主充分利用全球技术资源的能力；要善于在品牌的市场化、产业化方面下功夫，真正将创新成果和品牌资源变成巨大的经济效益和社会效益。

刘国光最后谈到，深圳毗邻香港，一方面要学习香港市场经济和城市管理的成功经验，加快推进深港合作和国际化城市建设步伐；另一方面，要充分发挥中国特色社会主义的制度优越性，用世界眼光和标准推进产业升级和自主创新，加快推进改革开放和制度建设，加快改善民生和促进社会和谐，努方实现经济发展质量、效益与速度相统一，为探索中国特色社会主义文明模式做出新贡献。

“国退民进”争论的实质与发展私营经济的正确道路*

（2008年）

摘要：“国退民进”的提法，实质上是要国有经济从竞争性的领域退出，全面推行私有化。这种观点是十分错误并且非常有害的。今天，我们在鼓励、支持私营经济发展的同时，要正确引导其发展的方向，让私营经济走上正确的发展道路。

关键词：“国退民进”；私有化；发展；正确道路

一、“国退民进”的提出以及引起的激烈争论

改革开放以来，我国国有、集体企业的改革工作大多数运行健康，顺利成功，对经济发展、社会进步和安定团结发挥了显著效果。但是也存在一些问题。党中央提出的一些改革政策和措施，有些人总是千方百计地往私有化的方向拧。例如，中央提出建立社会主义市场经济体制是我国经济体制改革的目标，有人就鼓吹公有制与市场经济不相容，要搞市场经济就必须实行私有化；中央提出可以利用股份制作为公有制的一种实现形式，以扩大公有资本的支配地位，增强公有经济的主体地位，有人就通过股份制将国企化为私企；中央提出国有经济战线过长，要做战略

* 发表于《南京理工大学学报（社会科学版）》2008年第3期。

调整，以增强国有经济的主导作用，有人就把“有进有退”的战略调整篡改为“国退民进”“让国有经济退出竞争性领域”；中央提出“抓大放小”的方针，要求采取各种形式放开搞活国有中小企业，有人就把出卖国企当作几乎唯一的形式，实行一卖了之，掀起一股贱卖白送国企的歪风。

国有经济应不应该从竞争性领域退出？这是一个很重要的问题。我国95％的工业行业都是竞争性较强的行业，在这样的市场结构下让国企退出竞争性行业，几乎等于取消工业中的国有企业。竞争性领域中存在不少战略性国企和关系国计民生的重要国企，难道都要退光？竞争性领域中国企如果有竞争力能够盈利，为什么一定要让私营老板去赚钱？其理由是所谓“国企竞争力不如私企”，连西方一些正直的学者也不赞成这一新自由主义的偏见。有竞争力的国企在竞争性领域中盈利上交国家，发展生产和社会福利事业，对于社会财富分配中的公平与公正是十分有利的。

国有企业、国有资本不应从竞争性领域中完全退出，不但很多学界人士这样主张，中央政策也是很明朗的。十五大报告就规定，“在其他领域（主要指竞争性领域）可以通过资产重组和结构调整，以加强重点，提高国有经济的整体素质”。十六届三中全会也讲到，在增强国有经济控制力以外的其他行业和领域（主要也是竞争性领域），国有企业通过重组和调整，在市场经济中“优胜劣汰”。并没有规定国有经济一定要退出的意思，而是说可以在竞争性领域参加市场竞争，“提高素质”“优胜劣汰”“加强重点”。

以上讲的是在竞争性领域，不能笼统地讲“国退”，在这些行业国有企业也有“进”的问题。那么现在转过来说“民进”。私有企业是市场竞争的天然主体，竞争性领域让私企自由进入，是理所当然的。但是关系国民经济命脉的重要行业和关键领域，

十五大规定了必须由国有经济占支配地位，允许私人资本“进入”。然而，国务院2005年关于鼓励支持非公经济发展的文件，允许非公经济进入垄断行业和领域，包括电力、电信、铁路、民航、石油等行业，矿产资源开发、公用事业、基础设施，以及国防科技工业建设等领域。这些都为非公有经济进入关系国民经济命脉的重要行业和关键领域网开了一面。

对此，有民间人士持不同意见。认为非公经济进入控制国民经济命脉的许多领域，有违中共十五大规定“国有经济控制国民经济命脉”的方针，将会动摇、改变国有经济在国民经济中的主导地位和公有制的主体地位，并且向有关方面提出了自己的看法，希望扭转有关规定。

我认为，关于国民经济命脉的重要行业和关键领域，如果从吸收社会资本，扩大公有资本的支配范围，壮大国有经济的控制力，促进投资主体的多元化这一角度来说，还是符合十五大精神，符合我国国企改革的方向的，因此可以有选择地允许私人资本参股进入；但不可以把这个领域让给私人资本独资开发或控股经营，影响国有经济对这些部门的控制地位，在允许非公资本参与投资经营的企事业，要加强监管。目前中国私人资本实力还不够雄厚，即使私人资本增长，国家也只能吸收而不必主要依靠私人资本来发展这些部门。特别是这些重要行业和关键领域，一般收益丰厚，多属垄断性级差租收入性质，按照中外学理，这种级差租性质的收入，理应归公。所以对进入这些行业领域的私人股份的红息，应加限制，使私人资本只能够得到一般竞争性行业的盈利。这也符合民主革命先行者孙中山先生“节制资本”的要义。中国共产党在社会主义初级阶段参考孙先生的正确思想，对“私人资本不能操纵国计民生”的主张，进行灵活处置，也是可以理解的。限制私人资本在关系国计民生部门取得超额垄断利润，就是符合孙先生主张的精神的。

2005年政府进一步明确了对非公有经济准入范围放开的政策以后，有些官员和经济学人又从另一方面错误地解读政策动向，要求在重要的和关键的领域内国有经济与私人资本平起平坐，否认国有经济的主导作用，有的甚至建议国有资本限期撤出公共服务领域之外的全部产业领域。这种观点在上一年开始制定进一步促进非公经济发展的政策时就已经出现，而且主要集中在中央和政府的权威学校和高级研究机构的某些部门，不过在2005年上半年表现得更为突出，并且在一些主流媒体和论坛上一再公开表达。（《香港传真》2005年第37期）

在这种背景下，政府高层部门负责人士先后出面明确表示：①垄断行业和领域今后要以国有经济为主体，这是由我国经济制度的性质决定的；②不能把国有经济布局和结构调整理解为国有经济从一切竞争性领域退出；③绝不能把国有经济布局和结构调整理解为中央“进”地方“退”，各地必须培育和发展一批有地方优势与特色，实力雄厚，竞争力强的国有企业。

即使在政府负责人一再表态的情况下，还是有声音从体制内批评在重要领域让国企“做大做强”的选择，公开主张国资从产业领域全退，甚至有文章希望科斯的中国改革六字经“共产党加产权”，成为今天中共急进的“时代壮举”。（《香港传真》2005年第37期）因此，尽管高层决策人士表态明朗，纠正了一些人所讲垄断行业允许准入，不讲主从关系的认识，也批评了一些官员和经济学人要国有资本从产业领域全面退出的观点，但是“全面坚持十六届三中全会决议关于公有制为主体，国有制为主导，发展非公有制的问题，在认识上和工作中并没有完全解决”，[①]一些官员和经济学人要国资从产业领域退出的观点，仍

① 侯云春：《股份制助民企做强做大》，《中华工商时报》2005年7月11日。

然在工作层面影响国资改革，不容忽视。

比如，《中国宏观经济分析》披露了有关部门关于国资转让和减持比例的方案（《中国宏观经济分析》2005年第11期），从这个方案的政策目标看，它通过国家持股比例下限的低设，使大量关键和非关键领域国有上市公司的国有股权被稀释。有评论认为，“这个方案透露出国资要在关键性领域明显减少，竞争性领域基本完全退出。这种大量减持国资的主张不妥，其后续效应（即波及非国有非上市公司和地方其他国有企业的效应）更需警惕”。（《香港传真》2006年第13期）还指出，近几年来国有工业状况，无论是垄断行业还是竞争性行业，持续逐步好转，在企业数量下降情况下，资产、产值，尤其是利润税收贡献都大幅上扬，表明坚持社会主义方向的所有制改革和国企改革是有希望的。在此背景下继续国资的大规模退出，是否恰当，需要考虑。当然，国资布局和国企组织，还有不少不合理之处，需要通过资产的进出流动，继续进行适当的调整。

二、国有经济的控制力应该包括哪些范围

2006年12月18日，国资委发布了《关于推进国有资本调整和国有企业重组的指导意见》，其要点之一是推动国有资本向重要行业和关键领域集中，增强国有经济的控制力，发挥主导作用。重要行业和关键领域包括：涉及国家安全的行业、重大基础设施、重要矿产资源、提供重要公共产品和服务的行业，以及支柱产业和高新技术产业中的骨干企业。对于不属于重要行业和关键领域的国有资本，按照有进有退、合理流动的原则，实行依法转让。

对于这项部署，有两个方面的评论。一方面认为，不论是国有资本要保持绝对控股的军工等七大行业，还是国有资本要保

持较强控制力的装备制造等九大行业，大都遍布非竞争性领域和竞争性领域，并不都是只有国有企业才能有资格从事的行业。属于竞争性行业，由国资来控制缺乏合理性。在这些行业，国企筑起垄断门槛，有违市场公平竞争原则；并称“增强国有经济的控制力没有法律依据”，说政府无权不经过代议机构的批准擅自指定自己的垄断领域。但是我们要说，加强国有经济的控制力，国有经济在关系国民经济命脉的重要行业和关键领域必须占有支配地位，在社会主义市场经济中起主导作用，这是我国的根本大法——宪法所规定了的，这是根本的法律依据。再说，在竞争性领域，允许国有企业以其竞争力取得控制地位，并不见得不符合市场竞争原则。

另一方面的评论是，对于不属于重要行业和关键领域的国资要“实行依法转让”，即退出，会引发非公有资本广泛并购和控股众多的原国企，后果堪虞。夏小林在人民网理论频道撰文指出，“国资委资料显示，2005年在约26.8万亿国企总资产中，中央企业占41.4%，而国企中还有3/4是在竞争性行业。按照某种意见，如果不考虑国资在维系社会公平方面的重要作用，中央企业之外58.6%的国企资产和3/4在竞争性行业的国企，是不是其相当大的一部分都要在‘不属于重要行业与关键领域’标准下，‘实行依法转让’呢？如果‘转让’使中国产业的总资产中，私人资产的比重超过和压倒国有资产，中国少数私人的财富急剧暴涨，这将会形成一种什么样的财富分配状况和收入分配状况呢？”

夏小林关于国有经济控制力包括的范围的意见是值得注意和研究的。他把国有经济的社会责任分为两种，一是帮助政府调控经济，二是保证社会正义和公平的经济基础。前一个作用普遍适用于社会主义国家和现代资本市场经济国家，而后一个作用则是社会主义国家独有的。他说，“按照西方主流经济学的观点，在一定条件下国有经济有助于政府调控经济，但是OECD国家的

私有化证明，即使以垄断性的基础产业为主要对象进行了私有化，国有经济到了10%以下的比重以后，政府照样可以运用各种货币政策、财政政策、产业政策和商业手段等有效地调控经济。但是社会正义和公平，却是高度私有化的经济和以私有化为主的混合经济解决不了的老大难问题”。“在中国坚持社会主义市场经济的改革方向中，增强国有资本的控制力，发挥其主导作用，理应包括保障、实现和发展社会公平的内容和标准。对那些对于政府调控经济不重要但是对于保障社会正义和公平非常重要的竞争性领域的国有资产，也应该认为是‘重要’的和‘关键’的领域的国有资产，要力争搞好，防止出现国资大量流失那种改革失控，随意实行大规模‘转让’的偏向”。所以，在一般所说“重要”“关键”的标准之外，根据保证社会公平的标准，可以认为，即使在竞争性领域，保留和发展有竞争力的国有及控股企业，这属于增强国有经济控制力“底线”的范围，也是“正当的选择”。

基于国有经济负有保证社会正义和公平的经济基础的社会责任，国家要保障在公益服务、基础设施、重要产业的有效投资，并不排除为解决就业问题在劳动密集领域进行多种形式的投资和运营。在保障垄断性领域国有企业健康发展的同时，还要保障在竞争性领域国有企业的发展，发挥他们在稳定和增加就业、保障社会福利和提供公共服务上的作用，增强再分配和转移支付的经济实力。决不能像新自由主义所主张的那样，让国家退出经济。我国这样一个社会主义大国，国有经济的数量底线，不能以资本主义国家私有化的“国际经验”为依据。确定国有经济的比重，理应包括保障、实现和发展社会公平和社会稳定的内容，所以国家对国有经济控制力的范围，有进一步研究的必要。

关于如何增强国有经济控制力，综合各方面的意见，还有几点想法，简要述之。

1. 国企要收缩战线，但不是越少越好

在改革初始阶段，由于国企覆盖面过广，战线过长，收缩国企的数量，集中力量办好有素质的国企，开放民间经济的活动天地，这是必要的。但并不是说国企办得越少越好。这些年有些官员、学者，片面倾向于少办国企，“尽可能避免新办国有企业，让‘国家轻松一点，就是管那些少得不能再少的国有企业’‘我们留下为数不多的国有企业将是活得非常潇洒的，不像今天这样愁眉苦脸，忧心忡忡’”这样的精神状态。围绕所有制结构政策，体制内外频频发出声音，“或者将中国所有制结构的取向定在用15~30年时间来让自然人产权（私有产权）成为市场经济的主体上，或者把参照系数定在欧、美市场经济中国有成分在7%~10%的模式上（国资研究室主任指出西方发达国家国企仅占全民经济5%的份额），或者在叶利钦时期俄罗斯、东欧国家取消社会主义目标后的所有制模式上”。（《香港传真》2004年第33期）这些将国有经济比重尽量压低的欲望，大大超出了江泽民所讲的限度，就是不能影响公有制的主体地位和国有经济的主导作用。（香港《信报财经新闻》2007年6月23日）国资委从2003年成立以来，央企数量已由196家减少到157家。据透露，下一轮整合方案，央企数量将至少缩减1/3。国资委的目标是到2010年将央企调整和重组到80至100家，其中30至50家具有国际竞争力。令人不解的问题是，中国这样一个社会主义大国，这么多的人口，这么大规模的经济，到底应该掌握多少国企，其中中央应该掌握多少央企？俄罗斯已经转型为资本主义国家了，普京总统无疑也是效忠于私有制的，但他在2004年8月宣布，确定1063家俄罗斯大型国企为总统掌握的国有战略企业，政府无权对这些战略企业实行私有化。同样是中央掌握的大型国有企业，为什么私有化的俄罗斯保留的比社会主义的中国的多好多倍？此中除了不可比的因素外，是否反映了我国某些官员国企办得越少越好，追求

“轻松潇洒一些”的倾向，还有某些个别官员不好明说的倾向？

2. 中央和地方都要掌握一批强势国企

有关部门负责人指出，不能把国有经济布局和结构调整理解为中央“进”地方“退”，各地必须保留和发展一批具有地方优势和特色、实力雄厚、竞争力强的国有大企业，使之成为本地区国民经济的支柱。中国是一个大国，许多省、直辖市的土地人口，超过欧洲一个国家。有人建议在省市自治区一级建立一地一个或数个或数地联合建立一个类似淡马锡模式的控股公司，来整合地方国企。这个建议是可行的。新加坡那样国土面积小、人口少的国家都能做到，为什么我们做不到？前些时候国企改制地方出的问题比较多，也可以通过新的“改制”梳理一下。

3. 国有经济改革决策要受人大制衡监督

这个意见人们多次提出，并有专门的建议案。国有经济改革涉及全体人民利益，不能总在工会实际管不了，人大又不严加审议和监督，由行政机构少数人确定国有企业留多少、不留多少的情况下来进行。由他们来决策国资买卖的情况，极易造成决策失误和国资流失。以保护私权为主要使命的《物权法》已经通过了。而研究开始在《物权法》之前，以保护‘公权’为使命的《国资法》，研究了多年，人们仍在翘首企盼，希望早日出台，让各级人大能够像英国、俄罗斯、波兰、日本等类型的市场经济国家的议会那样，有权审议国有资产产权变动的方案。

4. 扩大国有产权改革的公共参与

国有资产产权改革不单纯是一个高层的理论问题，而且是关系各方面利益的公共政策问题。所以这个问题的讨论与决策不但要有官员、学者、精英参加，而且要有广大公众参与。某国资研究机构有人认为，这是不应当由公众来讨论的潜规则问题，郎咸平掀起的讨论是“引爆了公众不满国资流失和社会不公的情绪，是反对改革”。讲这种话的精英，是把大众当作阿斗。对于国资产权改革，公众有知情权、发言权、监督权，少数精英把持是非常危险的。据报道，汪道涵临终与人谈话说，“我的忧虑不在国外，是在国内”“精英，社会精英”。其背景就是他对苏共及其领导干部变质的长期观察和研究。“苏联主要是亡在他自己的党政领导干部和社会精英身上。这些干部和精英利用他们手上的权力和社会政治影响，谋取私利，成了攫取和占有社会财富的特权阶层，他们不但对完善改进社会主义制度没有积极性，而且极力地加以扭曲。公有制度改变才能使他们的既得利益合法化。这只要看看各独立共和国当权的那些干部和社会名流大约有百分之八十都是当年苏联的党政官员和社会精英，事情便清楚了。”

三、私营经济发展必须沿着正确的道路进行

谈基本经济制度，不能不谈私有经济，私有经济是非公有制经济的一部分。其与公有制主体经济的共同发展，构成我国社会主义初级阶段的基本经济制度。非公有经济在促进我国经济发展，增加就业，增加财政收入，满足社会需要各方面，不仅在当前，而且在整个社会主义初级阶段很长的历史时期内，都有不可缺少的重要积极作用，因此我们必须鼓励、支持和引导非公有制经济发展，而不能忽视它、歧视它、排斥它。所以，党和政府对非公有制包括私有制经济非常重视，对它们的评价，从十三大、十四大的“公有制经济的补充”，到九届人大二次会议称为“社会主义市场经济的重要组成部分”，十六大党还提出了“两个毫不动摇”，足见中央充分肯定非公有制包括私有制经济的重要作用。

我国非公有制经济有两个组成部分，一部分是个体经济。个体经济占有少量生产资料，依靠个人辛勤劳动，服务社会，而不剥削他人，属于个体劳动性质的经济。这部分经济目前在我国经

济中占的比重不大，将来也不可能很大，据工商局说，最近有一些年份，我国实有个体工商户还有所减少。但是现在已经恢复正增长。另一部分是私营经济和外资经济。自改革开放以来，广大私营企业主受党中央让一部分人先富起来号召的鼓舞，先后投身商海，奋勇创业拼搏，用心血耕耘多年，为国家经济发展、社会稳定和丰富人们的物质生活做出了重要贡献，应当受到社会公正的评价。当前私营企业主要面临的突出问题，是融资困难较大，税收尤其是非税收负担较重。此类问题亟待有关部门切实解决。

私有经济与个体经济是有区别的。私营企业主与现在所称新社会阶层中的管理技术人员、自由职业人员等其他成分也不一样。大家都是“社会主义事业建设者”，但个体劳动者、管理技术人员、自由职业人员等，一般是不剥削他人劳动的劳动者，而私营企业主雇佣劳工生产经营，他们与雇工之间存在剥削与被剥削的关系。因为私营企业的生产经营是为社会主义现代化建设服务，所以这种剥削关系也受到我国法律的保护。私有经济在促进生产力发展的同时，又有占有剩余价值的剥削性质，这种由剥削制度所制约的私有制本性目的所必然带来的社会矛盾，无时无刻不在政治、经济、社会、文化、思想道德上及人与人的关系上表现出来。私有制在社会主义初级阶段下表现的两重性，是客观上必然存在的，只能正视，不能回避。应该把私有经济的性质与作用分开来讲。只要是私人占有生产资料，雇佣和剥削劳动者，他的性质就不是社会主义的。至于他的作用，要放到具体历史条件下考察，当它处于社会主义初级阶段，适合生产力发展的需要时，它就起积极作用，以至构成社会主义市场经济的一个重要组成部分。由于它不具有社会主义的性质，因此不能说它也是社会主义经济的组成部分。

有人说“非公有制经济人士已不是过去的民族资产阶级”了。不错，非公有制经济中的个体劳动者，从来不属于资产阶级。但雇工剥削的私营企业主按其性质应该归属到哪一类呢？恐怕除资产阶级以外，没有地方可以归属。当然，同时，按其作用，还可以把他归入“社会主义建设者”“新社会阶层”这些不同层次的概念。这是非常实事求是的科学分析，容不得半点虚假。

对于社会主义初级阶段的私有经济，应当从两个方面来正确对待。一方面是不应轻视，不应歧视；另一方面，不应捧抬，不应护短。现在对私营企业轻视歧视的现象的确是有，特别是前面提到的融资问题和负担问题。例如我国大银行对中小企业（主要是私营），除了“重大轻小”“嫌贫爱富”外，还存在“重公轻私”的所有制歧视。所谓企业“三项支出”（交费、摊派、公关招待费用）负担加重，某些部门少数官员对企业勒索骚扰，成为企业不得不应付的“潜规则”；当然这里边也有企业借此减轻正规税费之苦衷。而在“吹捧”“护短”方面，《人民网》2006年4月19日有人撰文说，不少地方党政官员将我们党的支持民营企业的政策，错误地执行成“捧—求—哄”，给私营企业主吹喇叭、抬轿子、送党票……不一而足。媒体报道，东南某省会城市，在百姓看病存在困难的情况下，拨出专项资金，选定民营企业家享受公费健康体检和疗养休假，“充分体现了党和政府对民营企业家的关爱”。有关部门高层人士为少数企业主确实存在的“原罪”行为开脱，并打不追究的保票。某些理论家则把非公有经济是“社会主义市场经济的重要组成部分”，偷换为“社会主义经济的重要组成部分”，认为“民营经济”（即私营经济）“已经成为”或者“应当成为”社会主义经济的主体，以取代公有制经济的主体地位。这明显地越过了宪法关于基本经济制度规定的界线。

对私有经济，既不应当轻视、歧视，又不应当吹捧护短，那么应当怎样正确对待，才符合坚持社会主义基本经济制度的要求呢？毫无疑问，我们要继续毫不动摇地发展私有经济，发挥其机制灵活，有利于促进社会生产力的正面作用，克服其剥削性产生的不利于社会经济发展的负面作用。如有些私营企业主偷逃税收，压低工资和劳动条件，制造假冒伪劣产品，破坏自然资源环境，借机侵害国有资产，以及其他欺诈行为，都要通过教育监督，克服清除。我想广大私营企业主，本着“社会主义建设者”的职责和良心，也一定会赞成这样做，这对私有经济的发展只有好处，没有坏处。

在鼓励、支持私有经济发展的同时，还要正确引导其发展方向，规定能发展什么，不能发展什么。比如竞争性领域，要允许私有经济自由进入，尽量撤除限制其进入的藩篱。特别是允许外资进入的，也应当开放内资进入。而对关系国民经济命脉的重要部门和关键领域，就不能允许私有经济自由进入，只能有条件、有限制地进入，不能让其操纵这些部门和行业，影响国有经济的控制力。私有经济在竞争性领域有广大的投资天地，在关系国民经济命脉的一些重要部门现在也可以参股投资，分享丰厚的盈利，他们应当知足了。作为“社会主义建设者”群体和“新社会阶层”，私营企业主大概不会觊觎社会主义经济的“主体地位”。但是确有某些社会精英明里暗里把他们往这方面推。要教育他们不要跟着这些精英跑。

总之，我们要毫不动摇地发展包括私有经济在内的非公有经济，但这必须与毫不动摇地坚持发展公有制经济并进，并且这种并进要在坚持公有制经济为主体，国有经济为主导的前提下进行，真正实行两个“毫不动摇”，而不是只实行一个“毫不动摇”。这样做，才能够保证我国社会主义基本经济制度的巩固和发展，使之永远立于不败之地。

计划与市场关系变革三十年及我在此过程的一些经历*

（2008年）

一、解放思想激发对计划与市场关系问题的探索

十一届三中全会邓小平提出解放思想实事求是的思想路线，使经济理论工作者开始摆脱种种教条主义观点的束缚。如何在社会主义条件下按照客观经济规律办事，成为经济理论界探讨的焦点。其中一个有关经济全局的问题是，如何认识和处理社会主义条件下计划与市场的关系。

在十一届三中全会精神鼓舞下，我和中国社会科学院经济研究所赵人伟在1978年年末1979年年初着手研究这个问题，并把研究成果《论社会主义经济中计划与市场的关系》①报送中国社会科学院，接着提交1979年4月由薛暮桥和孙冶方领衔在无锡召开的“商品经济与价值规律问题”讨论会。文章突破了过去关于计划与市场在社会主义经济中相互排斥、不能结合的传统认识，深入论证了社会主义经济中计划与市场的关系，既不是互相排斥，也不是由外在的原因所产生的一种形式上的凑合，而是由社会主义经济本质所决定的内在有机结合。为了确保国民经济各部门、各

* 发表于魏礼群主编《改革开放三十年见证与回顾》，中国言实出版社2008年版。

① 《邓小平年谱》（上），中央文献出版社2004年版，第581页。

地区的协调发展，为了维护整个社会公共利益和正确处理各方面的物质利益关系，必须在计划经济的条件下利用市场，在利用市场机制的同时，加强国家计划的调节。

因为文章触及了当时中国经济改革的核心问题，受到国内外各方面的重视，引发了广泛的讨论。时任中共中央总书记的胡耀邦在看了中国社会科学院《未定稿》发表的该文后批示，“这是一篇研究新问题的文章，也是一篇标兵文章，在更多理论工作者还没有下大决心，作最大努力转到这条轨道上的时候，我们必须大力提倡这种理论研究风气”。中共中央党校、国家计委、中国社会科学院等的内部刊物，国内几家重要报刊都全文刊载。大西洋经济学会通过中国社会科学院胡乔木院长，要求我们将此文改写本送该会年会。该会执行主席舒斯特（Helmont Shuster）在发给胡乔木的电函中称，此文受到年会的“热烈欢迎”，认为“学术上有重要意义”，并决定将此文同诺贝尔奖得主詹姆士·E.米德的论文一道全文发表于《大西洋经济评论》1979年12月号（其他文章只发摘要）。

这篇文章在当时产生了重要影响，但现在看来，它还是有时代的局限性，就是仍然在计划经济的框架下提出计划与市场可以而且必须互相结合。这篇文章发表后，邓小平在1979年11月26日会见美国不列颠百科全书出版公司编委会副主席吉布尼说：“社会主义为什么不可以搞市场经济，我们是以计划经济为主，但也结合市场经济。”[①]邓小平是我们党首先提出市场经济的中央领导，他这一次谈话，直到1990年前后才公布出来，长久不为人知。他讲此话的时候，也还是认为“我们是以计划经济为主”。再联想到1984年十二届三中全会划时代地提出“社会主义经济是有计划的商品经济”的同时，也解释说，这“有计划的商品经

① 《邓小平年谱》（上），中央文献出版社2004年版，第581页。

济”，“就总体上说”，“即我国实行的计划经济”[①]，所以，从“以计划经济为主体”的传统理论框架，转向“社会主义市场经济”新的理论框架，还有很长的路要走。

然而，计划与市场互相排斥、不能相容的传统观念，已经破除，坚冰已经打破，开创了传统计划经济向社会主义市场经济逐步转轨的新时代。这是邓小平领导下中国共产党人在思想解放旗帜下获得的一个重大战果。

二、指令性计划与指导性计划的消长

坚冰打破以后，人们普遍接受了社会主义经济下，计划经济与市场调节可以结合，这是在十一届六中全会和十二大的文件中都讲明了的。[②]但是如何在国民经济的管理中实现这种结合，也就是在计划经济中如何运用价值规律，是一个需要解决的问题。缩小行政指令的管理范围、扩大用经济办法管理经济，中国经济改革最初就是沿着这条思路摸索前进的。

这涉及我国国民经济的具体管理方式问题。过去我们实行的基本上是一套行政指令的计划管理方式。虽然陈云同志早就提出三个主体、三个补充的国民经济管理模式[③]，但是这一正确主张后来被“左”的政策思想冲得七零八落，难以实现。为了探索在社会主义经济中计划与市场结合的途径，需要研究国民经济管理方式问题。1982年9月初，我应邀为《人民日报》撰写了《坚

① 《中共中央关于经济体制改革的决定》，人民出版社1984年版，第18页。

② 《三中全会以来重要文献选编》，人民出版社1982年版，第841页；《中国共产党第十二次全国代表大会文件汇编》，人民出版社1982年版，第24页。

③ 《陈云文选》（1956—1985），人民出版社1986年版，第13页。

持经济体制改革的基本方向》[①]一文。文中提出在处理社会主义经济中计划与市场的关系时，应根据不同情况，对国民经济采取三种不同的管理形式，即对关系国民经济全局的重要产品的生产和分配实行指令性计划；对一般产品的生产和销售实行指导性计划；对品种繁多的日用百货小商品和其他农村产品实行市场调节下的自由生产和销售。我指出，随着经济调整工作的进展，随着买方市场的逐步形成，随着价格的合理化，要逐步缩小指令性计划的范围，扩大指导性计划的范围；指导性计划的实质就是运用市场调节来进行的计划调节。我还指出，在保留和完善国民经济的三种管理形式的同时，我们必须着力研究指导性计划的机制问题，这是社会主义经济的计划与市场关系中难度较大的一个问题，也是我们坚持改革方向必须解决的一个问题。

这篇文章在十二大前送《人民日报》，正好在十二大期间发表。由于十二大报告中有肯定“指令性计划在重大范围内是必要的必不可少的，是完成与国民生计有关的计划项目的保证”的阐述，同我的文章中主张指令性计划范围在今后的改革中应逐步缩小的意思有出入，所以，十二大文件起草组部分同志认为我动摇了计划经济的原则，在权威的报刊上以“本报评论员”名义发表长篇批判文章，针锋相对地提出“指令性计划是计划经济主要的和基本的形式”，“只有对重要的产品和企业实行指令性计划，我们的经济才能成为计划经济”[②]。

当时我并不知道某位领导同志为我的文章曾在1982年9月7日写信给《人民日报》领导人提醒说，发表这样的文章是不慎重的。在十二大闭幕后，我走出人民大会堂时遇到该领导同志，他对我说，“你有不同观点可以向中央提出，但在报上发表与中央不一致的观点影响不好，要做检查”。我后来在中国社会科学院

① 《人民日报》，1982年9月6日。

② 《人民日报》，1982年9月21日。

党组从组织原则上做了没有和党中央保持一致的检查，但思想上并不认为自己的观点是错误的。

中国改革在实践中不断前进。20世纪80年代初、中期的总趋势是市场调节的分量逐渐增加，而在计划调节的部分，又逐步减少指令性计划的比重，加大指导性计划的比重。两年之后，1984年十二届三中全会的决定证明我的观点是正确的。全会提出我国实行的计划经济，是在公有制为基础上的有计划的商品经济，同时指出，实行计划经济不等于指令性计划为主，指令性计划和指导性计划都是计划经济的具体形式，要有步骤地适当缩小指令性计划的范围，适当扩大指导性计划的范围。[①]当初批判我的同志也认同了这一论点。这说明认识的前进需要一个过程，差不多每一个人都是这么走过来的，一贯正确的人是没有的。过去我也是主张计划经济为主的。在十二届三中全会以前，我对社会主义经济是有计划的商品经济的提法也是有保留的。1982年我曾提出“首先要把社会主义经济定义为计划经济，其次才能说到它的商品经济属性”[②]，用“有商品经济属性的计划经济”这一观念来概括社会主义经济，就反映了我当时的认识水平。

三、计划与市场：孰轻孰重

1984年十二届三中全会到1992年十四大，从确认社会主义经济是有计划的商品经济到提出建立社会主义市场经济体制，这是关于计划与市场关系认识发展的一个重要阶段。

十二届三中全会提出有计划的商品经济概念，但是，对于有计划的商品经济，究竟是计划经济为主还是商品经济为主，理论

① 《中共中央关于经济体制改革的决定》，人民出版社1984年版，第18页。

② 《光明日报》，1982年7月10日。

界进行了长期争论，莫衷一是。有的人说，计划经济还是社会主义的主要特征，商品经济只是附属性质；有的人说，商品经济是社会主义的主要特征，计划经济不是特征，应该从社会主义特征中抹掉。一方面偏重于计划，另一方面偏重于市场。因为对有计划的商品经济的概念理解不同，在对政策的把握上也不大一样。

1987年2月6日，十三大之前，邓小平同志在同几位中央负责人谈话时提出，“不要再讲计划经济为主了”①。所以党的十三大就没有再讲谁为主，而提出了“社会主义有计划的商品经济体制应该是计划与市场内在统一的体制”；还提出“国家调控市场，市场引导企业”②，把国家、市场、企业三者关系的重点，放在市场方面；同时提出，要从直接调控为主转向间接调控为主。所以，计划与市场的关系，就从十二大时以计划经济为主、市场调节为辅，到十三大转为计划与市场平起平坐，并且逐渐把重点向商品经济、市场经济方面倾斜。

1989年政治风波之后，情况有所变化。鉴于当时政治经济形势，邓小平同志在6月9日讲话中将计划与市场关系的提法，调回到“以后还是计划经济与市场调节相结合”③，即十二大时的提法。这个提法，从1989年政治风波后一直用到1992年十四大。一段时候，我们的经济工作也转到更多地用中央行政权力来管理经济，市场调节方面稍微差了一些。

由于“计划经济与市场调节相结合”的提法，在理论上还是没有讲清楚计划与市场到底谁为主、谁为辅，所以在1990年和1991年理论界还在继续争论，并对改革的目标模式有不同意见。有的主张市场取向；有的反对市场取向，说联合国统计上分类，

① 《邓小平年谱》（下），中央文献出版社2004年版，第1168页。

② 《十三大以来重要文献选编》（上），人民出版社1991年版，第26、27页。

③ 《邓小平年谱》（下），中央文献出版社2004年版，第1280页。

都把中央计划经济的国家等同于社会主义国家，而把市场经济国家等同于资本主义国家。1990年12月十三届七中全会透露，邓小平说不要把计划与市场的问题跟社会制度联系起来；[①]1991年七届人大四次会议重新提出要缩小指令性计划、扩大指导性计划的范围，更多地发挥市场机制的作用。[②]在这种微妙气氛下，理论界的争论也发生了变化，大家逐渐地倾向于不再把计划与市场跟社会制度联系起来，更多地看成是资源配置的不同方式。特别是邓小平同志1992年南方谈话[③]，清楚地指出计划与市场不是划分社会制度的标志，而是社会主义和资本主义都可以利用的手段，大多数人都逐渐统一到这一理解上来。

由多年的争论可以看出，在计划与市场关系问题上，经济理论界两种思想情结都是很深刻的：一种是计划经济情结，一种是市场经济情结。双方都不否认对立面的存在，都非常执着地强调自己这一方面的重要性。所以有“为主为辅”的长期争论。其实作为资源配置的手段，计划与市场各有其正面优点与负面缺陷。我们要在社会主义经济中实行两者的结合，其目的就是要把两者的优点长处都发挥出来，避免两者的缺陷和不足。

基于这个信念，在这一段争论的末期，我试图用折中的办法，来解决计划与市场的这一情结纠葛。1990年5月我在《求是》杂志的讨论会上，1991年5月在全国计划学会第二次代表大会发言中，1991年10月在中共中央党校学术报告会上，以及其他地方，我都做了这样的努力。[④]

针对计划与市场的两种情结，我提出了两个坚持和破除两个迷信的意见：一是我们要坚持市场取向的改革，但不能迷信市

① 《邓小平年谱》（下），中央文献出版社2004年版，第1323页。

② 《中国经济年鉴1991年》，经济管理出版社1991年版，第5—22页。

③ 《邓小平年谱》（下），中央文献出版社2004年版，第1343页。

④ 《刘国光文集》第六卷，中国社会科学出版社2006年版，第291—292、360—364、417—420页。

场；二是我们要坚持计划调控，但不能迷信计划。简单说来，计划的长处就是能在全社会的范围内集中必要的财力、物力、人力，办几件大事，还可以调节收入，保持社会公正。市场的长处就是能够通过竞争，促进技术和管理的进步，实现产需衔接。但是，计划和市场都不是万能的。有这么几件大事不能完全交给市场、交给价值规律去管：一是经济总量的平衡；二是大的经济结构的及时调整；三是竞争导致垄断问题；四是生态环境问题；五是社会公平问题。这些问题都得由国家的宏观计划调控来干预。但是计划工作也是人做的，人不免有局限性，有许多不易克服的矛盾：一是由于主观认识落后于客观发展的局限性；二是由于客观信息不对称和搜集、传递、处理上的局限性；三是利益关系的局限性，即计划机构人员观察问题的立场、角度受各种利害关系的约束；等等。这些局限性都可能使宏观计划管理工作偏离客观情势和客观规律，造成失误。所以要不断提高认识水平和觉悟水平，改进我们的宏观计划管理工作，使之符合客观规律和情势的要求。

总之，我们要实行市场取向的改革，但不能迷信市场；要坚持宏观计划调控，但不能迷信计划。我在1990—1991年提出的这些概念，是符合邓小平同志关于计划和市场都可以用的思想，也排除了对计划与市场的片面情结所带来的弊端，从而是顺应十四大关于建立国家宏观调控下社会主义市场经济体制决定的精神的。

四、十四大定音："社会主义市场经济"，"有计划"三字是省略而不是取消

1992年10月中共十四大明确提出，我国经济体制改革的目标是建立社会主义市场经济体制。这是我国计划与市场关系演变过

程中的一个里程碑。十四大报告起草时，我有幸参与工作。邓小平同志南方谈话以后，各方面经过学习，对计划与市场的关系，建立新经济体制问题，有了一些新的提法。起草小组就经济体制改革的目标模式问题，归纳各方面意见，整理成三点，也就是1992年6月9日中共中央总书记江泽民在中央党校讲话中讲到的关于经济改革目标模式的三种提法：一是建立计划与市场相结合的社会主义商品经济体制；二是建立社会主义有计划的市场经济体制；三是建立社会主义市场经济体制。①

关于这三种提法，总书记在中央党校讲话前，找我谈了一次。他个人比较倾向于使用“社会主义市场经济体制”的提法，问我的意见。我赞成这个提法，说这个提法简明扼要，同时也提出一个意见，如果只用“社会主义市场经济”，不提“有计划的”市场经济，“有计划”这个方面可能被人忽略，而“有计划”对于社会主义经济是非常重要的。总书记说：“有计划的商品经济也就是有计划的市场经济。社会主义经济从一开始就是有计划的，这在人们的脑子里和认识上一直是很清楚的，不会因为提法中不出现‘有计划’三个字，就发生了是不是取消了计划性的疑问。”②后来他在中央党校讲话里也讲了这段话。我觉得总书记讲得很好，讲的确实是对的。

几十年来大家确实都是这样理解的，社会主义就包括“有计划”。

十四大提出建立社会主义市场经济体制，是在国家宏观调控下，让市场在资源配置中起基础性作用。国家宏观调控的手段，除了货币金融、财政税收，还包括国家计划，十四大报告明确指

① 《江泽民文选》第一卷，人民出版社2006年版，第201—202页。

② 《江泽民文选》第一卷，人民出版社2006年版，第202页。

出“国家计划是宏观调控的重要手段之一”[①]；并且货币政策和财政政策，也离不开国家宏观计划的指导。宏观调控本身就是广义的国家计划调控。我们要建立的社会主义市场经济，不是资本主义的市场经济，也不是一般的市场经济，而是社会主义的。社会主义有很丰富的内容，包括公有制为主体、共同富裕的内容，也包含“有计划”的内容。所以说我们的社会主义市场经济是有计划的市场经济，是完全正确的。

为了给十四大提出建立社会主义市场经济体制做理论宣传准备，中共中央几个部门1992年9月19日在怀仁堂联合召开干部大会，举办系列讲座。我在讲座的开篇演讲“社会主义市场经济理论的若干问题”[②]，回顾了对计划与市场认识的曲折演变过程，阐明了若干焦点问题。我说，建立社会主义市场经济新体制，要求我们更加重视和发挥市场在资源配置中的基础作用，“在这个基础上把作为调节手段的计划和市场更好地结合起来。在配置资源的过程中，凡是市场能解决好的，就让市场去解决；市场管不了，或者管不好的就由政府用政策和计划来管。现代市场经济不仅不排斥政府干预和计划指导，而且必须借助和依靠它们来弥补市场自身的缺陷，这是我们在计划经济转向市场经济时不能须臾忘记的”。这也算是我在向市场经济转轨的关口，对于不要忘记“社会主义也是有计划的”一个呼应吧！

五、十七大重申发挥国家计划在宏观调控中的导向作用

三十年来，我国经济运行机制，由传统计划经济逐渐转向社

① 《中国共产党第十四次全国代表大会文件汇编》，人民出版社1992年版，第23页。

② 《经济研究》1992年第10期。

会主义市场经济。市场调节的范围不断扩大，推动了中国经济生动蓬勃地向前发展。现在商品流通总额中，市场调节的部分已经占到90%以上。前几年有人估计，中国市场经济在整体上完成程度已经达到70%左右。所以说社会主义市场经济已经初步建立。当然，目前市场经济还有一些不到位的地方，比如资源要素市场、资本金融市场等，需要进一步发展到位。但是也有因为经验不成熟，犯了市场幼稚病，而发生过度市场化的地方，如教育、医疗、住宅等领域，不该市场化的部分，都要搞市场化，发展到对市场的迷信，带来不良的后果，造成民众的一些痛苦。市场经济在发挥激励竞争、优化资源配置等优越性的同时，它本身所固有的缺陷，特别在总量平衡上、环境资源保护上及社会公平分配上引发的负面效果，经过三十年的发展，已经充分地显露出来了。一方面经济发展取得了空前的成绩，另一方面社会经济出现了新的矛盾，如资源环境、分配民生等，越积越多。这与国家的宏观计划调控跟不上市场化的进程，有很大的关系。

如前所述，本来我们要建立的市场经济，就是国家宏观调控下的市场经济。这些年国家对经济的宏观调控在不断完善。特别是十四大以来，我们在短期宏观调控上，先后取得了治理通胀和治理通缩的成功经验。但国家计划对短期和长期的宏观经济导向作用明显减弱。计划本身多是政策汇编性的，很少有约束性、问责性的任务。中央计划与地方计划脱节，前者控制不了后者的GDP情结。计划的要求与实际完成数字相去甚远。所有这些，都影响到宏观经济管理的实效，造成了经济社会发展中的许多失衡问题。

正是基于这种情况，党的十七大重新提出“发挥国家规划、计划、产业政策在宏观调控中的导向作用，综合运用财政、货币

政策，提高宏观调控水平”[①]。十七大明确提出这个多年没有强调的国家计划的导向性问题，我以为是极有针对性的。它再次提醒我们，社会主义市场经济应该是“有计划”的。

前面已经讲过，宏观调控的主要手段有计划手段、财政手段和货币手段。产业政策属于计划手段。规划也是一种计划。所以主要是三种手段。财政政策、货币政策要有国家计划的指导。所以国家计划与宏观调控是不可分的，可以说前者是后者的主心骨。

在市场经济初步建立之后，市场的积极方面和缺陷方面都充分展现之后，在目前“市场化改革”口号下迷信市场成风、计划大有成为禁区的氛围下，重新强调一下社会主义市场经济也要加强国家宏观计划的作用，如十七大重新强调国家计划在宏观调控下的导向作用，是十分必要的。这不是如同某些人歪曲的要“回到传统计划经济模式”，而是计划与市场在改革的更高层次上的综合。

鉴于十七大重新提出的这个重大问题，在许多学习十七大报告的宣传文章中没有引起足够的注意，我在2007年写了《对十七大报告论述中一些经济问题的理解》一文，其中第一条就是阐发“强调国家计划在宏观调控中的导向作用的意义”。最近我又写了《试用马克思主义哲学方法总结改革开放三十年》一文，其中指出，由计划经济向市场经济过渡，再到重新强调国家计划在宏观调控中的导向作用，这合乎辩证法的正—反—合的规律。这不是回到过去传统的计划经济的旧模式，而是计划与市场关系在改革新阶段更高层次上的综合。

我这样说是有根据的。现在重新强调国家计划在宏观调控中的导向作用，不同于过去“传统计划经济”。第一，现在的国家

① 《中国共产党第十七次全国代表大会文件汇编》，人民出版社2007年版，第26页。

计划不是既管宏观又管微观，无所不包的计划，而是只管宏观，微观的事情主要由市场去管。第二，现在资源配置的基础性手段是市场，计划是弥补市场缺陷与不足的必要手段。第三，现在的计划主要不再是行政指令性的，而是指导性的、战略性的、预测性的计划，同时必须有导向作用和必要的约束、问责功能。

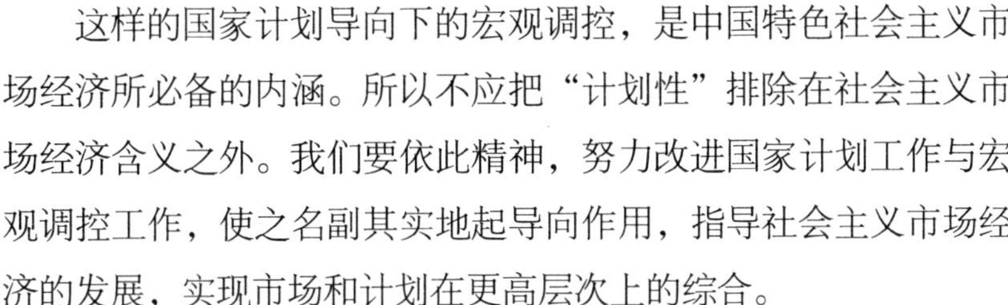

这样的国家计划导向下的宏观调控，是中国特色社会主义市场经济所必备的内涵。所以不应把“计划性”排除在社会主义市场经济含义之外。我们要依此精神，努力改进国家计划工作与宏观调控工作，使之名副其实地起导向作用，指导社会主义市场经济的发展，实现市场和计划在更高层次上的综合。

在改革开放30年暨孙冶方诞辰百年纪念经济理论研讨会上的致辞

（2008年10月）

中国改革开放经历了30周年，今年也适逢我国经济改革理论先驱孙冶方先生的百年诞辰。在这个值得纪念的日子里，为深入总结中国特色社会主义经济理论，学习孙冶方治学品德，推进改革开放的实践和经济理论的发展，中国社会科学院经济学部、孙冶方经济科学基金会、中国社会科学院经济研究所，举办了这次"改革开放30年暨孙冶方诞辰百年经济理论研讨会"。

孙冶方先生是一位杰出的马克思主义经济学家。他于百年前1908年10月24日出生于江苏省无锡市玉祈镇。20世纪20年代参加了中国共产党，长期从事中国反帝反封建的事业。他的坎坷的一生，为马克思主义经济学在中国的传播，为社会主义经济理论的发展，倾注了全部心血。他以自己创造性的经济学理论研究活动，为我们后来者开辟了一条中国经济学发展道路，从而成为我国经济学界的一面旗帜。尽管孙冶方的经济理论也有他的时代局限性，今天中国改革发展的实践已远远超出他的理论框架，但是他不断坚持真理纠正错误的与时俱进的胸怀，同时坚持马克思基本理论和社会主义基本方向的精神，将永远是我们中国经济学人的楷模。

我们都一致承认，孙冶方是中国经济改革理论的杰出先驱者之一。值此纪念他百年诞辰之际，对中国经济改革30年进行一些回顾和前瞻是非常必要的。

回顾中国改革开放30年来，我们在经济理论方面取得了许多重大的研究成果。十一届三中全会之后，我国经济理论工作者开始摆脱种种教条主义观点的束缚，如何在社会主义条件下按照客观经济规律办事，成为经济理论界探讨的焦点。其中一个有关经济全局的问题是如何认识和处理社会主义条件下计划与市场的关系。

从“以计划经济为主体”的传统理论框架，转向“社会主义市场经济”新的理论框架，经过了漫长的道路。

中共十一届六中全会和十二大的文件精神表明，计划与市场互相排斥，不能相容的传统观念，已经破除。坚冰已经打破。十二届三中全会，全面地、划时代地肯定了社会主义经济是有计划的商品经济。十三大提出社会主义有计划的商品经济体制，应该是计划与市场内在统一的体制。中国开创了传统计划经济向社会主义商品市场经济逐步转轨的新时代。到1992年10月，党的十四大明确提出，我国经济体制改革的目标是建立社会主义市场经济体制，这成为我国计划与市场关系演变过程中的一个重要里程碑。

三十年来，我国经济运行机制，由传统计划经济逐渐转向社会主义市场经济。市场调节的范围不断扩大，推动着中国经济生动蓬勃地向前发展。目前，在商品流通总额中，市场调节的部分已占到90%以上。因此，我们可以说，我国的社会主义市场经济已经初步建立。

当然，目前市场经济还有一些不到位的地方，需要进一步发展到位；但是也有因为经验不成熟，犯了市场幼稚病，而发生的过度市场化的地方，给社会带来一些不良的后果。市场经济在发挥激励竞争，优化资源配置等优越性的同时，它本身所固有的缺陷，特别在总量平衡上，环境资源保护上，及社会公平分配上引

发的负面效果，经过三十年的发展，已经充分地显露出来了。一方面经济发展取得了空前的成绩，另一方面社会经济出现了新的矛盾，如资源环境、分配民生等，越积越多。这与国家的宏观计划调控，跟不上市场化的进程，有很大的关系。

尽管这些年国家对经济的宏观调控在不断完善前进。特别是十四大以来，我们在短期宏观调控上，先后取得了治理通胀和治理通缩的成功经验。但国家计划对短期和长期的宏观经济导向作用明显减弱。中央计划与地方计划脱节，前者控制不了后者的GDP情结，计划的要求与实际完成数字相差甚远。所有这些，影响到宏观经济管理的实效，造成经济社会发展中的许多失衡问题。

正是基于这种情况，党的十七大重新提出“发挥国家规划、计划、产业政策在宏观调控中的导向作用，综合运用财政、货币政策，提高宏观调控水平”。我认为十七大重新强调国家计划在宏观调控下的导向作用是十分必要的。考虑到最近发生的空前的世界金融危机，导致进入新一轮严重的经济衰退，这个马克思主义早就论证了的，资本主义基本矛盾所注定的铁的规律，就更加证明了所谓美欧自由市场经济绝不是我们社会主义经济仿效的模式，如同某些同志天真地想象的那样。我们必须在坚持和深化社会主义市场取向改革的同时，强化国家宏观计划的调控作用，以指导和调节市场机制的运行。

改革开放30年来，我们在经济思想领域取得了许多重要的研究成果。我们的经济学者也做出了辛勤的贡献。最近我看到孙冶方的外孙，孙冶方经济科学基金会副理事长，企业家沙沙（武克纲）在一篇访谈中说，在改革开放30年过程中，经济学界观点分歧相当大，不同观点的经济学家，很难坐在一起。可是，每当孙冶方经济科学基金会开会或评奖时，不同观点，甚至针锋相对的人，也能聚在一起共同商讨问题。他说的不错，今天我们又聚到一起来了。这是一件好事。

在纪念改革开放30周年和孙冶方诞辰百年之际，我希望，不论是什么样观点的经济学者同仁，都要以我们的前辈孙冶方为榜样，以犀利的文笔，深入探讨社会主义经济理论，发表改革经济管理体制的真知灼见，为发展和传播马克思主义政治经济学和科学社会主义理论做出贡献。

最后，祝此次经济理论研讨会圆满成功！

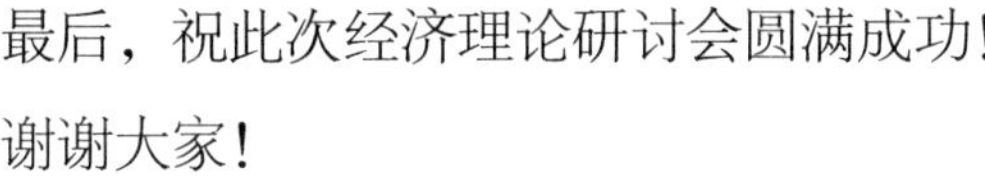

谢谢大家！

宏观计划调控要跟上市场化进程*

（2008年10月28日）

回顾改革开放30年，我想从1985年9月的一次学术会议谈起。在这次会议上，一位匈牙利专家认为，从经济运行机制视角出发，可以将社会主义经济运行模式分为行政协调和市场协调两类，而每一类又可以分成两个具体形态，即四种模式：一是直接的行政协调，就是行政指令性计划的协调；二是间接的行政协调，就是指导性协调；三是没有控制的自由市场的协调，就是完全自由市场；四是有宏观控制的市场协调。其中有宏观控制的市场协调机制作为改革的目标模式，对我们后来经济体制改革有一定的影响，十四大提出的“让市场在资源配置中起基础性作用”及“社会主义市场经济”的提法，就深受此影响。

中国社会科学院与会经济学者强调，如果把有宏观控制的市场协调模式作为社会主义经济体制改革的目标体制提出，必须要解决三个前提问题：第一条是坚持社会主义原则，因为宏观控制下的市场协调，资本主义国家和社会主义国家都有，要区别开来必须坚持社会主义原则。第二条是社会主义经济体制改革的目标模式当中，必须全面解决该机制运行所涉及的所有制问题。第三条就是完整的体制模式还应该涵盖对决策权关系的规定，包括集权和分权、中央与地方、国家与企业、计划与生产的关系等。应

* 本文系作者2008年10月28日在中国发展研究会召开的“纪念改革开放30周年座谈会”上的发言。

该说在我国后来的经济体制改革中，这三个前提条件问题在理论上都得到了解决。

关于社会主义原则，党的十四大明确提出，要建立的市场经济是社会主义的市场经济，而不是资本主义的市场经济。江泽民总书记讲社会主义这四个字不是可有可无的，因为它不是一般资本主义市场经济，也不是泛指笼统的市场化改革，而是社会主义宏观控制下的市场协调。

关于所有制问题，党的十四大到十七大文件中都肯定了社会主义市场经济体制同社会主义基本经济制度是相结合的。社会主义基本经济制度是公有制为主体、多种所有制经济共同发展的。这就明确地解决了运行机制中所有制结构的关系问题。

关于决策权问题，十四大谈到宏观调控时强调，国家计划也是宏观调控的重要手段。但此前有三种提法：第一，计划与市场相结合，第二，有计划的市场经济体制，第三，社会主义市场经济体制，最后选择了社会主义市场经济。所谓“社会主义市场经济”就是有计划的，不能因为“有计划”这三个字而否定社会主义市场经济。这就保证了社会主义市场经济模式当中的集权和分权关系的处理。

以上三个前提条件虽然在理论上都得到了解决，但是在实践当中却复杂得多。比如说有的同志说“要讲市场经济就不能讲姓社姓资，讲市场经济就不要讲社会主义”，这就抹掉了社会主义和资本主义的界限。又比如有人说“要讲市场经济就要突破姓公姓私”，但这就把社会主义基本经济制度抛在一边了。社会主义基本经济制度讲的是以公有制为主体，多种所有制共同发展，不能光是私有化。再比如，有人讲“市场经济就是政府越小越好，干预越少越好。政府只能当一个守夜人员，维持市场秩序”。以上这些观点，对邓小平的“不争论”大争特争，这几年在我国的改革试点中传播很广、影响很深，需要切实解决。

30年来，我国的经济运行机制由传统计划经济体制逐渐转向社会主义市场经济，市场条件适用的范围不断扩大，推动了中国经济生动蓬勃地向前发展。当然市场经济目前还有一些不到位的地方，比如说资源要素市场、资本金融市场等需要进一步的发展；另外，教育、医疗、公共服务等领域因为经验不成熟，出现了市场幼稚病等过度市场化情况。由此，在市场经济发挥激励竞争、优化资源配置、促进经济进步、促进经济效益的优越性的同时，它本身所固有的缺陷，特别是在总量平衡、资源环境保护以及社会公平分配问题上所引发的种种负面效果已经充分显露出来。这在我国不是市场经济本身能够解决的。因此三十年来一方面我们在经济上取得了空前的成绩，另一方面，社会发展也出现了资源环境、分配民生等新的矛盾，这同国家的宏观计划调控跟不上市场化的进程有很大的关系。

我们要建立的市场经济就是国家宏观调控下的市场经济。这一根本点在1992年就明确地写入党的十四大文件。国家计划是宏观调控重要手段之一。宏观调控的其他重要手段，如财政政策、货币政策，都要以国家计划来指导。这些年我国经济宏观调控不断完善，特别是十四大以来，我们在短期的宏观调控上先后取得了治理通货膨胀和通货紧缩的成功经验，但是国家计划对于短期和长期的宏观经济导向作用却有明显减弱，计划本身多是政策汇编性的，少有约束性的问责任务，中央计划和地方计划严重脱节，国家甚至控制不了地方对GDP的过分追求，影响了宏观经济管理的实效，造成经济发展中许多失衡问题。

基于这种情况，党的十七大重新提出要发挥国家计划、规划、产业政策在宏观调控中的导向作用，明确强调了这个多年没有强调的国家计划的导向性问题，我以为是有针对性的。它再次提醒我们，社会主义市场经济应该是有计划的。这并不像有些同志所讲的那样，要回到计划经济旧体制、传统体制当中去了。我们重视计划在市场当中的调控作用，是计划与市场这个世界性的问题在改革更高层次上的一个结合。因为第一，现在的国家计划不是既管宏观又管微观，而是只管宏观，微观的事情让市场去管。第二，现在资源配置的基础性手段是市场，计划是弥补市场缺陷，弥补市场不足的必要手段。第三，现在的计划主要不再是行政指令性的，而是指导性、战略性、预测性的计划。当然它还需要必要的导向作用及必要的约束和问责功能。这样的国家计划导向下的宏观调控，才是中国特色社会主义市场经济作为中国特色的社会主义市场经济所必需的内涵。所以我们要努力改进国家计划工作和宏观调控工作，使之名副其实地起导向作用，指导社会主义市场经济的发展，实现计划和市场在更高层次上的综合。

解析改革开放经验
探索经济发展规律*

——《纵论改革开放30年——刘国光等26位学者多视角解析》序

（2008年11月1日）

经济学的任务是揭示客观经济规律，进而指导实践。然而，认识规律并非易事。我记得，毛泽东说过："要认识事物发展的客观规律，必须进行实践，在实践中必须采取马克思主义的态度来进行研究，而且必须经过胜利和失败的比较。"①又说："规律自身不能说明自身。规律存在于历史发展的过程中。应当从历史发展过程的分析中来发现和证明规律。"

我国经济建设的59年，特别是改革开放的30年，为我们认识中国特色社会主义发展规律提供了一个很好的平台。26位学者从不同角度解析改革开放30年的经验，目的就在于实事求是地探索我国经济发展的规律，力所能及地为今后的社会主义现代化建设提供理论支持。

在1978—2008年的30年中，世界发生了哪些事件呢？最主要的就是四件事：一是世界上第一个社会主义国家苏联覆灭，冷战结束；二是作为世界上超级大国的美国发动了一系列局部战争，

---

* 载于《纵论改革开放30年——刘国光等26位学者多视角解析》，河南出版社2008年版。

① 《毛泽东文集》第8卷，人民出版社1999年版，第104、106页。

但在它本土又发生了“9·11”空前的恐怖灾难；三是以美国为首的西方世界由一时繁荣走向“百年一遇”的金融大危机；四是社会主义中国在改革开放中崛起，经济总量由世界第10位跃升至第3位，并将继续持续、快速、健康地发展。与此同时，演变出经济学两个最大的学派展开理论与实践紧紧相连的论争：一派是新自由主义成为西方经济学的主流学派，一派是以中国化马克思主义为主线的中国特色社会主义理论体系形成。与两大学派之争相关的是两大模式之争：“欧美自由市场模式”与“中国特色社会主义模式”，或者说“华盛顿共识”和“北京共识”。两大学派、两种模式之争，也在国内凸显得比较强烈。究竟孰优孰劣？哪个是能够真正指导中国经济社会发展的理论？判断的标准只有社会实践，用毛泽东的话说：“社会实践是检验真理的唯一标准。”①

历史往往出现一些巧合现象。恰好是在中国改革开放30年取得伟大成就（当然前进中也存在一些问题）之际，美国的金融危机愈演愈烈，正在向实体经济扩张，变成了经济衰退，损失仅次于20世纪30年代的经济大萧条，使得许多国家蒙受灾难，东欧一些原来的社会主义国家“转型”后受害尤甚。全球金融危机正在越来越多的发展中国家造成动荡，人民生活水平降到贫困线以下的范围扩大。这些问题正迫使美国等大国考虑重新建立新的货币金融秩序。西方经济学家们惊呼：自由市场经济要终结了。就连“金融大鳄”索罗斯、自由市场得意的掌门人格林斯潘、美国财政部长保尔森都出来反思、检讨、指责新自由主义，甚至“求救”于中国。曾经因实施“华盛顿共识”而惨遭厄运的拉美国家正在向左转，马克思的《资本论》重新在欧美和中国畅销起来。应当这样说，此次金融危机以及由此引发的实体经济衰退，乃是

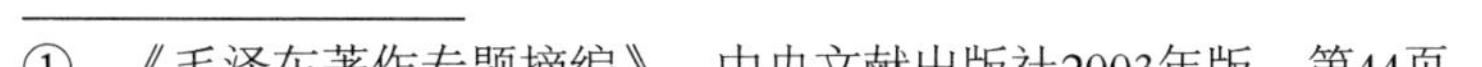

① 《毛泽东著作专题摘编》，中央文献出版社2003年版，第44页。

资本主义制度基本矛盾尖锐化的表现，值得从深层次上研究。

现在世界上越来越多的有见识的政治家和学者将眼光转向中国：30年经济年均增长9.86%（2008年估计仍为9.5%上下），在世界上是史无前例的，被誉为世界经济的“火车头”。中国的奇迹再一次验证了马克思主义的正确性，彰显出中国特色社会主义的优越性，值得大书特书。我们作为中国的学者不仅应当为之自豪，更应当认真用马克思主义的立场、观点、方法全面科学地总结自己的经验，实现中国化马克思主义理论创新。这本文集就是要尝试集中中国马克思主义学者（主要是经济学人）的智慧。

还有一点需要说几句：在国内，一些受新自由主义影响的学者，曾经认为我国是依靠西方市场经济理论进行改革开放的，这并不符合事实，也没有人赞同。历史事实明明白白地摆着，我国改革开放正是在邓小平关于社会主义制度自我完善思想和社会主义市场经济理论指引下进行的（当然也有选择地借鉴了西方一些有益的东西）。相反，国内经济社会生活中出现的大量问题倒是鼓吹“经济人假设”“市场万能论”“私有化高效论”“收入差距扩大有益论”“政府职能守夜人化”等理论和伦理价值所殃及的后果。2008年出现的“三鹿奶粉事件”以及收入差距扩大到两极分化的临界点，在国内外影响甚坏，经济损失十分惨重，道德的内伤更深，其根子正是来自对市场的过分放任，以致不惜损害消费者的利益以获取“利益最大化”，社会主义讲得少了，自由化讲得多了；坚持公平讲得少了，追求效率讲得多了；讲融入国际化多了，讲坚持自力更生少了，不少方面脱离了社会主义轨道。国人对于西化的影响、新自由主义的影响不可低估，经济学界首当其冲，或许是一个“洪峰头”与“重灾区”。我估计，让一些人在事实面前认输，也很难。从过去的事实看，不大可能有承认错误的勇气，或者还会用一些不相干的事实为自己辩护。这也无碍大局，关键在于广大群众能够在亲身体验和大量事实中思考经验教训，明辨行动方向。根据我多年的体验，客观经济规律是不饶人的，不管怎样巧言令色，铁一般的事实总是无法改变。

基于上述背景，本书的作者们坚持用马克思主义辩证唯物主义和历史唯物主义展开多角度的论述，将中国特色社会主义与新自由主义理论划清界限。书中纵向作了历史分析，将理论阐发与亲身体验紧密结合，生动而深刻地揭示历史事实背后的规律。横向作了全面的对比，将社会主义中国同发达资本主义国家、发展中国家以及已经演变的国家（人称“转型”国家）进行比较研究，鉴别真伪优劣。为使人们从深层次上深化认识和增强实用性，书中特请一些学者进行专题研究，包括对所有制结构、农业、工业、国有企业、金融等各方面的改革成就以及现存的矛盾进行科学深入的解析，试图更加具体地认识与把握特殊经济规律，促进科学发展。同时，对于复杂的现实问题需要以新的视角作更深入的探讨，旨在更好地坚持中国特色社会主义，坚持改革开放的正确方向，更好地发挥社会主义与市场经济结合的巨大优势。

胡锦涛同志多次强调，要增强忧患意识。我以为，这一点十分重要。任何事物都具有两重性，我们必须坚持一分为二的辩证法，在充分肯定成就和经验的同时，也一定要正视由于错误思潮影响造成的以及发展中出现的矛盾，包括原有的与新出现的突出矛盾，需要进行实事求是的深入分析，提出解决的思路。古语说，凡事预则立，不预则废。作为彻底的唯物主义者，不怕正视矛盾和风险，这恰好是高人一筹的认知能力和精神境界。本书各位学者以高度负责的精神总结经验，也关注了这一侧面，实际上就是以事实为基础，试图运用经济规律回答和解决现实问题，对于社会主义现代化建设可能具有更大的参鉴意义。

可以这样说吧：这本书虽然是个人见解，但从一定意义上体现了马克思主义学者的智慧，各抒己见，集思广益，在新的阶段上更深入地研究新问题。但愿能使大家开卷有益，拓宽思考问题、深化认识的新空间，进一步彰显中国化马克思主义的巨大威力。愿同志们共勉。

《为谁作嫁？——经济学、市场和改革》序*

（2008年10月）

2007年夏秋之间，我在写作《关于分配与所有制关系若干问题的思考》一文时，查阅和引用了各方面的文献资料，其中，有夏小林在《香港传真》上发表的几篇文章。不久，因香港大风出版社的提议，夏小林将它们集结成书，取名《为谁作嫁？——经济学、市场和改革》，准备付梓。

在我的印象中，这是一本针对性强，主要是在论辩中探索社会主义市场经济改革方向的书。它涉及经济理论和历史，但主要在政策层面研究了一些重要的具体问题，并有建议。我认可它所体现的基本倾向，对年轻一代研究者的这种倾向感到很欣慰，故为之作序。

书中讨论的问题集中在2004—2007年，这正是中国经济学界，乃至整个思想界就改革、开放问题进行广泛讨论的时期，左、中、右的各种观点层出不穷，涉及经济、政治、文化和社会等方方面面，大众也踊跃参与。目前这一现象仍然在新形势下不断扩展和延伸。

我认为，在各种观点交织碰撞的背景下看此书，它确实提出了一些可供人们开阔思路的问题。择其要者，大致有二。

---

* 载于刘国光序、夏小林著《为谁作嫁？——经济学、市场和改革》，大风出版社（香港）2008年版。

第一，要破除迷信，正视新古典经济学的核心价值取向，以及传统市场经济在财富和收入分配方面的基本偏向。必须承认，新古典经济学在描述和分析市场经济方面是有重要贡献的，同时，也要看到它的核心价值取向是维护私有制为主体的市场经济体制。这种价值取向深刻地影响着新古典经济学的理论和政策偏好。在经济思想史上，作为新古典经济学开创者之一的英国人纳索·西尼尔，就称维护资本主义制度的经济学是“富人经济学”，社会主义经济理论是“穷人政治经济学”。

经济思想史还表明，在面对挑战资本主义的劳资矛盾、社会主义运动和民族运动时，维护资本主义的经济学家难以超然物外，以各种方式深深卷入其中。

马克思明确地指出，不同流派的经济学和经济学家都在反映特定社会集团的利益。例如，社会主义经济学所代表的就是无产阶级。这也就是说，按照西尼尔的分类标准，马克思的经济学属于“穷人政治经济学”。

由于马克思对穷人的“深切同情”，他甚至博得了新古典经济学奠基人马歇尔永远的“敬意”。相比之下，后来被人称为“穷人的经济学家”的舒尔茨，虽然对新古典理论做出了一点贡献，但在经济思想史上的影响倒是显得小多了。

当然，马克思主义经济学不仅有鲜明的价值取向，而且具有开放系统的特征，在其创立和发展中，吸纳、改造和利用了人类经济思想发展所提供的重要成果，包括资产阶级经济学的成就。这一点很重要。我们要实事求是地看待当代的西方经济学，在总体上有一个科学的态度。

另外，新古典经济学承认，私有制为主体的市场经济能够促进效率，但在财富和收入分配方面的基本偏向，是最有利于富人的。近几十年来，由于财富分配不公加剧和自由化等原因，欧美的收入分配出现“逆转”，社会不公平加剧。

新古典经济学中这个说法，是公允的、科学的。如用马克思的政治经济学语言，可以说得更加透彻。根据马克思主义理论，分配决定于生产，任何消费品的分配，都是生产条件分配的后果；生产条件的分配本身，表明了生产方式、生产关系的性质；不同的生产关系决定了不同的分配关系、分配方式。资本主义的私人生产资料占有制，决定了这个社会中贫富两极分化是一种常态。正是站在马克思主义的理论立场上，邓小平一再强调，在改革开放中，“只要我国经济中公有制占主体地位，就可以避免两极分化”。

所以，我认为，中国在建设社会主义市场经济的过程中，要在马克思主义基本理论和现代社会主义理论最新成就的基础上，以海纳百川的胸怀，吸收、改造和利用新古典经济学，进一步建设和完善社会主义的市场经济理论体系。同时，也要在这种正确的立场上，以“为我所用”的态度，汲取现代市场经济国家中好的做法、经验以及教训，进一步建设和完善社会主义市场经济体制（包括转变政府职能和增强公共服务）。但是，在学习西方时要避免囫囵吞枣、全盘照搬的教条主义态度，要避免新的西方迷信。

第二，中国在调整所有制结构、国有经济布局和国有企业重组方面，要始终不渝地、科学地坚持公有制为主体，国有经济为主导，多种经济成分共同发展的方针。这不仅事关坚持改革开放的社会主义方向，它与十七大报告提出改善收入分配的重大决策也是紧密联系的。因为，所有制是决定收入分配的根本因素。归根到底，是所有制决定收入分配关系。如果私营经济成为“主体”，生产性财富的分配出现高度的两极分化，《中华人民共和国宪法》确定的公有制为主体的基础性经济制度遭到瓦解，中国的收入分配问题只会更加恶化。在这种情况下，仅仅从再分配入手解决不了收入不公的问题。

广泛的国际经验也已经说明，在私有制主导的自由市场经济下，依靠再分配确实解决不了收入分配不公的问题。欧美和那些转轨国家的“殷鉴不远”。近些年来西方经济学界已经积累了不少的相关研究成果，我们要认真看待，引以为戒，而不要闭目塞听，一相情愿地制造新神话，以为“私有化”和“市场化”到底就能够避免或解决两极分化的问题。

围绕这个要害问题，夏小林关于国有经济控制力包括的范围的意见是值得研究的。他认为，“在中国坚持社会主义市场经济的改革方向中，增强国有资本的控制力，发挥其主导作用，理应包括保障、实现和发展社会公平的内容和标准。对那些对于政府调控经济不重要，但是对于保障社会正义和公平非常重要的竞争性领域的国有资产，也应该认为是‘重要’和‘关键’领域的国有资产，要力争搞好”，这也属于增强国有经济控制力的范围，是不能退出的“底线”，是“正当的选择”。

据此，他有针对性地提出，改善收入分配要重视初次分配领域的制度安排。首先，在基本制度安排方面，坚持公有制为主体具有决定性的意义。即使在竞争性领域，能得“优胜”的国有企业也应该理直气壮地发展壮大。促进非公有制经济发展要受宪法规范。其次，要着力完善劳资关系协调机制，制定政策性的日程表，切实改善广大普通劳动者的收入和福利状况。

这本书的某些内容是有待完善的。比如，在着重分析了西方经济学的价值取向和意识形态取向时，对于如何改造和利用西方经济学来建设社会主义理论体系的分析不够充分。在关于竞争性领域国有股减持的量化分析上，作者提出了非常值得注意的倾向性问题，但数据分析还需要完善。在收入分配政策方面，有关再分配的内容也有待充实。

真理越辩越明，事实越辩越清。上下求索、见仁见智、集思广益、融会贯通，是研究之道。在社会主义市场经济和政治民主化的进程中，许多新问题需要在讨论乃至争论中去加深认识，这才有希望建立起具有创新精神和比较完善的社会主义市场经济理论。

我期待这一天的早日到来。

试用马克思主义哲学方法总结改革开放经验

（2008年11月）

一个不会反思的民族，不可能成为伟大的民族。一个民族的伟大，与其百折不挠的民族精神息息相关。改革开放历时30年，对于这样一场关系全国人民福祉的伟大运动，我们更应该进行全方位的反思。反思就是总结历史的经验教训。然而，总结经验会有不同的立场、观点和方法。马克思主义者从来不掩饰自己的立场、观点、方法。从马克思主义哲学方法论的角度来分析问题，是我们共产党人的一贯做法和宝贵传统。既然改革开放是用马克思主义普遍原理指导中国具体实践的结果，既然是马克思主义普遍原理与中国改革开放具体实践相结合产生了中国特色社会主义理论体系，那么，总结改革开放30年的经验，当然可以用马克思主义的哲学方法。我用其中的一些观点方法，对改革开放30年作一个总体性的思考。

一、辩证地看待改革开放三十年

对立统一规律，就是说一切事物、现象、过程都可分为两个互相对立和互相统一的部分。一分为二是毛泽东对唯物辩证法对立统一规律的科学简明的表述。

中华人民共和国成立后近60年的历程极不平凡。前30年坎坷曲折，走了许多弯路，但有问题并不能掩盖所取得的伟大成就，更不能像某些人那样将历史成就一笔抹杀。改革开放以后的30年，取得了更大的成就，这是有目共睹的事实：经济保持平稳快速发展，经济总量迅速扩大，财政收入连年显著增长，国家经济实力大幅提升。到1999年，我国经济总量排名世界第7，此后一路赶超意大利、法国、英国，目前已超过德国，照此速度发展下去，5年内有望赶上日本。如果以购买力平价衡量，现在就[①]已经是仅次于美国的世界第二大经济体。进出口贸易增速、占世界贸易的比重都在稳步提高，成为世界贸易不可忽视的重要力量，在世界贸易中的位次从2001年的第6位提高到了第3位，超过了英国、法国和日本。在迅速发展过程中，城乡居民收入显著增加，人民生活福利整体上有了巨大改善，改革开放和全面建设小康社会取得重大进展。

与过去相比，经济体制变活了。在国家的宏观调控下，市场起到配置资源的基础性作用，大大消除了传统僵化体制的消极影响，初步确立了社会主义市场经济体制。通过转换企业经营机制，大力推进传统产业的技术进步，增强了企业按照市场需求组织生产经营活动的能力，加快推进经济增长方式由粗放向集约的转变，经济增长的质量和效益都有了明显的提高。

总之，我们对这30年所取得的成就，无比欢欣鼓舞，成绩应当充分肯定。但同时，也要看到问题和潜在的风险。这就是一分为二。

30年来，特别是最近一段时期，社会经济面临深刻变化，深层次矛盾逐渐显露，遇到了过去少有的问题；过去即便有，也是很小的问题，不是主要问题，现在则成了主要问题。这里列举几

① 本文2008年11月发表于《中国社会科学》第6期。在香港中文大学、南京大学、国家图书馆“文津讲坛”等处分题做过学术报告。这里将文章分为两个部分摘要发表，作了一些调整。

个：①贫富差距扩大。尽管基尼系数不足以说明问题，但是，近年来基尼系数上升速度很快，改革初期低于0.3，现在却接近0.5，达到了全世界少有的水平。社会阶层贫富差距悬殊，在世界上也是很突出的。②腐败盛行，经济案件愈来愈多，愈来愈重。③社会道德沦丧，重利轻义，世风渐衰。④环境破坏严重，资源越来越紧张。

对于这种发展态势，大家感到担忧，认为如果任其发展下去，后果不堪设想。生产力发展了，国家经济实力增强了，但是，如果生产出来的财富越来越集中在极少数人的手里，这样的改革，不是社会主义的成功，而是资本主义的成功。如果对于改革掌控不好，此种前景也不是没有可能的，不能完全排除。

但是，是不是像一些人说的那样，邓小平同志反复告诫的那些话"如果我们的政策导致两极分化，我们就失败了"[①]已经变成了现实呢？我在《关于分配与所有制关系若干问题的思考》[②]一文中有个论证：虽然贫富分化的趋势已经相当严重，但还没有达到两极分化而社会无法承受的程度。我这里想强调的是，我们党和政府正在以百倍的努力和高度负责的精神，解决收入差距扩大和其他种种社会民生问题。

总之，辩证地一分为二地看，改革总体上是成功的，有问题并不能掩盖已经取得的伟大成就，不能说社会主义改革已经失败，不能倒退，改革不容否定。

（一）否定之否定——改革在更高层次上的综合

① 《邓小平文选》第三卷，人民出版社1993年版，第111页。

② 刘国光：《关于分配与所有制关系若干问题的思考》，《开放导报》2007年第5期。

否定之否定规律也是辩证法的普遍规律。简单地说，就是正、反、合。事物是矛盾的，事物矛盾的斗争，从量变到质变，是一重否定；由新的量变再到质变，又是一重否定。矛盾发展，否定了前一个阶段的事物，然后再发展，又否定了上一个阶段的事物，如此循环往复。否定之否定，并不是回到过去，而是在更高层次上的综合。由此推动事物向更高阶段发展，这是辩证法的规律。

对我国的改革进程，也要这么看。如果说改革开放之前是“正”，改革开放之后的一段时期就是“反”，这是一个否定。说明一下，这里是纯粹从方法论和逻辑上讲的“正”与“反”，而不是价值判断，不是要肯定改革开放以前的东西。

改革开放前和改革开放后的“正”与“反”，表现在哪些方面呢？它们很清楚地表现在社会经济生活的各个方面和各个层面。主要有：一是经济运行机制。社会主义计划经济体制转向社会主义市场经济体制，由计划为主转向市场为主，市场起基础性调节作用。二是所有制结构。过去是单一的公有制，越大越公越纯越好，一切向国有制看齐；改革后是多种所有制共同发展，个体经济、私营经济、外资经济及其他各种混合所有制经济都出现了，这是以前没有的新现象。三是分配制度。过去名义上是按劳分配，实际上是偏于平均主义的“大锅饭”，遏制了大多数人的勤奋努力；改革后变成了让一部分地区、一部分人先富起来。如邓小平所讲的“先富、后富”已经出现了，收入差距拉开了，这是好现象，对社会进步、经济发展有很大的激励作用。

简而言之，有这么几个“正”与“反”。三十年来，一“正”一“反”才形成现在的局面，也积累了不少新矛盾。经过三十年，当前正进入一个新的阶段，要对一些新矛盾进行一些新的“反”与“正”，从而在更高层次上转向新的综合。

（二）关于经济运行机制：在继续坚持市场改革的同时，要重新强调国家宏观计划调控的作用

改革开放以来，经济运行机制逐步由计划经济转向市场经济，推动我国经济生动活泼地向前发展。在全部商品流通总额中，目前市场调节部分已占到90%以上。几年前有人估计，我国市场经济在整体上完成程度已达到70%左右。可以说，社会主义市场经济已经初步建立。

但是，目前社会主义市场经济还不够充分、不够完善，市场经济还有一些不到位的地方，如资源要素市场、资本金融市场等，都还需要进一步发展到位。也有因经验不足、犯了市场幼稚病，从而导致过度市场化的地方，如在教育、医疗、住宅等领域不该市场化的部分也搞市场化，以至于发展到对市场迷信的地步，带来一系列不良后果。

市场经济初步建立之后，市场的积极方面和消极方面都充分展现出来了。市场经济在发挥激励竞争、优化资源配置、促进经济效率等优越性的同时，其自身固有的缺陷经过三十年的演变，也逐步显露出来了。特别是在总量综合平衡上、环境资源保护上，以及社会公平分配上引发的问题，在我国不是市场经济本身能够解决的。因此，三十年的结果，一方面经济发展取得很大成绩；另一方面社会经济出现新的矛盾，资源环境、分配民生等矛盾越积越多。这与国家宏观计划调控跟不上市场化的进程有一定的关系。

本来，我们所要建立的市场经济，就是国家宏观调控下的市场经济，这一根本点在1992年就明确地写入了党的十四大文件。这些年来，国家对经济的宏观调控在不断前进，我们在短期经济波动的控制上，先后取得了治理通货膨胀和治理通货紧缩两方面的成功经验。但是，国家计划对短期和长期宏观经济发展的导向

作用明显减弱，计划本身多是政策汇编性的，少有约束性、问责性的任务，计划的要求与执行实际相差很大，中央计划与地方计划完全脱节，国家计划控制不了地方盲目扩张行为。总之，国家计划失之软弱，变成可有可无的东西。这影响到宏观调控的实效，造成国民经济发展许多方面失衡。

现在是到了在继续坚持市场取向改革的同时，需要加强宏观计划调控的作用，强调国家计划在宏观调控中的指导作用的时候了。针对国家宏观计划调控跟不上市场经济发展形势的状况，2007年十七大提出："发挥国家发展规划、计划、产业政策在宏观调控中的导向作用，综合运用财政、货币政策，提高宏观调控水平。"[①]十七大重新强调多年未提的发挥国家计划的导向作用，有十分重要的意义。

大家知道，宏观调控有这么几种主要手段，财政政策、货币政策和计划手段。只有少数市场经济国家设有计划机构，并编有预测性计划，一般不用计划手段。但我国作为社会主义大国，有必要在宏观调控中利用计划手段。至于产业政策，则属于计划手段。规划也是一种计划。所以，主要就是上述三种手段。十四大报告明确指出，"国家计划是宏观调控的重要手段之一"。[②]在财政、货币、计划三者关系中，计划应是财政、货币政策的指针，财政、货币政策要有计划地指导。国家计划与宏观调控不可分，计划是宏观调控的主心骨。国家计划有年度计划，还编制五年、十年的中长期发展规划。年度计划包含经济增长速度、投资总额、财政预算、信贷总额、外汇收支、失业率、物价上涨率和人口增长率等指标，每年都由国务院提出、经全国人民代表大会

① 《中国共产党第十七次全国代表大会文件汇编》，人民出版社2007年版，第26页。

② 《中国共产党第十四次全国代表大会文件汇编》，人民出版社1992年版，第23页。

批准，应当是有法律和行政效力的。这些中长期规划和年度计划，都应该在宏观调控中起导向作用，具有约束力。关键之处还应问责和追究法律责任，这样的国家计划才能对宏观调控起到导向作用。

在市场经济初步建立，市场的积极方面和消极方面都充分展现之后，目前在“市场化改革”口号下，迷信市场成风，计划大有成为禁区的趋向。在这种氛围下，重新强调社会主义市场经济下也要加强国家计划在宏观调控中的作用，看来十分必要。

这次十七大重新强调了国家计划在宏观调控中的导向作用，并不是如某些人所讲的那样，“要回到传统计划经济模式”。重新强调国家计划在宏观调控中的导向作用，不同于过去“传统计划经济”，而是计划与市场这个问题在更高层次上的新的结合。其主要表现：一是现在的计划不是既管宏观又管微观无所不包的计划，而是只管宏观层面，微观的事情主要由市场调节。二是现在资源配置的基础性手段是市场，计划是弥补市场缺陷与不足的必要手段。三是现在的计划主要不再是行政指令性的，而是指导性、战略性、预测性的计划，同时又要有必要的约束和问责功能。

国家计划导向下的宏观调控，是中国特色社会主义市场经济的应有之义，不能把“计划性”排除在社会主义市场经济含义之外。1992年5月9日，中共中央总书记江泽民在中央党校讲话中谈到十四大将选择社会主义市场经济体制提法的时候，强调了这一点，“社会主义市场经济就是有计划的”[①]。我们要依照这个精神，努力改进国家计划工作和宏观调控工作，使之名副其实地起导向作用，指导社会主义市场经济的发展，实现市场与计划的更高层次的综合。

① 江泽民：《论社会主义市场经济》，中央文献出版社2006年版，第6页。

（三）关于所有制结构：在坚持多种所有制共同发展的同时，要重新强调“公有制为主体”

关于所有制改革，现在也到了否定之否定的“合”的阶段。

改革开放以前，是单一的公有制形式，越大越公越纯就越好，脱离了生产力发展的要求而不断改变生产关系。改革开放以来，多种所有制形式共同发展。这是一个否定。这个“正”与“反”的变化，一般规律是在公私比例关系上“公”降“私”升，这是合理的。因为改革以前私有经济几乎等于零，公有制占有绝对地位。因此，在一个相当长的阶段里，非公有制经济保持超过公有制经济的发展速度，从而增加非公有制经济在总体经济中的比重；公有制比例下降、私有制比例上升，是合理的变化过程。这个“正”与“反”变化过程已经持续了三十年。

现在是不是到了一个新的时期，“公”降“私”升是不是到了一个关头，到了一个关键阶段，需要重新考虑一下，来一个新的否定和新的综合？对此，社会上有几种截然不同的估计。

关于公有制主体地位目前有三种估计，都是现实中存在的意见，有文字可查。第一种意见认为，现在还是以公有制为主体。但是，这种计算方法有问题。它将自然资源、行政性资产都计算在内。几年以前，有同志曾试图解答这一问题，他把资源性资产都算作国有资产，那当然可观，土地就是一大笔财富，其结论自然是以公有制为主体。这个回答是远远不够的。我们这里讲的国有资产，应该是指经营性资产，不包括资源性资产。第二种意见认为，公有制地位已经动摇，一些地区和部门公有制已不占主体。有没有这种现象？这也算是一种意见吧。第三种意见，干脆说公有制地位已经丧失，私有制占据主体，已经是既成事实了。

持第三种意见的有两种人。一种人是担心这种情况出现，认为不能这样。现在公有制丧失主体地位，国家应想办法挽回。另

一种人的意见是赞成私有化，说不要再提姓“公”姓“私”了，既然不是公有制为主，已经很好了嘛，干吗还要再提？！理论界就有人提出，经济改革已经成功，现在要政治改革了。他们所讲的经济改革成功，就是指公有制变成私有制已经基本完成。上述的两种人，都认为公有制已经不是主体了，观点相同，但是态度和倾向不同。

这几种看法，都是个人根据自己的估计得出的。在国家综合部门、统计部门尚未拿出公私经济结构的正式的全面数据以前，难以准确判断我国的所有制结构现状。

但是，从十四大、十五大、十六大一直到现在，党的文件一贯坚持公有制为主体、多种所有制形式共同发展的基本经济制度，没有一个文件不要公有制为主体。十七大重申了党的这一主张，说“坚持和完善公有制为主体，多种所有制经济共同发展的基本经济制度”[①]。这当然不是空话，不是停留在文字上，而是要坚决贯彻落实的。我国的所有制结构现在已经变成什么样，公有制还是不是主体？社会上对此有很多议论，已经有人将这一意见提到全国人民代表大会，要求我们国家统计机构和有关部门公布这方面的材料，现在各种所有制的比例到底怎样，希望人大监督这件事情。

现在到了需要重新考虑的时候，要坚持“两个毫不动摇”，即毫不动摇地坚持公有制为主体，毫不动摇地发展多种所有制形式，不能只强调发展非公有制经济，不能只强调一个毫不动摇。这件事到了新的综合之时。首先要毫不动摇地坚持公有制的主体地位，同时要毫不动摇地发展非公有制经济。

有人说公有制效率低，是官僚经济，是权贵经济；不是国家的财富，而是少数人的财富。我在一篇文章中谈到过这个问

① 《中国共产党第十七次全国代表大会文件汇编》，人民出版社2007年版，第25页。

题[1]。公有制并非注定效率低，20世纪60年代我国的“鞍钢宪法”，有很好的经验，日本等国企业管理都吸收它的经验，这是众所周知的事情。资本主义国家也有国有企业管得好的，并不是一概效率低。改革开放以来，公有制低效率是与私有化预期联系在一起的；而且效率越来越低，是与前几年经济调整、伴随“国退民进”发生的现象。国有企业经营不善，国有资产流失，巧取豪夺、改头换面通过各种渠道流失，一夜之间从地底下冒出千百万家财万贯的财富“精英”，与刮起来的这股私有化风尘有着千丝万缕的内在联系。

国有经济内部管理也有问题。某些企业管理不善，变国有资产为少数企业高管人员的个人财富，变为私有财产；就算没有MBO，一些国有企业的领导层也在腐化变质，有的企业领导自定薪酬，几十万元、几百万元年薪的高工资，而普通职工月薪只有几百元、几千元。这些都不是公有制固有的属性。人家攻击我们国有经济已经不再是公有制，并非完全虚指，也指出了一些问题。

国有企业本身应进一步改革，既不能变回到过去“大锅饭”的旧体制，也不能维持现在被扭曲的形象，要在社会主义条件下解决目前存在的垄断和腐败问题，解决企业内部的激励机制问题；要使国有企业真正体现社会公平，同时又有激励机制。这种探索，西方国家不是没有先例。西方国家也有国有企业，也有国家公务员，看看二者的收入比例，差距不会像我们现在拉得那么大。国有企业的领导与国家机关工作人员一样，都是国家的公职人员，不能完全按照私有经济的法则办事。国资委领导最近说，国资委年均增长4600万元的薪酬支出，换来央企年均增长1500亿元的利润，把国企领导人与国企的关系看成私人企业主与雇用职

① 《开放导报》2007年第5期。

业经理人的关系，恐怕不妥。所以，国有企业管理腐败一定要治理。

重新强调“公有制为主体”，并非恢复过去“大一统”的公有制经济，也不是恢复旧模式的国有经济，而是在保障公有制为主体的前提下，坚持“两个毫不动摇”，毫不动摇地引导非公有制经济的发展，毫不动摇地保护国有经济的主导地位，并按社会主义市场经济原则深化国有经济改革。这是所有制经历了正反两个阶段之后在更高阶段的综合。

农村所有制的“否定之否定”，集中体现在邓小平同志所讲的“两个飞跃”上。第一个飞跃是废除了人民公社，实行家庭联产承包责任制，这是改革开始时的一个否定。家庭联产承包责任制促进了农村经济的大发展，经过了三十年的发展，农村发生了翻天覆地的变化。现在应当着手实现第二个飞跃，即发展新的集体经济。集体经济也是公有制实现方式。邓小平同志讲“两个飞跃”时就说，“公有制为主体，农村不能例外”[①]。这是又一个否定。但是，这是新阶段的新综合，不是回到过去吃“大锅饭”的人民公社制度和生产队体制，而是要充分考虑保障农民和农户的财产权益，在此基础上的新的集体合作经济，包括专业合作和社区合作。

新型集体合作经济已在我国大地上萌生起步，并茁壮成长。如江苏的华西村、河南的南街村、山西的皇城村、山东的南山村等，还有苏南、浙江、广东一些农村最近兴起的社区股份合作企业。这些集体合作组织带动农民走共同富裕道路，为加快建设社会主义新农村做出了贡献。这些星星点点的火花，现在社会舆论、宣传部门对其重视程度还不够，某些媒体还在找碴挑剔、冷嘲热讽。如果社会舆论和政府决策能给予更多关心和支持，它们

① 《邓小平年谱》，中央文献出版社2004年版，第1349页。

是可以为我国农村走社会主义道路开辟宽广前程的。

（四）关于分配关系：要从“让一部分人先富起来”转向“更加重视社会公平”

从分配上的平均主义到拉开收入差距，允许一部分人通过辛勤劳动先富起来，是完全正确的，是改革后一次最成功的否定。但是，如果收入差距拉得太大，以至于贫富分化造成难以逾越的鸿沟，出现两极分化，就不对了，那就需要来一个新的否定，让先富带后富，缩小贫富差距，走向共同富裕的道路，实现分配领域更高的综合。

在改革开放后的一段时期内，强调效率优先、兼顾公平，有其正面的积极作用，就是促进效率，促进生产，促进经济发展。但是，过了这个阶段，贫富差距扩大，不能实现先富带动后富，不能实现共同富裕，不能实现公平的目标，这个时候，就必须强调效率与公平二者同时并重，而且更加重视和强调社会公平。我在2003年《研究宏观经济形势要关注收入分配问题》一文中提出“逐步淡出效率优先、兼顾公平的口号，向实行效率与公平并重的原则过渡”，并向十六届三中全会文件起草组提出。[①]十六届四中全会文件未出现“效率优先、兼顾公平”的提法。2005年我在《进一步重视社会公平问题》一文中，再次阐明了这一主张，[②]还写了《要把效率优先放到该讲的地方去》一文。[③]这篇短文除了指出把公平置于“兼顾”的次要位置欠妥外，还认为初次分配也要注重公平。此文原稿呈送了中央。2005年十六届五中

① 《刘国光文集》第十卷，中国社会科学出版社2006年版，第498—513页。

② 《刘国光文集》第十卷，中国社会科学出版社2006年版，第582—594页。

③ 《刘国光文集》第十卷，中国社会科学出版社2006年版，第623—625页。

全会报告征求意见稿中还有“效率优先，兼顾公平”和“初次分配注重效率，再分配注重公平”字样，受到一些同志的非议。但是，五中全会文件最终定稿时，消除了这两种提法，同时突出了“更加重视社会公平”的鲜明主张。十七大还将初次分配也要重视社会公平这一原则写入了中央文件。[①]我的上述这些观点主张，与党中央的最终决策精神是一致的。

淡化“优先”“兼顾”提法，强调“更加重视社会公平”，不是要回到过去，不是回到过去的“大锅饭”，不是回到过去的平均主义，而是在更高层次上的综合与提高。从平均主义到拉开收入差距、先富后富，“效率优先、兼顾公平”，然后再转回到“同时注重公平与效率、更加重视公平”“初次分配和再分配都要重视公平”，这也是明显的正、反、合的例子。

收入分配关系的正、反、合，与所有制关系的正、反、合是有联系的。按照马克思主义观点，所有制决定分配。但是，人们常忽略了这个观点。在分析我国贫富差距扩大的原因时，举了很多缘由，如城乡差别扩大、地区不平衡、行业垄断、腐败、公共产品供应不均、再分配调节落后等，不一而足。这些缘由都能成立，但都不是最主要的。造成收入分配不公的最根本原因被忽略了。

财产占有上的差别，是收入差别最大的影响因素。连西方资产阶级经济学家萨缪尔森都承认：“收入差别最主要的是拥有财富多寡造成的，和财产差别相比，个人能力的差别是微不足道的。”他又说：“财产所有权是收入差别的第一位原因，往下依次是个人能力、教育、培训、机会和健康。”[②]三十年来我国贫

---

① 《中国共产党第十七次全国代表大会文件汇编》，人民出版社2007年版，第37页。

② ［美］萨缪尔森：《经济学》下卷，高鸿业译，商务印书馆1979年版，第231页。

富差距的扩大，除了上述的一系列原因外，跟所有制结构变化，跟“公”降“私”升和化公为私的过程，显然有关。这种关系，被某些学者在分析收入差距原因时，有意无意地忽略掉了。

在调整收入分配差距关系、缩小贫富差距时，要多方入手。人们往往从分配关系入手，特别是从财政税收、转移支付等再分配领域入手，完善社会保障，改善低收入者的民生状况。这些措施都是完全必要的，我们现在也开始这样做了。但是，仅从分配和再分配领域着手是远远不够的，不能从根本上扭转贫富差距扩大的问题。还需要从所有制结构，从财产制度上直面这一问题，从根本上阻止贫富差距扩大、两极分化增强的趋势。这就是邓小平所说的：“只要我国经济中公有制占主体地位，就可以避免两极分化。”①

所以，分配上的新综合，是以所有制上新综合为前提条件的。所有制发展上要坚持“两个毫不动摇”，要坚持公有制为主体，毫不动摇地发展公、私两种经济，不能只片面强调一个毫不动摇；要延缓“公”降“私”升的速度和程度，阻止化公为私的所有制结构转换过程，才能最终避免两极分化的前途。

总之，无论是所有制结构、运行机制还是分配制度，都有正、反、合三个发展阶段。还有很多例子也都经历这样三个发展阶段，其他改革开放过程也都可以运用这个方法总结。

改革过程中否定之否定的合的阶段正在开始，能不能坚持正确的发展观，把这个更高层次的综合做好，到了非常关键的时候。综合得好，社会主义能够坚持，我国经济能够继续发展；综合得不好，经济不能发展，社会主义也不能坚持到底。有人说经济可以照样发展，但我可以肯定地说，如果中国社会主义不能坚持，社会不可能稳定，经济就不能持续健康发展。

① 《邓小平文选》第三卷，人民出版社1993年版，第149页。

改革开放由正到反，进一步从反到合，走向更高阶段的过程，向着中国特色社会主义前进，这样的综合，绝不是倒退。倒退没有出路，也不会有回头路。不坚持市场取向的改革，中国没有出路；市场化走过了头，也没有出路。完全市场化，不要国家宏观计划调控；完全私有化，不要公有制为主体；完全的两极分化，不要社会公平，这不是我们社会主义的本质要求。这是邓小平同志讲的。不按这样的道路走，改革开放就会失败；按这样的道路走，改革开放的道路光明灿烂。

关于否定之否定规律，用辩证法的要领和方法来回顾总结这三十年，就简单地讲这些。辩证法中的对立统一规律和质量互变规律，也有丰富的内容，在改革开放过程中例子也是非常多的。这里就不讲了。

二、用历史唯物主义观点分析改革三十年

这里试用马克思历史唯物主义概念、方法，来思索中国改革的经验，限制在历史唯物主义的某些范畴，包括生产力与生产关系、经济基础与上层建筑、社会意识形态与社会存在之间的关系等，以此来对三十年的改革作点蜻蜓点水式的分析。挂一漏万，在所难免。

（一）关于生产力与生产关系之间的矛盾

历史唯物主义，首先讲生产力和生产关系这对矛盾。

生产力和生产关系这一对矛盾，是任何社会发展的根本矛盾，生产力和生产关系的总和构成一个社会的生产方式。改革开放过程也有生产力和生产关系矛盾。比如“社会主义市场经济体制”，这个概念，就包含生产力和生产关系两方面，一方面是“社会主义”，另一方面是“市场经济”，二者是矛盾的，也是

统一的。

“市场经济”主要着眼于发展生产力。发展生产力，就要发挥市场在资源配置中的基础性作用，不然很难有效率。这是被实践证明了的正确结论。资源配置主要是生产力方面的问题。“社会主义”主要着眼于强调生产关系。社会主义不同于其他社会的特殊性在什么地方？公有制为主体、共同富裕，体现了社会主义生产关系的主要特征。离开了这些本质特征，就不是社会主义。邓小平讲社会主义的本质是发展生产力，这是专门针对“四人帮”搞“贫穷的社会主义”来说的，不是对社会主义泛指的定义。发展生产力，是一切社会形态取代前一社会形态时都具有的一般特征，是共性的东西，任何一个社会都要发展生产力。这是第一点。

第二，社会主义的目的是要全国人民共同富裕，不是两极分化。单有生产力发展，不讲生产关系、不讲社会公平，少数人占有财富而大部分人不能分享财富和技术进步，两极分化，产生了新的资产阶级，邓小平说这是改革的失败（“如果我们的政策导致两极分化，我们就失败了”）。所谓改革的失败，不是指生产力的失败，而是指生产关系的失败。生产力可能上去了，或在一个短暂的时期里上去了，但是如果多数人不能享受生产力发展的成果，社会主义生产关系没有了，这样，生产力是成功了，但是，生产关系改革最终失败了。按资本主义的观点看，则是资本主义生产关系的胜利，是资本主义“改革”的成功。一国两制也要变成“一国一制”，即资本主义制度，这不是我国改革的目标。所以，对“社会主义”和“市场经济”一定要统一地看，不可偏废。这是很重要的原则，不然就会变成资本主义市场经济。

第三，不能什么都讲姓“社”姓“资”，生产力就不能讲姓“社”姓“资”。生产关系中一些共性的东西，如社会化生产、商品货币关系，就不必去问什么姓“社”姓“资”。要造大飞机，要信息化、高科技、管理现代化，就不能讲姓“社”姓“资”。但是，生产关系中非共性的东西，就不能不讲姓“社”姓“资”，如雇佣劳动、剥削等。对于资本主义有益于我国经济发展的东西，如“三资企业”等，也应当拿来“为我所用”，而不是“为资所化”。但是，资本主义腐朽没落、与人类文明背道而驰的那些东西如巧取豪夺、血汗工厂，必须予以揭露批判。所以，对于姓“社”姓“资”，一定要具体分析。

有些人打着邓小平的旗号，反对讲姓“社”姓“资”，说什么思想解放就是要从姓“社”姓“资”的思想束缚中解放出来，这根本是错误的，而且歪曲了邓小平的讲话精神。邓小平不是不讲姓“社”姓“资”，他只是在提出计划、市场问题时，讲到不要讲姓“社”姓“资”问题。他说，资本主义也有计划，社会主义也有市场，都是手段，不要讲姓“社”姓“资”。仅此而已，哪里是一般地讲不要姓“社”姓“资”？邓小平同志讲“三个有利于”的时候，也不是不讲姓“社”姓“资”，他特别点出要“发展社会主义社会的生产力”和“增强社会主义国家的综合国力”。在这些原则问题上，邓小平分明是讲姓“社”姓“资”的。他一再强调要坚持社会主义的根本原则，即公有制为主体和共同富裕。他怎么会一般地反对区别姓“社”姓“资”呢？

（二）关于经济基础与上层建筑之间的矛盾

经济基础与上层建筑是又一对矛盾。经济基础决定上层建筑，上层建筑反作用于经济基础，影响经济基础。

就改革开放来说，经济基础与上层建筑的矛盾主要表现为经济改革与政治改革的矛盾。政治改革隶属于上层建筑，经济改革与政治改革的矛盾是三十年来尖锐的问题。特别是最近几年，我国有一种议论，说经济改革已经成功了，问题在政治改革，上层建筑不适应。其意是所有制已经基本完成了私有制为主体的变革，但政权不适应这种经济基础，政权还要进一步适应私有化，即整个政权的资产阶级化、西方化。境内外都有一些势力主张这种“政治体制改革”。

改革开放初期，党的工作重心从阶级斗争转移到经济建设上来，更多地强调经济改革，这是必要的，也是应该的。与此同时，党一贯地强调政治改革。十三大提出政企分开、党政分开。1989年后有所缓进，这是由于政治风波以后国际国内环境有所变化，党政分开、政企分开有所缓步。但是，选举制度、基层民主、行政体制等改革还在稳步推进，民主法制建设逐步改善。这些方面不是没有进展、没有改革，而是不断进步。十六大以后，中央又不断强调政治体制改革，十七大报告提出要坚定不移地发展社会主义民主政治。

当然，我国政治领域的改革，相对于经济改革来说是滞后了一些。有些方面大家感觉进展慢了些，要求加快改革。比如，言论自由问题。左派、右派都有意见。右派有意见，是觉得自己言论受限制；左派也感到受排挤，一些马克思主义的言论不仅在市场化的媒体上不能发表，在一些正式媒体上也不能发表。相比而言，右派言论相对自由一些，南北各有报刊不断公开发表“擦边球”和越轨文章，而左派就没有那么大的自由度。

又如，权力制衡问题。权力缺乏监督，主要领导干部个人说了算，“人治”代替“法治”的弊端还很严重。民主可以有不同模式，我国不提倡西方式的“三权分立”的“普世”模式，但权力制衡总得要有。没有制衡的权力、缺乏约束的权力一定要腐败。十七大提出建立健全决策权、执行权、监督权既相互制约又相互协调的权力结构和运行机制，就是分权制衡原则的运用，这方面我们需要加大改革的力度。

再如，领导人人选制度改革。列宁所说的领导人从群众中产生，对群众负责，这一点还要逐步逐层推广。目前，差额选举、

基层选举放开了许多，淘汰制、竞选制、普选制有些进展，但效果不尽理想。“选举民主”和“协商民主”如何更好地结合，如何在人大和政协的框架内，在社会主义的原则和中国共产党的领导下，积极推进这些民主程序，确实需要更大的努力。

关于言论自由、权力制衡、领导人人选制度以及党政分开、完善法治等方面的改革，还需努力，还要抓紧。

与上述正确的改革思路背道而驰的错误思潮，是新自由主义和民主社会主义，两股思潮都反对“四项基本原则”，实质上反对中国特色社会主义，其核心是反对共产党领导，主张多党轮流执政。

反对资产阶级自由化，邓小平最积极，他说，21世纪前五十年都要反。不过邓小平他只提出从政治上解决资产阶级自由化，提出坚持四项基本原则，那时只解决到这一步，没有从经济上解决资产阶级自由化，还没有发展到这一步。但是，不能说经济领域没有自由化，没有资产阶级化倾向。资产阶级自由化，不但政治领域有，经济领域也有。私有化的观点、完全市场化的观点、政府守夜人的观点等，这一系列观点都是经济领域里资产阶级自由化的表现。防止经济领域资产阶级自由化，就是防止经济领域变质，经济领域如果变质，政治领域就会跟着变质。这是马克思主义的基本常识。把住这一关口非常重要。过去有的中央领导干部认为经济领域没有资产阶级自由化，至今仍然有一些领导干部这样认为，这是极糊涂的。有人提出经济（所有制）改革已经“成功”，现在要随势而发搞与“普世价值”接轨的“宪政改革”，就是这方面的强烈信号。不过我国经济领域实际上是否已经变质，现在有不同看法，例如所有制结构问题、公有制是否仍保持主体地位，就有几种不同看法。中共中央到十七大还是坚持公有制为主体的社会主义基本经济制度，上层建筑要坚持四项基本原则。这是长期的国策。看来至少在社会主义初级阶段一百年之内还要坚持共产党的领导。如果多党轮流坐庄，那社会主义阶段就要完结，社会主义前途也要完结，这是中国广大劳动人民和中国共产党所不能允许的。

（三）关于生产力内部的矛盾

生产力内部在时间、空间上的矛盾也很多，其中对经济发展全局最重要的一个矛盾，就是外延与内涵、粗放与集约之间的矛盾。到底是注重速度、数量，还是结构、资源、环境、质量？这是中国生产力发展中一个突出的问题。

由粗放发展方式转向集约发展方式，这是“双重模式转换”中的一重。“双重模式转换”包含体制模式的转换和发展模式的转换。我在二十二年前香港经济学会主办的国际研讨会上，就专门讲过这个问题。发展模式转换指的就是生产力内部的矛盾。这是非常概括性的内容，也是很重要的实质性问题。过去讲求速度、数量，轻视结构、资源、环境、质量，现在仍然没有完全克服这种倾向，片面追求产值、速度的现象还很严重，特别是国内许多地方还存在GDP崇拜，牺牲后代利益加速眼前的发展，这种发展实际上是不可持续的。这是三十年来很大的一个问题，积重难返。现在正在大力扭转，特别是按照科学发展观的要求提出，促进经济增长由主要依靠增加物质资源消耗向主要依靠科技进步、劳动者素质提高、管理创新转变，由主要依靠投资、出口推动向依靠消费、投资、出口协调推动转变，由主要依靠第二产业带动向依靠第一、第二、第三产业协同带动转变。这是促使我们的经济发展由片面追求速度向全面协调可持续发展转变的正确途径。

“双重模式转换”是20世纪80年代中期由国内理论界提出来的。“九五”以后，党的正式文件正式肯定为“两个根本性转变”的方针，十六大以后更是非常强调这个方针，十七大报告将

“增长方式”重新改回到“发展方式”。我原来在80年代也是讲的“发展模式”。2008年春天，中共中央政治局专门开会研究转变发展方式这个问题。

生产力的内部矛盾和生产关系、上层建筑是有联系的。三十年的经验证明，发展方式转变会受到生产关系和上层建筑中一系列关系的制约。这就要从体制上解决。地方上片面追求GDP，与财政体制、考核制度等有关。如有的省份颁布县级领导考核指标，按GDP增幅给予奖金，还有些地方层层分解招商引资任务，这样的地方怎么会不追求GDP呢？资源环境问题和价格机制、竞争状况都有关系。这些都需要从体制上解决。

（四）关于生产关系内部矛盾

生产关系内部的矛盾，也是千头万绪。这里只讲所有制和分配关系。这是我国改革过程中的一个重要问题。

所有制和分配都是生产关系。按照马克思主义观点，所有制决定分配。但是，人们常忽略了这个观点。在分析我国贫富差距扩大的原因时，举了很多缘由，如城乡差别扩大、地区不平衡、行业垄断、腐败、公共产品供应不均、再分配调节落后等，不一而足。这些缘由都能成立，但都不是最主要的。造成收入分配不公的最根本原因被忽略了。

财产占有上的差别，是收入差别最大的影响因素。连西方资产阶级经济学家萨缪尔森都承认：“收入差别最主要的是拥有财富多寡造成的，和财产差别相比，个人能力的差别是微不足道的。”他又说：“财产所有权是收入差别的第一位原因，往下依次是个人能力、教育、培训、机会和健康。”三十年来我国贫富差距的扩大，除了上述的一系列原因外，跟所有制结构变化，跟“公”降“私”升和化公为私的过程，显然有关。这种关系，被某些学者在分析收入差距原因时，有意无意地忽略掉了。

在调整收入分配差距关系、缩小贫富差距时，人们往往从分配关系入手，特别是从财政税收、转移支付等再分配领域入手，完善社会保障，改善低收入者的民生状况。这些措施都是完全必要的，我们现在也开始这样做了。但是，仅从分配和再分配领域着手是远远不够的，并不能从根本上扭转贫富差距扩大的问题。还需要从所有制结构，从财产制度上直面这一问题，从根本上阻止贫富差距扩大、两极分化增强的趋势。这就是邓小平所说的："只要我国经济中公有制占主体地位，就可以避免两极分化。"

所以要防两极分化趋势，缓解贫富差距的扩大，就必须在所有制发展上坚持公有制为主体，毫不动摇地发展公、私两种经济，不能只片面强调一个毫不动摇；要延缓"公"降"私"升的速度和程度，阻止化公为私的所有制结构转换过程。

（五）关于社会意识形态与社会存在的关系

社会存在与意识形态的关系，也是历史唯物主义的一个重要命题。社会存在决定社会意识，反过来，社会意识又反作用于社会存在。先进的社会意识推动社会进步，落后腐朽的社会意识阻碍社会进步。三十年来，我们在这方面经历了不少风雨，最重要的莫过于解放思想和改革开放的关系了。

邓小平很好地解决了解放思想和改革开放二者的关系。"解放思想、实事求是"的思想路线，与邓小平的改革开放思想紧密相关。邓小平指出："只有思想解放了，我们才能正确地以马列主义、毛泽东思想为指导，解决过去遗留的问题，解决新出现的一系列问题，正确地改革同生产力迅速发展不相适应的生产关系和上层建筑。"他所说的思想解放，是要正确地以马列主义、毛泽东思想为指导，解决前进中遇到的一系列问题。思想解放不能离开这个根本。

我为什么要不厌其烦地引用邓小平的原话呢？因为现在某

些人的思想解放早已离开了这一根本，却还在高举“邓小平的旗帜”，高调提倡“进一步思想解放”。他们称当前“新的思想解放”或“第三次思想解放”，“是从冲破姓‘社’姓‘资’，到冲破姓‘公’姓‘私’，概括起来就是冲破‘所有制崇拜’”。那就是不要公有制为主体、多种所有制经济共同发展的社会主义基本经济制度了。所谓“新的思想解放”实质就在这里。不要提姓“社”姓“资”，那就意味着不要再提社会主义制度与资本主义制度的区别。我在前面讲了，这些同志完全曲解了邓小平的原意。邓小平明确地把社会主义作为改革开放的前提，改革开放不能走向资本主义。他说：“我们实行改革开放，是怎样搞社会主义的问题，作为制度来说，没有社会主义这个前提，改革开放就会走向资本主义，比如说两极分化。”

因此，所谓的“思想解放”也分两种情况。一种是以马克思主义、科学社会主义为指导的思想解放，这是促进改革开放向社会主义自我完善的方向前进的；另一种是以新自由主义、民主社会主义为指导的思想解放，这将把我们的改革开放推到一个不是我们党所规划所期望的方向。所以，不能天真地认为，凡是思想解放都能正确引导推动我们的改革开放。

当然，在社会存在、社会利益多元化以后，多种社会思潮的出现，以及非马克思主义、反社会主义思潮的出现，是不可避免的。历史经验证明，对于多种多样的社会思潮，放任自流不行，简单堵塞也不行。实行言者无罪、包容并蓄应该是和谐社会题中应有之义。但一切事情都要有一个度、一个边，不能让一些非常错误的思潮把人们的思想搞得乱七八糟、六神无主，不能让这些错误思潮把改革和发展的方向引入歧途，像戈尔巴乔夫和雅科夫列夫的“多元化”“公开性”导致苏共亡党和苏联亡国那样。所以，在实行多样化，包容一些非马克思主义、非社会主义思潮存在的同时，一定要强调“主旋律”，强调切实地而不是形式主义地宣传马克思主义，强调宣传科学社会主义，强调宣传坚持四项基本原则和改革开放的中国特色社会主义。用“主旋律”来教育人民，筑牢社会团结进步的思想基础。

三十年过去了，我们仍然要继续解放思想，要与时俱进，但要坚持邓小平所倡导的以马列主义、毛泽东思想为指导，就是要以马克思主义与当代中国实践相结合的中国特色社会主义理论为指导，解决过去积累以及新出现的问题，正确改革与生产力不相适应的生产关系和上层建筑。必须破除传统社会主义思想当中不适应社会主义自我完善的东西，建立符合社会主义初级阶段的新观念和促进社会主义制度自我完善的意识形态。总之，思想解放是有底线的，不是无边无际的胡思乱想。在中国，这个底线就是不断发展的马克思主义和科学社会主义。

中国特色社会主义经济学应当凸显创新品格

——《中国特色社会主义经济学》[①]序

（2009年1月）

构建中国特色社会主义政治经济学，是中国马克思主义者的一项历史使命，我们党的几代领导集体都十分关注这件事。据我所知，杨承训同志是最早倡导构建中国特色社会主义经济学的经济学家之一，得到了各方面的支持。现在经过五年多的努力，以杨承训教授为主编、郭军教授为副主编的《中国特色社会主义经济学》即将问世。这是迄今为止第一部这类系统论著。我作为中国的老一代经济学人，看到这样的新书，凸显新的品格，分外喜悦。

第一，该书旗帜鲜明地坚持马克思主义立场、观点和方法，特别是凸显中国特色社会主义理论体系，系统总结了我国社会主义经济建设和改革开放的理论成果，吸取了我国经济界多年理论研究的精华，内容十分丰富。该书提出："马学"为魂、"中学"为体、"西学"为用，就是以马克思主义基本原理为指导，中国化的马克思主义经济学说为主体，吸收西方经济学中的有益成分为我所用。遵循这一正确的指导思想，全面深入地论述了中国改革开放和发展中的一系列重大理论问题，试图科学地总结我

① 载于杨承训主编、郭军副主编《中国特色社会主义经济学》，人民出版社2009年版。

国社会主义现代化建设的历史经验。同时，对每一个重大理论都进行辩证的分析，肯定和深化了经过实践检验的正确观点，又对一些流行的观点做了深刻的剖析，与形形色色的非马克思主义的“社会主义”划清了界限。

第二，该书构建了一个新的理论体系，没有照抄照搬以往的政治经济学教科书的框子，更没有模仿西方经济学的范式。其突出特色在于：把握生产力与生产关系以及上层建筑的辩证统一，从整体上揭示各经济关系和社会关系的内在联系。这本书以大量的篇幅论述现代生产力发展和我国建设道路，又分析了上层建筑对经济运行的反作用，突破了以往政治经济学忽视生产力和上层建筑的狭隘眼界和思维定势。

第三，该书比较全面系统地梳理了社会主义经济学说的发展脉络和演进历程，辩证地理清坚持、继承和发展的关系。如对于社会主义本质、社会主义发展阶段、社会主义与市场经济的关系、社会主义所有制结构和分配关系、科学发展观等问题，从马克思、恩格斯到列宁、斯大林直到中国共产党几代领导集体的相关思想发展变化及其实践基础，进行了系统梳理，对科学社会主义经济学理出一条线索，达到正本清源的要求。同时，回答了以西方新自由主义为代表的国际资产阶级思潮对马克思主义的攻击，又汲取了西方经济学有益的东西。

第四，该书在理论建树上提出了许多可贵的新论点，为中国经济学提供了新鲜血液，而没有教条气息。这本书以生产社会化规律为主线揭示市场经济和社会主义相结合、市场机制与宏观调控相耦合的内生机理，澄清了私有制是市场经济唯一社会基础、市场经济没有属性之分和市场万能论之类误见，并且把交换方式纳入“社会基本矛盾”的内容；又把“科学技术是第一生产力”的论断升华为“科技主导经济发展规律”，揭示了科技经济跳跃式发展的机制，也深化了对可持续发展和生态文明的认识，很好地体现了社会科学与自然科学的融合互动。

第五，该书把意识形态与分析工具有效地统一起来，既鲜明地强化科学社会主义意识，又精巧地运用各种分析工具，将二者紧密地统一于马克思主义中国化的科学上。中国特色社会主义经济学的宗旨定位于为中国的社会主义现代化建设服务，坚定社会主义必胜的信念，这就需要运用一些科学的研究方法。这本书所使用的分析方法主要是理论分析与实证分析的结合，运用了丰富的资料和数据，把理论逻辑建立在扎实的根基上。面对现时多种矛盾复杂交错的世界和各种思潮互相冲撞的环境，我们应当倡导运用科学分析工具为社会主义意识形态服务的学术导向。

第六，该书秉承中国风格和中国气派，深入浅出、生动活泼地阐释中国特色社会主义经济科学。作者提出力行“三实”：理论唯实、导向务实、语言朴实。有实事求是之心，无哗众取宠之意，语言流畅，通俗易懂。这种好的文风值得弘扬。

人们对客观世界的认识是一个随着社会实践发展不断深化的螺旋式进程。如今，新中国成立已经近60年，特别是走过30年改革开放的成功道路。《中国特色社会主义经济学》正是这一丰富实践的产物。随着实践的发展，人们的认识还会进一步丰富和深化，即使是社会主义初级阶段，仍然还有很长的实践过程。所以，该书也不可避免地会带有某些历史局限。正如作者导言所说：本书“是一本探索性的书籍，所表达的是作者的观点，主要是主编的见解，未必都是经济学界的共识，更不能保证所有观点都是正确的”。许多观点还有深化的空间，有些论述也需要提炼，文字功夫有待提高。用发展的眼光审视，这部书需要继续完善。然而，瑕不掩瑜，作为可贵的重大研究成果，我愿意向读者推荐，也希望大家就一些带根本性的问题继续深入研讨。

进一步清理新自由主义经济思潮*

——刘国光与杨承训的对话

（2009年1月）

一

杨：四年前您发表《对经济学教学和研究中一些问题的看法》[①]一文，当时就提出，在我国改革开放中什么是经济学的主流？到底是中国化马克思主义经济学，还是新自由主义的西方经济学？经过这几年的实践，国际国内的事实，特别是美国引发的世界性金融危机，使大家有了更清醒的认识。现在是进一步清理新自由主义的时候了。

刘：党的十七届三中全会提出，意识形态领域并不平静，特别是渗透和反渗透斗争仍然十分尖锐，多种敌对势力正加紧在意识形态领域对我国进行渗透破坏活动，同时国内也出现一些噪音和杂音。新自由主义和社会民主主义都属于噪音、杂音之列，它们都是搅乱中国特色社会主义，与其格格不入的意识形态。

* 本文以《关于新自由主义思潮与金融危机的对话》为题，节要在《红旗文稿》2008年第4期发表。又以《谈谈新自由主义思潮——一个与中国特色社会主义格格不入的意识形态》为题，全文在中国社会科学院当代中国研究所内部学习资料《学习参阅》2009年第1期发表。现经过调整，以现题发表。

① 刘国光：《对经济学教学和研究中一些问题的看法》，《高校理论战线》2005年第9期；《经济学教学和研究中的一些问题》，《经济研究》2005年第10期。

新自由主义是近二三十年西方经济学的主要流派，也是美国几任执政者的主体意识，在我国渗透流行，自称为中国的“主流经济学”，影响到学界、媒体以至一些执政官员，现在确实需要认真清理，这关系我国社会主义的命运。简单说，新自由主义是古典自由主义的复活，针对凯恩斯国家干涉主义不能应付20世纪70年代以来的滞胀问题而崛起，在英美等发达国家一时兴盛，随着“华盛顿共识”的形成与推行，嬗变为国际垄断资本的经济范式和政治纲领。其主要观点是自由化、市场化、私有化；否定公有制，否定社会主义，否定国家干预；在战略政策方面则极力鼓吹、推行以超级大国为主导的全球经济、政治、文化一体化，即全球资本主义化。新自由主义作为一种经济学理论和研究方法，它对市场经济运作具有一定的说明作用，可以批判地借鉴吸收，但作为当代资本主义主流意识形态，作为国际垄断资本集团的核心理论体系和价值观念，则必须坚决地反对抵制。

杨：新自由主义在中国流行的一个明显表现，就是一些人认为中国应学习模仿“欧美自由市场经济模式”。一位著名经济学者说，1984年后我国党政领导机关文献在对改革目标模式作理论论述时，就采用了“欧美自由市场经济模式”的“语言”。[①]现在由美国的次贷危机引发的金融危机和经济衰退，殃及世界，充分表明新自由主义的破产、欧美模式的残畸。这一点，连西方有良知的经济学家都承认了。但国内有些经济学家还在那里辩解，继续宣扬自由市场的迷信。

刘：我想那些人很难改变立场。不仅社会主义者，而且从凯恩斯到斯蒂格利茨，所有资本主义社会的有识之士一直在强调经济自由放任之危害，但忠言逆耳终究敌不过资本积累的无节制欲望，只要社会危机稍有缓和，自由市场的卫道士就会第一时

① 吴敬琏：《论中国改革的市场经济方向》，《吴敬琏改革论集》，中国发展出版社2008年版。

间卷土重来，举起自由放任的旗帜。但其结局终究是一次一次的失败。

放眼世界，追思历史，新自由主义思潮真是给人类带来一场又一场的灾难。拉丁美洲是美国的后院，本来发展得还可以，20世纪90年代美国推行新自由主义来了个“华盛顿共识”，让拉美各国搞自由化、私有化，放松国际金融管制等，出现了十年倒退，许多国家都出了大问题，政治上出了大动乱。后来，拉美国家觉悟了，纷纷抛弃“欧美自由市场经济模式”，向左转。

苏联的和平演变与美国推行新自由主义分不开，戈尔巴乔夫实际上是向新自由主义急转弯。“大爆炸”后的俄罗斯完全听信新自由主义“休克疗法”的药方，结果造成近十年的大灾难，其损失比第二次世界大战还大，后来开始觉醒。还有一些“转型”国家实际上变成了西方的附庸国，银行等国民经济命脉被欧美操纵，这次金融危机一来，有几个国家几乎是“国家破产”。欧美自顾不暇，哪有力量救它们。同时，受危害的还有亚洲一些国家，十年前东南亚金融危机，就使不少国家和地区遭了殃。

新自由主义在世界各地表演的结果究竟如何，美国纽约大学教授塔布（William K.Tabb）有一个很好的总结。他说：“新自由主义就其所许诺的目标而言，已经失败了。它没有带来快速的经济增长，没有消除贫困，也没有使经济稳定。事实上，在新自由主义霸权盛行的这些年代里，经济增长放慢，贫困增加，经济和金融危机成为流行病。”[①]如今火烧到欧美自己国内了，又使全世界都跟着蒙受灾难。

① ［美］威廉·K·塔布：《新自由主义之后还是新自由主义？》，吕增奎编译，《当代世界与社会主义》2003年第6期；美国《每月评论》2003年6月号。

二

杨：新自由主义在中国的影响有一个奇怪现象：一些宣扬新自由主义的人不敢承认自己是新自由主义者，有一位头面人士竟说他自己从来不知道什么是自由主义。[①]但是他的同壕战友，一位自居“主流改革派”的人却坦言：“主流改革派的指导思想就是西方经济学。中国改革以市场为取向，从计划经济转向市场经济，自然以西方的市场经济为参照，以西方的经济理论为指导。改革主流派用的词语、概念、定义、方法都来自西方经济学，就其核心理念来说受了新自由主义的影响，也没有说错。”[②]这就把前一个头面人士的话打翻在地了。新自由主义通过对“主流改革派”的影响，插手中国的经济改革，这一点，连“主流派”要员自己也大言不惭地认账了。但是，他们认为新自由主义带给中国的是好的影响。对此，您有什么评价？

刘：这要分几层来讲。

第一，我国经济改革以市场为取向，需要借鉴学习包括新自由主义在内的西方经济学中关于市场机制一般运行机理的理论，但不能按照他们的意识形态作为改革路线选择的依据，即不能照抄西方模式。中国经济改革的路线是邓小平说的社会主义自我完善，主要依据中国自己的情况，在与时俱进的马克思主义指导下，形成中国特色社会主义市场经济模式，而绝不是一般的、抽象的，或资本主义市场经济模式。由此区别目标模式的社会性质，是十分重要的。但是一些受到新自由主义影响的人士却无视这种区别，主张中国改革突破姓“社”姓“资”的束缚，把中国

① 马国川：《广东新一轮思想解放意味着什么——中国经济体制改革研究会会长高尚全访谈录》，《炎黄春秋》2008年第3期。

② 徐景安：《回避不了的争论》，《中国走向》2006年9月。

改革简单化为“市场化改革”，或者说模仿欧美自由市场经济模式，[①]只字不提社会主义，借此糊里糊涂地把中国改革引导到资本主义自由市场经济的道路上去。这显然与中国改革是社会主义自我完善的宗旨不符合。

第二，由于社会主义在人们心目中有崇高地位，有些人士在阐述“市场化改革”的观点时，有时也不得不说说“社会主义”，但同时又说对“社会主义”有不同的理解，以此来篡改“社会主义”的科学内涵。社会主义有确定的科学内涵，是不能改变的。拿社会主义市场经济来说，十四大和《中华人民共和国宪法》都明确规定社会主义市场经济是与社会主义基本经济制度结合在一起的，即公有制为主体、多种所有制共同发展，是社会主义市场经济必有的内涵。这与新自由主义反对公有制、主张私有化的观点是不相容的。有一位人士倡议所谓“人民社会主义”或“社会主义新模式”中，根本不提公有制为主体，他在许多文章中把我国公有制经济贬称为“官本经济”，主张以“民本经济”“民营经济”为主体来代替“官本经济”，宣称“经济体制转轨的过程本质上是由原来的官本经济转向民本经济的过程”[②]，实际上就是以私有经济为主体来代替公有经济为主体，完全抽掉了社会主义的经济基础。还有一些人士鼓吹不但要突破姓“社”姓“资”，还要突破姓“公”姓“私”，破除“所有制迷信”[③]。这类主张，无论用什么华丽辞藻来包装，揭开画皮，都是与中国特色社会主义市场经济的内涵格格不入的。

① 张剑荆：《市场化改革：从哪里来，到哪里去？》，《中同经济时报》2008年9月1日。

② 高尚全：《民本经济论》，社会科学文献出版社2005年版。《中国特色社会主义也是人民社会主义》，《改革内参》2006年第24期。

③ 李君如：《第三次思想解放：冲破姓“公”姓“私”的思想疑惑》，《中国经济时报》1997年8月12日；高尚全：《三十年，四次思想解放》，《刊授党校》2008年第4期。

第三，我国宪法第六条不仅规定了“国家在社会主义初级阶段坚持公有制为主体、多种所有制共同发展的基本经济制度”，还规定了“坚持按劳分配为主体、多种分配方式并存的分配制度”。这不仅在所有制关系上而且在分配关系上确立了社会主义原则。但是，上述“社会主义新模式”中，只提“按劳分配与按要素分配互相结合”，不提“按劳分配为主体”。这是同他们在所有制问题上的主张相连的。因为按劳分配为主体与公有制为主体是相匹配的。如果不讲公有制为主体，自然也不会有按劳分配为主体。那只好是按要素（主要是资本）分配和劳动力按市场价格来分配。所以，提出“新模式”的作者，同时也是竭力主张劳动力商品化、市场化的始作俑者。他把马克思早已批臭了的萨伊的要素创造价值论来代替劳动创造价值论，把按要素分配这一社会主义初级阶段的历史性政策，变为要素价值论决定的永恒分配政策，把推动私有化的理由建立在要素价值论的基础上，[①]否定世间还有剥削一事，这更是与新自由主义的分配理论一气相通的。

杨：他们何止不准问姓“社”姓“资”、姓“公”姓“私”，新自由主义思潮还有一个特点，就是只要市场自由，不要政府干预，使政府“守夜人化”，这个主张在中国还颇有影响呢。

刘：这正是我要说的第四点。“自由化”是新自由主义“三化”主张（市场化、私有化、自由化）中的一化，主张一切由“看不见的手”来指挥，反对政府对市场的干预与管制。这种观点人们称之为“市场原教旨主义”。这次西方金融危机已经充分证明，这种观点是根本站不住脚的。我国经济改革本来要转变政府的经济职能，减少政府对微观经济的干预，让市场在资源配置

① 《高尚全文集》I，中国经济出版社2001年版，第194、227—249页。

中起基础性作用。同时政府对经济的宏观调控本来就是社会主义市场经济的组成部分，国家计划又是宏观调控的重要手段，这些都是写在十四大文件之中的。而我们有些经济学人力倡把政府职能压缩到提供市场环境和维护市场秩序，[①]要政府从一切经营性领域抽出，从全部竞争性乃至垄断部门退出，并且竭力贬低和削弱国家计划在宏观调控中的作用，使之跟不上市场化的进程，这是造成近年来我国社会经济多种失衡的重要原因之一。目前在“市场化改革”口号下，迷信市场成风，计划大有成为禁区的趋向。在这种氛围之下，十七大重新强调社会主义市场经济下也要加强国家计划在宏观调控中的导向作用，[②]看来是十分必要的，是对新自由主义影响的一个矫正。

在这次世界经济大动荡中，我国政府对稳定经济所采取的种种重大措施，许多都是计划手段，证明了社会主义市场经济是不能离开国家计划指导下的宏观协调的。国民经济许多重要领域都不能完全交给“看不见的手”的市场去管。教育、卫生、住宅、社会保障、收入分配等民生领域，交通运输、资源开发、环境保护、农村设施等基本建设领域，以及扩大内需和调整结构，乃至宏观总量平衡等问题，都不能完全交给自由市场去调节，而不要国家计划的协调和安排。计划与市场都是手段，都可以用，这是邓小平讲过的。那种唯市场是崇，见计划就损，迷信市场自由放任万能的新自由主义神话，所有神经正常、立场也没有问题的人，都不会再相信了。

杨：新自由主义主要观点在中国经济学文坛、论坛上流行以及对中国经济改革的干扰，您讲得很清楚。作为国际垄断资本的经济范式和政治纲领的“华盛顿共识”，是从新自由主义嬗变而

① 《经济月刊》2002年第12期；商通网，2005-11-07，来源新华网。

② 《中国共产党第十七次全国代表大会文件汇编》，人民出版社2007年版，第263页。

来的，它在中国有什么反响呢？

刘：美国在全世界推行“华盛顿共识”的实践表明，无论是拉丁美洲、东欧地区还是亚洲，都没有取得成功，受到各方广泛的抨击，包括我国在内，多数学者均持批判态度。可是，随着新自由主义的渗透，我国也有少数人为“华盛顿共识”捧场。比如有人说，“华盛顿共识所包括的一些经济学原理，在中国改革中起了作用，也是取得成功的基本因素”，[①]把中国改革的成就归功于“华盛顿共识”。他所言“华盛顿共识包括的经济学基本原理”，其实每一项都有新自由主义的质的规定性，“华盛顿共识”实质上是以市场的非调控化、国有企业的私有化、贸易和资本的无限制开放自由化等，损害发展中国家和社会主义国家利益的工具，怎么可能是中国改革取得成功的基本因素呢？正是在一位中国人吹捧“华盛顿共识”之前，有一位外国人提出“北京共识”，[②]“它代表了试图寻找某种与‘华盛顿共识’不同的中国经验、中国模式、中国道路的努力，并且承认中国的成功已经表明了中国这种独特的经验、模式和道路之存在”。[③]怎么能够把中国改革成功的原因归之于“华盛顿共识”呢？

值得注意的是，在中国经济学论坛和文坛上传播新自由主义观点的，不少都不是轻量人物。上面所举言论，有的出自大经济学家，有的是“改革之星”，有的是财界领袖，有的是党校精英。他们中一些人，在非意识形态的、中性问题上某些观点，也许是可取的。他们附和新自由主义的主张，也许是不自觉的。他们也许没有意识到，新自由主义将会把中国带向财富集中于少数

① 楼继伟：《中国改革总体是成功的，道路基本正确》，《第一财经日报》2006年4月8日。

② ［美］乔舒亚·库珀·拉莫：《“北京共识”研究报告》，英国外交政策研究中心，2004年5月发表。

③ 《从应对世界金融危机看中国特色社会主义的生命力》，《光明日报》2008年12月19日。

人而多数人享受不到果实的“改革成功”的道路上去。鉴于他们在社会上、在媒体上的强势地位所造成的影响，不能不引起人们的关注。

三

杨：那么，在社会主义中国，为什么新自由主义思潮也能够传播流行呢？

刘：这也要分几层来看。

第一，中国改革从一开始就具有市场取向的性质，需要向市场经济的国家学习。对外开放给了我们这样一个学习机会。不过也有另一面，邓小平说得很形象：打开窗子透透新鲜空气，也会有苍蝇、蚊子进来。一些西方意识扑面而来。新自由主义经济思想正是这样一种混合物。一方面作为经济学术理论，它对市场经济运行机制不乏科学的分析，对我们市场取向的改革可供参考；另一方面，它充满了资产阶级的偏见，演变为国际垄断资本的思想理论体系，维护私有制和资本主义制度，反对公有制和社会主义，这是我们要坚持抵制的。中国对外开放的时期正是新自由主义在西方方兴未艾的时候，无论是出国考察的学者和官员，还是在西方留学的学生，大多在一定程度上接受了新自由主义的影响。这些人回国后把新自由主义思想带到了中国。缤纷杂陈的生活方式和思想潮流传入中国，对比落后的中国，有一些人不加分析地看到欧美比中国富得多，就一味向往以至敬慕；加上东欧剧变，世界社会主义运动处于低潮，这些人实际上丧失了对社会主义的信心，在汲取西方有益东西的时候，对西方糟粕失去抵抗力，盲目信奉，成为崇拜者、宣传者，叫作“兼收并蓄”。这样，新自由主义得以在中国蔓延。

第二，从国内背景看，如同在其他任何社会，中国也不乏

“市场原教旨主义”的新自由主义信徒。这与改革开放后中国社会阶层的变化有很大的关系。中国改革要求从单一的公有制变为公有制为主体、多种所有制并存。在这个过程中，“公”降“私”升在一定时期是不可避免的。但是随着非公经济的发展、壮大，和公有制经济的相对式微，中国社会阶层发生了显著的变动。拥有资本、财富和知识的阶层地位上升，而工农劳动群众的地位下降，这是不争的事实。在这种情况下，新自由主义以其强调“效率就是一切”，而“资本是达到效率的至高无上的手段”，力图使政府政策为资本利益最大化开路，忽视普通人民的权利。这一整套学说，是中国社会的新兴强势集团所乐于接受的。从这个群体中天然会产生“市场原教旨主义”的新自由主义信徒。以上谈到传播新自由主义言论的代表人物大多来自这个阶层，就可以看出一些端倪。

第三，从意识形态工作来说，我们党一贯反对右的和“左”的机会主义，有右反右，有“左”反“左”。新时期的右倾主要是资产阶级自由化。邓小平自己称反对资产阶级自由化最积极，21世纪头50年都要反[①]。反对资产阶级自由化理应包括反对新自由主义的经济思想，这方面邓小平当时没有专门多说。这是因为他的注意力首先是在政治方面，在提出反资产阶级自由化的时候，总是同时提出“坚持四项基本原则”（如1989年“5·31”谈话）[②]，就是在政治层次上提出来的，着眼于解决更高层次的政治问题，这是非常英明、非常必要的。改革开放才不久，经济上要向市场、向非公经济、向外向型经济开放，不可过于拘泥，强调要思想解放，要大胆地闯，是非常必要的。但是与此同时，对于警惕经济领域的资产阶级自由化，即新自由主义经济思潮，强调不够，注意不够。比如，邓小平曾说，有些人“把改革开放

① 《邓小平文选》第三卷，人民出版社1993年版，第181、211页。
② 《邓小平文选》第三卷，人民出版社1993年版，第299页。

说成是引进和发展资本主义”[1]，以此来反对改革开放，这当然是不对的。但是，确实也有人“打着拥护改革的旗号，想把中国引导到搞资本主义”[2]，这也是邓小平说的。他还说，“某些人所说的改革，应该换个名字，叫作自由化，即资本主义化。我们讲的改革，与他们不同，这个问题还要继续争论”[3]。所以，不能说经济领域没有资产阶级自由化的问题。资产阶级自由化不但政治领域有，经济领域也有。私有化、自由化和市场化，反对公有制、反对政府干预、反对社会主义，这一系列观点都与经济领域有关。反对资产阶级自由化，政治上反经济上不反，这是不够的。防止经济领域资产阶级的自由化，就是防止经济领域变质。经济领域如果变质（变成私有化、资本主义化），政治领域也会跟着变质。这是马克思主义的基本常识。过去某位中央领导就认为经济领域没有资产阶级自由化问题，至今仍有一些领导干部这样认为，以至放松这方面意识形态的斗争。这是极糊涂的。新自由主义经济思潮之所以能够在中国渗透、流行、泛滥，同这个情况有很大的关系。

四

杨：您分析了新自由主义在中国渗透、流行的情况和原因。确实不能小视这些噪音、杂音。它自居中国主流经济学，有控制相当一部分舆论和影响相当一部分人群的能量。您认为应该采取怎样的措施来扭转这个现象，坚持马克思主义在经济学中的主流地位?

刘：这是一个大题目。我在2005年7月15日关于经济学教学

① 《邓小平文选》第三卷，人民出版社1993年版，第375页。
② 《邓小平文选》第三卷，人民出版社1993年版，第229页。
③ 《邓小平文选》第三卷，人民出版社1993年版，第297页。

与研究问题的谈话中，已经谈了几点意见，得到有关领导的重视，问题在于落实执行。这里我再补充几点意见。

第一，要重视经济领域反对资产阶级自由化即反新自由主义经济思潮的斗争。在理论上要把新自由主义经济学中关于市场机制运行一般规律的科学成分同作为资产阶级意识形态区别开来。对前者，可以批判地选择吸收；对后者，要明确宣布，新自由主义的私有化、自由化、市场化，反公有制、反政府干预、反社会主义等系统主张，是与中国特色社会主义市场经济不相容的，要坚决反对，坚持科学的社会主义和中国特色的社会主义。

第二，对从事经济学教学、研究和在财经部门工作的海外归来的爱国人士，欢迎他们为社会主义祖国服务，帮助他们进行科学社会主义和中国特色社会主义的思想教育或再教育。

第三，对各级党政领导，特别是高层干部进行马克思主义基本原理的教育、再教育，主要经典著作的选读，批判敌对思潮和反社会主义的杂音和噪音（包括新自由主义、社会民主主义等），防止上理论骗子的当。

第四，对媒体舆论。在社会利益多元化、复杂化以后，各种社会思潮的出现，以及非马克思主义、反社会主义思潮的出现是不可避免的。历史经验证明，对于多种多样的社会思潮，自由放任不行，简单堵塞也不行，包容并蓄似乎是和谐社会题中应有之义。但一切事物总要有一个“度”，一个“边”，不能让一些非常错误的思潮横行，把人们的思想搞得乱七八糟、六神无主，不能让这些思潮把我国改革和发展的方向引入歧途，像戈尔巴乔夫、雅科夫列夫的“多元化”“公开化”那样。所以，在实行多样化，包容各种思潮存在的同时，一定要强调“主旋律”，强调切实地而不是形式主义地宣传马克思主义、科学社会主义，坚持四项基本原则和改革开放的中国特色社会主义，用主旋律来教育人民，筑牢社会团结进步的思想基柱。批判与反批判是追求科学真理的必由之路，不争论在现时条件下只有利于反社会主义思潮向我们争论，而不利于我们对反社会主义思潮的反驳。在社会主义国家，公正合理的思想斗争，必将有利于错误思潮的清除和马克思主义的胜利。

有计划，是社会主义市场经济的强板*

（2009年）

一、全球经济危机的警示

这些年来，许多人常常把西方资本主义称作规范的、成熟的、现代的市场经济，意思是说现代资本主义已经克服了内部矛盾，可以避免周期性的经济波动即经济危机，马克思主义关于资本主义的分析已经过时了。最近美国爆发了金融危机，随即扩大为全球经济危机，这说明资本主义本质上没有改变，马克思的分析依旧没有过时。

20世纪70年代末以来，西方兴起了新自由主义，认为资本主义遇到的问题，不是出自资本主义本身，而是过多的国家干预造成的，只要减少国家干预，资本主义就会充满活力。结果，新自由主义或市场原教旨主义，在西方横行了30年，贫者越贫，富者愈富，以至于经济要靠借债消费和金融投机来支撑，最后以金融海啸和全球危机收场。资本主义无法克服社会化大生产与生产资料的私人占有之间的矛盾，这引起了各部门之间的比例失衡，总供给和总需求之间的失衡，虚拟经济和实体经济的失衡，目前的危机就是这些失衡的表现。长期以来，好多人对此不屑一顾，现

* 本文系作者口述，由《绿叶》杂志社编辑杜建国整理，原载《绿叶》2009年第1期。

在没有几个人敢继续怀疑了。

现在美国最流行的经济词汇就是“救助”，用我们的话说，就是加强国家宏观调控。对市场的迷信，在西方资本主义国家已经降温了。今天，西方的政要们面对经济危机大惑不解，有的干脆去读《资本论》以寻找答案。我们更应当重温马克思主义对资本主义的分析，来加深我们对当前世界的了解。

这些年来，对市场高估其优点、低估其缺点的倾向，我们也存在。与此相对应，计划的优点则被严重低估和忽视了。这值得我们反思。

二、计划与市场各有优劣，缺一不可

小平同志率先正确指出[①]，计划与市场不是划分社会制度的标志，而是社会主义和资本主义都可以利用的配置资源的手段，其各有优点与缺陷。

市场的长处就是能够通过竞争，促进技术和管理的进步，实现产需衔接。但是，市场也不是万能的。有几件大事不能完全交给市场、交给价值规律去管：一是经济总量的平衡；二是大的经济结构的及时调整；三是竞争导致垄断问题；四是生态环境问题；五是社会公平问题。这些问题都需要国家的宏观计划调控来干预。

计划的长处就是集中力量办大事，对经济发展方向及时做出重大调整，还可以调节社会分配，保持社会公正。但计划工作也是人做的，人不免有局限性，有许多不易克服的矛盾，比如主观与客观的矛盾，利益关系的矛盾，等等，计划也就不会十全十美了。对此，一方面要改进计划工作，另一方面就是运用市场手段

① 《邓小平文选》第三卷，人民出版社1993年版，第373页。

来校正计划的不足。

对于市场与计划，实践中，正确的做法应是：扬长避短，趋利避害，充分发挥它们各自的优势，避免两者的缺陷和不足，使之互相补充。相反，错误的做法就是只迷信其中一方，让两者互相排斥。

三、“有计划”是“社会主义市场经济”的应有内涵

很多人以为建立社会主义市场经济体制，就是彻底否定和抛弃计划了，这是不正确的。

建立社会主义市场经济体制的方针是十四大确立的。十四大前夕，就社会主义市场经济与计划的关系，江泽民同志对我说过：“有计划的商品经济也就是有计划的市场经济。社会主义经济从一开始就是有计划的，这在人们的脑子里和认识上一直是很清楚的，不会因为提法中不出现‘有计划’三个字，就发生了是不是取消了计划性的疑问。”1992年6月9日，他在中央党校讲话里也讲了这段话[①]。江泽民同志讲得完全正确。几十年来大家确实都是这样理解的，社会主义市场经济就包括“有计划”。

十四大提出建立社会主义市场经济体制，是指在国家宏观调控下，让市场在资源配置中起基础性作用。国家宏观调控的手段，除了货币金融、财政税收，还包括国家计划。十四大报告明确指出，“国家计划是宏观调控的重要手段之一”[②]。我们要建立的社会主义市场经济，不是资本主义的市场经济，也不是一般的市场经济，而是社会主义的，有计划的。

① 《江泽民文选》第一卷，人民出版社2006年版，第202页。

② 《改革开放三十年重要文献选编》（上），中央文献出版社2008年版，第660页。

社会主义市场经济与资本主义市场经济的区别，有两点最重要：一是人民性，公有制为主体，共同富裕；二是计划性，用计划弥补市场的缺陷，避免经济动荡，同时保证人民性的实现。所以说，称社会主义市场经济是有计划的市场经济，是完全正确的。

1992年我曾经说过："现代市场经济不仅不排斥政府干预和计划指导，而且必须借助和依靠它们来弥补市场自身的缺陷，这是我们在计划经济转向市场经济时不能须臾忘记的。"[①]这也算是在向市场经济转轨的关口，我对于不要忘记"社会主义市场经济也有计划"的提醒吧。

四、宏观计划调控滞后于市场化的危险

改革开放30年来，中国经济运行机制，由传统计划经济逐渐转向社会主义市场经济。市场调节的范围不断扩大，推动了中国经济蓬勃向前。现在商品流通总额中，市场调节的部分已经占到90%以上。前几年有人估计，中国市场经济在整体上完成程度已经达到70%左右。社会主义市场经济已经初步建立。

市场经济初步建立之后，市场的积极方面和消极方面也随之充分展现出来。市场经济在发挥激励竞争、优化资源配置等优越性的同时，它本身固有的缺陷，也日渐突出。特别是在经济总量综合平衡、环境资源保护以及社会公正方面引发的问题，不是市场能够自行解决的。

但有不少人犯了市场幼稚病，甚至发展到对市场迷信的程度。许多领域发生了过度市场化的倾向，像教育、医疗、住宅等领域，本来不该市场化的部分，也都市场化了。西方资本主义国

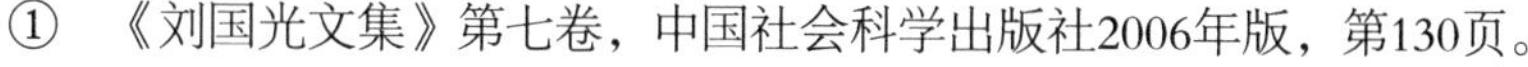

① 《刘国光文集》第七卷，中国社会科学出版社2006年版，第130页。

家，有几个敢在这些领域实现完全市场化的呢？这些领域的过度市场化，对人民群众的生活造成了十分不良的影响。

市场追求的是利益最大化，这是市场经济的优点，给经济发展带来了强大的动力。但是，也不能不看到市场的缺陷。市场追求的常常是眼前利益最大化，而不是长远利益最大化。这就要求发挥国家计划的作用，校正市场的短视行为。血汗工厂过多，面临被淘汰的命运，一有风吹草动，垮掉的首先是它们，就像目前东南沿海正在发生着的那样。但是只要还能维持下去，指望它们主动去进行产业升级、自主创新，那是很难的。中央决定上大飞机，就是计划行为。要是按照迷信市场的比较优势理论，我们只干八亿条裤子换一架飞机的买卖就成了。

市场常常追求局部利益、个人利益最大化，而局部利益、个人利益最大化并不必然导致社会利益最大化。一家造纸厂，废水不经处理就排放，它节约了成本，本厂利益最大化了，但是却污染了河水，危害了社会利益。小煤窑，乱开采，自己发财了，却把一个好矿脉给挖得千疮百孔。因此，这些年来资源环境问题越来越严重。三聚氰胺奶粉事件的本质也是如此。

因此，改革开放30年来，一方面经济发展取得了不容置疑的成就；另一方面环境破坏、贫富分化、城乡地区差异等矛盾越积越多。这与国家宏观计划调控跟不上市场化的进程，有很大关系。

十四大以来，我们在短期宏观调控上，先后取得了治理通胀和治理通缩的成功经验。但是国家计划的宏观经济导向作用有日渐减弱的趋势。计划本身多是政策汇编性的，很少有约束性、问责性的任务；中央计划与地方计划脱节，前者控制不了后者的盲目扩张；计划的要求与实际执行相差甚远。总之国家计划失之软弱，甚至变成可有可无的东西。放弃GDP情结，扩大内需，产业升级，自主创新，喊了好多年，但是收效不大，这与国家计划的约束性与问责性不强而导致的国家宏观调控能力减弱有关。

智慧来自经验教训：要尊重市场，而不能迷信市场；不要迷信计划，但也不能忽视计划。由于历史原因，我们过去过于相信计划的作用。时过境迁，一些人从迷信计划变成了迷信市场，从一个极端蹦到了另一个极端。

许多人把改革只定义为“市场化改革”，那显然是有局限性的。改革的目标，如邓小平同志所说的，是社会主义制度的自我完善，包括政治改革、经济改革、社会改革、文化改革、政府改革等，因此不能都叫作“市场化改革”。就是在经济领域，也不完全是“市场化改革”，而是“建立社会主义市场经济体制”，是在国家宏观计划调控下让市场起资源配置的基础性作用。党内没有一份重要文件明确将改革方向简单片面地定位为“市场化改革”。

五、十七大重申发挥国家计划在宏观调控中的导向作用

现在是到了继续坚持让市场作为资源配置的基础的同时，加强宏观计划调控的作用、强调国家计划在宏观调控中的主导作用的时候了。

党的十七大重新提出“发挥国家规划、计划、产业政策在宏观调控中的导向作用，综合运用财政、货币政策，提高宏观调控水平”①。十七大明确提出这个多年没有强调的国家计划的导向性问题，我认为是极有针对性的。它再次提醒我们，社会主义市场经济应该是“有计划”的。国家计划导向下的宏观调控，是中国特色社会主义市场经济所必备的内涵。

① 《改革开放三十年重要文献选编》（下），中央文献出版社2008年版，第1726页。

十七大重新强调国家计划在宏观调控中的导向作用，并不是如某些人所歪曲的那样，“要回到传统计划经济模式”。因为：第一，现在的国家计划不是既管宏观又管微观、无所不包的计划，而是只管宏观，微观的事情主要由市场去管；第二，现在资源配置的基础性手段是市场，计划是弥补市场缺陷的必要手段；第三，现在的计划主要不再是行政指令性的，而是指导性的、战略性的、预测性的计划，同时必须有导向作用和必要的约束、问责功能。

由计划经济向市场经济过渡，再到重新强调国家计划在宏观调控中的导向作用，这合乎辩证法的正—反—合规律。这不是回到过去传统的计划经济的旧模式，而是计划与市场关系在改革新阶段更高层次上的综合。

实现市场和计划在更高层次上的综合，就是在计划与市场之间建立和谐关系。计划与市场之间的和谐，是社会主义和谐社会应有的内容。

六、宏观计划调控和共同富裕离不开公有制的主体地位

前面讲到，社会主义市场经济与资本主义市场经济的最大区别，一是人民性，二是计划性。这两点的实现都离不开公有制的主体地位。

十四大指出，“社会主义市场经济是同社会主义基本制度结合在一起的。”[①]社会主义基本经济制度就是公有制为主体，多种经济共同发展。这里强调公有制为主体，是很关键的。如果公有制比重过低，那么国家的宏观计划调控的实施难度就大了。为

① 《改革开放三十年重要文献选编》（上），中央文献出版社2008年版，第660页。

了实现病有所医的目标，国家想从财政上有所补贴。可是原有的公有医疗体系已经被破坏了，许多医疗机构,尤其是基层医疗机构都已经私有化了，你拿政府的钱补贴私人企业吗？

现在央企已经成为经济增长的火车头，公有制企业必然效率低下的说法是站不住脚的。当然，国有企业的内部管理还要进一步深化改革，其领导人与职工的收入差距不能过分拉大，其内部腐败也要治理。现在讲振兴东北老工业基地。老工业基地，为国家做出了巨大贡献，可到了需要国家支持的时候竟被当作包袱撒手不管了。垮掉之后就归罪于国有企业没有效率。现在回头调整，是明智的。

现在谈到贫富差距扩大的原因时，人们首先会想到城乡差距、地区差距、行业垄断、腐败，公共产品供应不均、再分配调节滞后等。这些都有道理，但不是最主要的。

按照马克思主义观点，所有制决定分配、财产占有上的差别，才是收入差别最大的影响因素。连西方资产阶级经济学家萨缪尔森都承认，“收入差别最主要的是拥有财富多寡造成的，和财产差别相比，个人能力的差别是微不足道的。”他还说，“财产所有权是收入差别的第一位原因，往下依次是个人能力、教育、培训、机会和健康。”[①]30年来我国贫富差距的扩大，除了前述原因外，所有制结构的变化，“公”降“私”升和化公为私的滋蔓，才是最根本的。

强调公有制的主导地位，不是固执于教条，而是说你不这样，就无法避免两极分化，就无法做到让全体人民共享改革成果。靠财政税收、转移支付、完善社会保障等手段来缩小收入差距，是完全必要的，我们现在也开始这样做了，但是，指望它们从根本上扭转贫富差距扩大的趋势，是不可能的。

① ［美］保罗·萨缪尔森：《经济学》下卷，商务印书馆1979年版，第231页。

像资本主义福利国家的典范瑞典，长期采用财政税收等手段来调节社会分配，效果依旧不大。2007年瑞典工业经济研究所的最新研究成果显示，瑞典财富集中程度其实与美国不相上下。如果算上移居海外的大富翁，像宜家集团的老板之类的，那么瑞典百分之一最富有的人口所拥有的财富已超过了全国私人总财富的40%。这甚至可能比美国还要高。

小平同志强调，“只要我国经济中公有制占主体地位，就可以避免两极分化。”[①]这绝不是空话、套话。

七、全球危机条件下尤其需要加强政府计划职能

为应对全球经济危机，中央果断采取启动四万亿元的经济刺激决策。其中的各项措施，不管是铁路、公路、能源等基础建设，还是农村基础、生态环境建设，都离不开计划和规划。一下子花这么多钱，要达到目标，要花到实处，要产生最大的效益，不好好计划、规划那怎么成呢？这证明社会主义市场经济是不能离开国家计划指导下的宏观调控的。即使在平时，如前所述，国民经济许多重要领域，尚不能完全交给“看不见的手”的市场去管，何况在发生危机的条件下，必须要加强政府宏观计划的职能。

大家都知道，托马斯·弗里德曼是美国新闻界鼓吹新自由主义的代表人物。他的作品《世界是平的》，主要就是宣扬全球化和极端市场化的，去年出了中译本，影响很大，包括有些领导同志也很重视这本书。今年弗里德曼在广东访问时，看到当地正在大规模地推广可再生能源发电，不由得大发感慨：美国要是能变成中国一天就好了，利用这一天，美国就可以像中国那样依靠政

① 《邓小平文选》第三卷，人民出版社1993年版，第149页。

府力量来推广新能源以及采取其他的引导市场的措施，然后第二天再重新恢复到原来的自由市场体制。

这番话表明，托马斯·弗里德曼这个极端市场论者也不得不承认市场不是万能的。我们的长处是发挥计划优势，集中力量办大事，不管这一大事是发展新能源，还是缩小收入差距、产业升级、环境保护、国土整治，等等，正是他所羡慕的。人家的长处，我们要学；自己的长处，我们不应扔了，要更充分地发挥。

关于党的十一届三中全会以来探索和确立社会主义市场经济制度情况的回顾*

——中央文献研究室《党的文献》编辑访谈纪要

（2009年）

一、关于十一届三中全会以后党探索计划与市场关系问题的过程

2009年十一届三中全会以后，我们党在探索计划与市场关系问题的过程中开始涉及社会主义市场经济制度的问题。1979年11月26日，邓小平在会见美国不列颠百科全书出版公司编委会副主席吉布尼等外宾时，就谈到过计划与市场的关系问题。他说："我们是计划经济为主，也结合市场经济，但这是社会主义的市场经济。""市场经济不能说是资本主义的。市场经济，在封建社会时期就有了萌芽。社会主义也可以搞市场经济。"那段时间，他曾几次谈过这个问题，但这些谈话是后来才公布的，当时外界并不知道。

明确提出计划与市场的关系问题，是在1982年召开的党的十二大上。十二大提出，以计划经济为主、市场调节为辅。当时我们还是把计划经济作为社会主义的主要特征，但是已经开始吸

* 原载《党的文献》2009年第1期。

收市场的调节作用了。后来，十二届三中全会又提出一个重要论断："社会主义经济是在公有制基础上的有计划的商品经济。"之前，我们只承认商品生产和商品交换，不承认商品经济。十二届三中全会提出承认社会主义有商品经济，正如邓小平所说，这是马克思主义基本原理和中国社会主义实践相结合的政治经济学，解释了什么是社会主义，我们用自己的实践回答了新情况下出现的一些新问题。这个论点提出以后，关于有计划的商品经济到底是计划为主，还是商品经济为主，经济学界持续争论了好几年。

党的十三大召开前的1987年2月6日，邓小平在同万里等几位中央负责人谈话时提出，不要再讲计划经济为主了。后来，十三大提出，社会主义有计划的商品经济体制应该是计划与市场内在统一的体制。十三大还提出国家调控市场、市场引导企业，指出了国家、市场、企业三者的关系，把三者的重点放在了市场上。同时还提出，在经济调节方式的配比上扩大指导性计划，缩小指令性计划。经济调控从直接调控为主转向间接调控为主。直接调控就是计划调控，间接调控就是市场调控。所以，从十二大提出计划经济为主、市场调节为辅，到十三大两者"平起平坐"，并且逐渐向市场经济、商品经济倾斜，计划与市场关系的转变这个过程是很清楚的。

1989年以后，提法上又有一些变化。1989年6月9日，邓小平在接见首都戒严部队军以上干部时的讲话中说："以后还是计划经济与市场经济相结合。"邓小平对市场问题的认识是很开放的，但是中央考虑到当时的国内形势，对市场问题还有些保留，后来在公开这个讲话时就改成了"计划经济与市场调节相结合"。这就基本上又回到了十二大时的提法。此后几年，我们一直都这样用。这个提法没讲计划与市场谁为主、谁为辅，但既然把计划经济作为社会主义的一个经济体制，市场调节只是

作为一个调节手段，显然是以计划经济为重，重心转到了计划经济方面。

由于“计划经济与市场调节相结合”这个提法，没有讲明计划和市场到底谁为主、谁为辅，1990年、1991年这两年理论界对计划为主还是市场为主的问题还在继续争论。由于理论认识上不一致，对经济体制改革的目标模式就有不同的意见，有的主张计划取向，有的主张市场取向，争论非常激烈。

在中央工作方面，中央权力曾经一度下放过多，1990年3月七届人大三次会议提出，中央要多收一点权，指令性计划要扩大一点，指导性计划和市场调节要小一点。实际上，当时我们的工作已经转到更多地用行政权力来管理经济，市场方面稍差了一点。到1990年下半年，情况又有所变化，我们在治理整顿过程中加大了改革的力度和市场调节的分量。

1990年12月，江泽民在十三届七中全会上转达了邓小平的意见：不要把计划与市场的问题跟社会制度联系起来，不要认为计划是社会主义的，市场是资本主义的。杨尚昆在军委扩大会议上也传达了这个观点。到1991年七届人大四次会议讨论“八五”计划时，关于三种经济调配方式就有了明确的说法：重申要缩小指令性计划的范围，扩大指导性计划和市场调节的范围。这是一个很重要的变化。此后，理论界逐渐倾向于不再把计划和市场与社会制度联系起来，不再认为计划是社会主义的，市场是资本主义的，而更多地把计划和市场看作是不同的资源配置方式。

之后，1992年年初邓小平发表南方谈话指出，计划与市场不是划分社会制度的标志，计划不等于社会主义，市场不等于资本主义，资本主义也有计划，社会主义也可以有市场。这样，党内关于计划与市场关系的争论，几经反复，逐渐有了一个比较统一的认识。

二、关于提出建立社会主义市场经济体制的情况

我参加了党的十四大报告的起草工作。邓小平发表南方谈话以后，报告起草组就经济体制改革的目标模式问题，归纳了各方面的意见。1992年6月9日，江泽民在中央党校讲话中讲到了关于经济体制改革目标模式的三种提法：一是“建立计划与市场相结合的社会主义商品经济体制”，二是“建立社会主义有计划的市场经济体制”，三是“建立社会主义的市场经济体制”。关于这三种提法，江泽民在讲话前和讲话中都已明确表示倾向于“建立社会主义市场经济”。我们同意这个提法，同时也提出：假如用“建立社会主义市场经济”的提法，“有计划”这方面可能容易被人忽略，而这方面也是很重要的。江泽民特别说明：“有计划的商品经济，也就是有计划的市场经济。社会主义经济从一开始就是有计划的，这在人们的认识上一直是清楚的，不会因为提法中不出现‘有计划’三个字，就产生是不是取消了计划性的疑问。”他在中央党校的讲话中也讲了这段话。我觉得江泽民讲得很对。几十年来大家确实都是这样理解的，社会主义就包括“有计划”。只用市场化来概括我们改革的方向是有问题的，我们要建立的社会主义市场经济，不是一般的市场经济，是社会主义的，社会主义还有很丰富的内容，包括江泽民讲的有计划的内容。但是，后来有些人就不这么理解了。在经济学界、理论界，甚至财经界，有些人把计划变成了一个禁区，认为是不应该谈的事情。

我始终认为，我们要坚持市场取向的改革方向，但是不要迷信市场，市场有很大的正面的作用，也有不少负面的东西；我们也不要迷信计划，计划确实毛病也很多，但还是要发挥计划

的作用。

党的十四大报告正式提出：我国经济体制改革的目标，是建立社会主义市场经济体制。同时指出，国家计划是宏观调控的重要手段之一，必须加强和改善国家对经济的宏观调控。改革开放以来，经济运行机制逐步由计划经济转向市场经济，推动着我国经济生动活泼地向前发展。几年前有人估计，我国市场经济在整体上完成程度已经达到70%左右。可以说，社会主义市场经济已经初步建立。但是，市场经济在发挥激励竞争、优化资源配置等优越性的同时，其自身固有的缺陷经过30年的演变，也逐步显露出来了。特别是在总量综合平衡、资源环境保护以及社会公平分配上引发的问题，不是市场经济本身能够解决的，而是与国家宏观调控跟不上市场化的进程有一定的关系。本来，我们所要建立的社会主义市场经济，就是社会主义国家宏观调控下的市场经济。这些年来，国家对经济的宏观调控在不断前进，我们在短期经济波动的控制上，先后取得了治理通货膨胀和治理通货紧缩两方面的成功经验。但是，国家计划对短期和长期宏观经济发展的导向作用明显减弱。这影响到宏观调控的实效，造成国民经济发展许多方面的失衡。

针对国家宏观调控跟不上市场经济发展形势的状况，党的十七大提出“发挥国家发展规划、计划、产业政策在宏观调控中的导向作用”。这对在新形势下理顺市场和计划的关系，有着十分重要的意义。我国作为社会主义大国，有必要在宏观调控中利用计划手段。规划和产业政策，也是计划的不同形式。计划是宏观调控的核心。我们强调发挥国家计划的导向作用，并不是要回到传统计划经济模式，而是计划与市场这两个方面在更高层次上的新的结合。它的主要表现是：一、现在的计划只管宏观层面，微观的事情主要由市场调节。二、现在资源配置的基础性手段是市场，而计划是弥补市场缺陷和不足的必要手段。三、现在的计划主要不再是行政指令性的，而是指导性、战略性、预测性的，同时又要有必要的约束和问责的功能。

三、关于党的十五大确立社会主义基本经济制度的情况

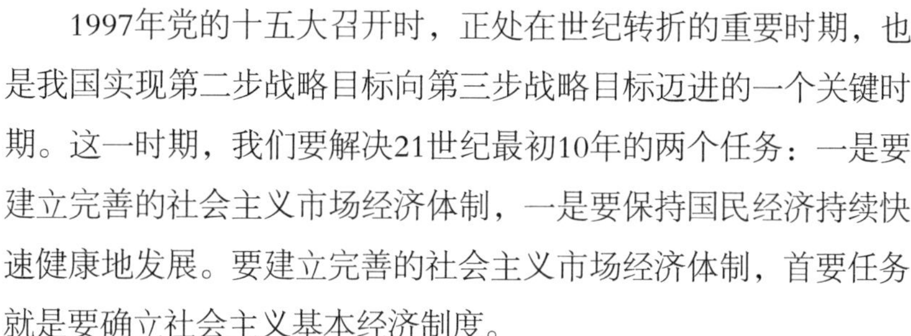

1997年党的十五大召开时，正处在世纪转折的重要时期，也是我国实现第二步战略目标向第三步战略目标迈进的一个关键时期。这一时期，我们要解决21世纪最初10年的两个任务：一是要建立完善的社会主义市场经济体制，一是要保持国民经济持续快速健康地发展。要建立完善的社会主义市场经济体制，首要任务就是要确立社会主义基本经济制度。

党的十五大正式提出公有制为主体、多种所有制经济共同发展的社会主义基本经济制度时，有人担心国有经济比重不断下降，会影响公有制的主体地位和国有经济的主导作用。针对这样的情况，江泽民在十五大上做了回答，提出要全面认识公有制经济的含义。公有制经济不仅包括国有经济和集体经济，还包括混合所有制经济中的国有成分和集体成分。并提出，公有制的主体地位，一是国有资产在社会总资产中占优势，二是国有经济控制国民经济命脉，对经济发展起主导作用。只要坚持公有制为主体，国家控制国民经济命脉，国有经济的控制力和竞争力得到增强，在这个前提下，即使国有经济比重减少一些，也不会影响我国的社会主义性质。江泽民的讲话打消了人们的疑虑。因为当时我们的国有经济实力还很强，战线很长，国有经济稍微收缩一点不要紧。同时，在社会主义初级阶段，我们也需要给非公有制经济发展的余地。

当时还有一个担心，就是公有制的实现形式。那时股份制和股份合作制已经开始兴起，理论界和民间担心搞股份制和股份

合作制是不是搞私有化，搞到资本主义去了。十五大在关于公有制的实现形式方面着重解决了股份制和股份合作制的问题。江泽民在十五大报告中指出："股份制是现代企业的一种资本组织形式，不是社会制度的形式""资本主义可以用，社会主义也可以用""不能笼统地说股份制是公有还是私有，关键看控股权掌握在谁手中。国家和集体控股，具有明显的公有性，有利于扩大公有资本的支配范围，增强公有制的主体作用。"这个解释很好。我们多吸收一些社会资本，多吸收一些民间资本，参加到我们国有经济中来，壮大国有经济的控制力量，这很好嘛！

在起草党的十五大报告时，关于股份合作制我们讨论了很久，最后定性为劳动者的劳动联合和资本联合为主的企业组织形式，是一种集体所有制形式。当时也有人反对股份合作制，因为那时股份合作制界定不是很严格，各种解释都有。社会上一些人认为股份合作制是搞资本主义、搞私有化，那是不对的。十五大作了定性解释，我们搞的是社会主义，劳动者的劳动联合和资本联合为主的集体所有制经济，当然是可以的。因为劳动者自己也参股，是劳动者自己的，所以不存在私有化的担心。股份合作制有点像恢复到高级社的形式，高级社实际上也是劳动联合和资本联合，只是当时没有股份这个概念。股份合作制不仅是我们农村劳动者的集体所有制，乡镇企业、国有小企业也可以采用这种形式，这是非常好的一条路。我当时是主张股份合作制的，认为股份合作制起码要搞20年。这里必须说明，劳动者的劳动联合和资本联合与资本家的控股公司不是一回事，资本家的控股公司是雇佣劳动，让别人替他劳动，那是私有制，不是公有制。

党的十五大已经过去10年了。公有制比重下降，私有制比重上升，是必然现象。在社会主义初级阶段，公有制为主体、多种经济成分共同发展，原来私有制成分少，私有制加快发展速度，比重会提高，公有制经济和国有经济速度相对慢一点，比重也会降低，这是一个客观的过程，但是要有一个限度。正如江泽民所说："所谓比重减少一些，也应该有个限度、有个前提，就是不能影响公有制的主体地位和国有经济的主导作用。"股份制原本不是一个私有化的道路，只要我们控股就是公有制。但是假如把控股的比例降到一定的程度，就很危险，就等于把企业卖掉。

关于公有制的实现形式，党的十五大报告特别讲到两种实现形式，一种是股份制，一种是股份合作制，这都是很必要的。但我们恐怕不能只把公有制的实现形式限于这两个。股份制很重要，但不一定是最主要的。关于股份合作制，本来讲的是劳动者的劳动联合和资本联合，资本联合大体上平均，如果经营者持大股，那就变成卖给经营者了，股份合作制就会变质。实际上我们公有制的实现形式还很多，如社区所有制、社团集体所有制，还有基金，特别是公募基金，公募基金又包括养老金，等等。